DROEMER

Inhalt

III.
Recht und Gesetz(gebung)

IV.
Recht und Richter

Vorwort

Unter dem Titel »Fischer im Recht« erscheinen seit Januar 2015 wöchentliche Kolumnen auf *zeit-online.de*. Dieses Buch enthält eine Auswahl aus diesen Texten, die nicht in zeitlicher Reihenfolge abgedruckt, sondern nach Themengebieten gegliedert sind.

Die Texte befassen sich mit dem Recht, ganz überwiegend dem Strafrecht. Gemeint ist das in einem breiten Sinn: Die Themenspanne umfasst Voraussetzungen und Bedingungen, Formen und Begründungen, Bedeutungen und Ziele, Wege und Wirkungen des Rechts. Strafrecht ist ein steter Prozess der Kommunikation. Er umfasst die ganze gesellschaftliche Wirklichkeit. Man kann es nicht abschaffen oder durch bloße Namensänderung verschwinden lassen. Seit es Menschen gibt, strafen ihre Gemeinschaften die Abweichenden – mal um der angeblich göttlichen Ordnung, mal um der angeblichen Anerkennung der Persönlichkeit willen.

Dieses Buch soll kein Ort sein für die Rechthabereien des Alltags und für das übliche Räsonieren über angebliche Sensationen. Denn diese verschwinden für gewöhnlich auf Nimmerwiedersehen zur Nacht – auf dass der nächste Tag eine noch unerhörtere Ungerechtigkeit enthülle. So mag, wer will, die Welt des Rechts verstehen: als Folge von Skurrilitäten oder Sensationen, unendliche Abfolge von Witzen über Gurkenkrümmung, Mietpreisverordnung und abwegige Steuergesetze. Wer damit zufrieden ist, hat gewiss auch seine Überzeugungen. Sie laufen meistens darauf hinaus, dass die anderen ungerechtfertigt bevorzugt und man selbst ungerecht benachteiligt sei. Das kann unmöglich die ganze Wahrheit sein, denn die Wahrheit ist meist vielgestaltig, kennt ein »einerseits« und »andererseits« und muss oft mit nur mittelmäßigen Lösungen auskommen.

Sachkunde hilft, Schwierigkeiten zu verstehen und unter Umständen auch auszuhalten. Dieses Buch bemüht sich daher, zuallererst, um Vermittlung von Sachkenntnis. Es ist nicht als (weiterer) Pranger für Fehler, Skandale, Zumutungen, Unzulänglichkeiten des Rechts gedacht, dargeboten von einem, der es wissen müsste.

Viele Menschen, die einen Rechtsstreit verloren haben – oft nach Regeln, die ihnen bis dahin unbekannt waren –, zweifeln an der Kraft des Rechts, manchmal mit gutem Grund, manchmal aus Rechthaberei. Sie wünschen sich Gerechtigkeit. Sie vergessen, dass die andere Seite genau dasselbe verlangt und dass man über Regeln und ihre Voraussetzungen nur dann mit Aussicht auf Verständnis schimpfen sollte, wenn man sich zuvor Mühe gibt, ihren Sinn zu verstehen.

Recht und Justiz sind derzeit oft nur Objekt einer wenig zielgerichteten, dumpfen Empörung oder zumindest von Vorbehalten: Mag sie die eigene Ohnmacht zum Gegenstand haben oder das Unrecht des Alltags, das »Die da oben«, die den Weltlauf bestimmen, und das »Die da unten«, die uns Angst machen. Immer wieder erscheinen die Regeln falsch oder diejenigen, die sie anwenden, als unwissend oder unwillig.

Der Bürger weiß heutzutage viel über Grundregeln der Technik, der Gesundheit oder der Wirtschaft. Die Grundregeln des Rechts versteht er dagegen häufig nicht, obgleich sie doch das Leben weithin bestimmen. Zahlreiche TV-Formate und die gedruckte Presse, vor allem aber auch die abundante Masse von vorgeblich wichtigen Internet-Meldungen aus allzu häufig zweifelhaften Quellen und von geringer journalistischer Qualität konfrontieren ihre Konsumenten täglich mit dem angeblichen oder tatsächlichen Versagen wichtiger Ordnungssysteme. Zwar funktioniert unser Alltag aus unerklärlichen Gründen gleichwohl fast perfekt, doch scheint in der Wahrnehmung vieler über allem stets eine dunkle Wolke zu liegen. Und vor allem ein Versagen scheint allgegenwärtig: das des Rechts und der Justiz vor den Anforderungen der Gerechtigkeit. Hier besteht erheblicher Informations- und Aufklärungsbedarf.

Frage: Darf ein Bundesrichter öffentlich über die Bedeutung und die praktische Verwirklichung des Rechts schreiben? Gegenfrage: Warum nicht? Wer sonst? Frage: Muss man nicht Angst haben um die Würde, die Unparteilichkeit und die Reputation der Justiz? Antwort: Die sogenannte Würde der Justiz wird erstaunlich oft gerade von Personen beschworen, die sich hinter diesem Wort gar keinen weiteren Inhalt vorstellen. Für sie erschöpft sich »Würde« im bloßen So-Sein des Justiz-Systems und in einer unendlichen Selbstbestätigung. Das ist, als behaupte man, die Würde des Menschen folge aus der Schönheit seiner Kleider.

»Würde des Gerichts« ist aber nicht das Bildnis der Richter im Fernsehen, nicht die herrische Geste des »In meinem Saal bestimme ich«, nicht die Teilung der Welt in Rechtsanwender und Rechtsunterworfene. Solcher Bilder, die aus vergangenen Jahrhunderten stammen, haben keinen Wert, wenn sie das Leben nicht erklären und ordnen können.

Den Versuch der Gerechtigkeit kann nur eine Justiz leisten, die wirklich unabhängig und sich ihrer Würde jenseits von Interessen, Einflussnahmen und (Partei-)Politik bewusst ist. Eine solche Justiz muss gefordert, gefördert und erstritten werden. Sie muss in Schutz genommen werden gegen einseitige Angriffe von außen und gegen Verteidiger einer bräsigen Selbstgenügsamkeit von innen.

Das Ansehen der Justiz leidet gewiss nicht, wenn die Auseinandersetzung mit ihr zu kritischen Stellungnahmen führt. Denn wir sprechen ja über eine rechtsstaatliche Justiz in einer demokratischen Republik, in welcher der Täter so viel Würde hat wie das Opfer, der Dummkopf so viel wie der Alleswisser, der Richter so viel wie der Antragsteller. Die Mitglieder der Justiz sind keine der Kritik enthobene Elite. Es kommt darauf an, die Rolle des Rechts und die Verantwortung derjenigen zu verstehen, denen es, nach den Worten des Grundgesetzes, »anvertraut« ist.

Es scheint mir also evident, dass ein Richter seine Meinungen über das Recht in Aktion, also auch über Rechtspolitik, soziale Voraussetzungen und Folgen des Rechts, öffentlich und außerhalb kanonischer Bühnen sagen darf. Denn dort – in den Zirkeln des Fachwesens, den Zeitschriften und Sammelbänden, Symposien und Festschriften der Wissenschaft – tun das die sogenannten Praktiker des Rechtswesens, namentlich auch Richter, ja seit eh und je. Die Schmerzgrenze gilt als touchiert, wenn einer sich nicht an Bibliotheks-Besitzer oder -Nutzer, sondern an diejenigen wendet, die es angehen könnte: also die Bürger, deren Leben das (Straf-)Recht bestimmen soll und oft genug auf äußerst eindringliche Weise bestimmt.

Das scheint mir aus verschiedenen Gründen merkwürdig und unklar. Zum einen gibt es keinerlei Grund oder Legitimation dafür, dass Recht, speziell Strafrecht, sich in eine hoheitsvoll-elegante Nische der professionellen Unverständlichkeit zurückziehen und das Feld einem Markt von laienhaften Darstellern überlassen sollte, deren Wirken beim Kundigen allzu oft nichts als Depression und Verzweiflung verursacht.

Zum anderen gibt es keine überzeugende sachliche Begründung dafür, dass Richter nach außen den Eindruck erwecken sollten, die von ihnen vertretenen Meinungen über das Leben, das Recht oder die Politik spielten für ihre Entscheidungen keine Rolle. Die Zurückhaltung in der öffentlichen Äußerung, die ihnen abverlangt wird, hat daher mehrere Aspekte:

Zum Gegenstand von Verfahren, die er selbst aktuell führt oder absehbar demnächst führen wird, sollte sich ein Richter nicht öffentlich äußern, weil dies den Eindruck von Befangenheit in der Sache erzeugen kann. Ob er sich zu vergangenen Entscheidungen äußert, an denen er selbst mitgewirkt hat, mag eine Frage des Geschmacks sein. Eher albern wären Veröffentlichungen, welche die eigene Entscheidung loben; eher peinlich solche, die sie verdammen. Es bleibt ein Bereich wissenschaftlicher Befassung, der mit beidem spielt, ohne es explizit zu sagen. Rechts-Wissenschaft ist aber keine Natur-Wissenschaft neutraler Erkenntnis.

Der interessanteste Aspekt ist die – streitige – Frage der Selbstdarstellung. Richter, die in öffentlichen, nicht als wissenschaftlich geltenden Medien auftauchen, stehen unter einem hohen Rechtfertigungsdruck. Sie werden doch wohl nicht etwa wollen, was alle wollen: Aufmerksamkeit, Popularität, Ruhm? Kollegen sind pikiert, Laien irritiert: Dürfen Richter Meinungen nicht nur haben, sondern auch sagen?

Ich denke: Ja. Denn das Bedürfnis oder die Forderung, die hinter der Pikiertheit stehen, haben ja ihrerseits keinen soliden Boden: Sie können denknotwendig nicht fordern, dass der Richter keine Meinung habe; daher verlangen sie, dass er sie verschweige, um das Publikum nicht zu beunruhigen. Und eben hierin offenbart sich ein in sich widersprüchliches Regime der Verschlossenheit um der Täuschung willen. Jeder Richter und jede Richterin, die ich kenne, hat rechtpolitische Meinungen, persönliche Vorurteile, individuelle Erfahrungen, Vorlieben, Abneigungen. Zu behaupten, man könne solche Voraussetzungen der Welt-Erkenntnis ausschlachten, wenn man »Ermessen ausübt« oder entscheidet, ob ein Verhalten »angemessen«, ein Eingriff »verhältnismäßig«, ein Irrtum »vermeidbar« gewesen ist, ist überaus unplausibel. Warum auch sollte es so sein? Richter lernen so etwas nicht; und es wäre auch nicht erstrebenswert.

Richter sind keine Automaten, die von den Lehrern des Rechts oder den Repetitoren zu Sprechpuppen eines gesetzgeberischen Willens ausgebildet (wie es sich die Justizbürokratie und die Abgeordneten der Parlamente erträumen) und in ihrer praktischen Tätigkeit oben mit höchstrichterlichen Leitsätzen gefüttert werden (wie es sich BGH-Richter erträumen), auf dass sie unten die Gerechtigkeit ausscheiden (wie es sich die Bürger erträumen). Sie sind, nach einer abgedroschenen und wahren

Floskel, Menschen wie alle anderen, also nicht weiser und nicht besser und nicht vorurteilsloser. Ihre Legitimation zur Entscheidung und daher zur Macht-Anwendung bis zur puren Gewalt beruht nicht auf ihrer (fiktiven) Neutralität, sondern auf einer politischen Übereinkunft über das Verfahren ihrer Ernennung und ihrer Entscheidung.

Deshalb muss man, nach meiner Ansicht, die noch immer verbreiteten Märchen stören, um zum Kern der Rechts-Legitimität zu gelangen. Es scheint mir nachgerade unerträglich, wie das Rechtssystem sich von der Zivilgesellschaft abschottet und sich für seine Machtsprüche auf vorgeblich neutrale Positionen bezieht, die in Wahrheit oft nicht mehr sind als begriffliche Zirkelschlüsse und aufgeblasen verklausulierte Interessen.

Die Kolumnen und dieses Buch »Im Recht« versuchen, die Wirklichkeit des Rechts als Teil gesellschaftlicher Kommunikation und politischen Verhaltens darzustellen. Nicht systematisch: Dies ist kein Volkshochschulkurs über Strafrecht. Sondern schlaglichtartig, assoziativ und subjektiv.

Was das gedruckte Buch gegenüber der Online-Kolumne will (und vielleicht kann), liegt auf der Hand: Wiederholbarkeit nach uralt eingeübten Mustern haptischer Gedankenergreifung. Konzentration nach Sachgebieten. Die Möglichkeit assoziativen Stehenbleibens im Nachdenken, das die ewig flimmernden Bildschirme als Relikt einer angeblich vorkommunikativen Zeit zu verachten suchen.

Was das Buch nicht anders will als die Kolumne: Aufklärung über Recht und Gesellschaft, induktiv. Ich möchte nicht »Fälle« mit Ihnen lösen, schon gar nicht Ihre Fälle. Ich beginne einfach da, wo sich mir die Reflexion über

Strafrecht und Gesellschaft darbietet, von der Großbuchstaben-Zeitung bis zur staatstragenden Ansprache, mit einer Assoziationskette, die, wenn sie gelingt, zur Einsicht in das Komplizierte durch Verständnis für das Einfache führen kann. Denn darum geht es: Menschen die Regeln zu erklären, nach denen sie leben.

Das ist leichter gesagt als getan. Denn das Recht und seine Regeln, vor allem auch das Strafrecht, verbergen sich hinter Nebelwänden von Unklarheit, Furcht, Sprache, Banalität. Strafrecht wird »gemacht« – nicht allein im Deutschen Bundestag, der die Gesetze beschließt. Auch die Gerichte »machen« Strafrecht. Auch die Medien. Auch die Zivilgesellschaft, also unsere scheinbar private Kommunikation. Strafrecht ist symbolisierte Gewalt, Herrschaft durch Sprache, Verheißung von Ordnung und Kommentierung von Chaos zugleich.

Dies ist kein Buch über Missstände. Es ist auch kein Empörungsbuch. Denn ich bin gar nicht empört: weder über den Zustand Deutschlands noch den des Lesers oder des Universums. Daher ist dies auch kein Wutbuch. Ich finde, dass das Leben schön ist und dass, wenn das nicht klappt, meistens mich selbst die Verantwortung dafür trifft. Ich habe keine Rezepte dafür anzubieten, wie Sie reich, schön und mächtig werden könnten. Erst recht keine Angebote, wer dafür verantwortlich sein könnte, wenn Sie denken, Sie seien es nicht.

Der Anspruch ist also klein und groß zugleich. Es ist ein solcher der Aufklärung, der Erhellung, der überraschenden Zusammenhänge. Das Strafrecht kommt den meisten Menschen heute daher wie ein Rätsel der Gewalt: von oben. Mal schlägt es zu, mal versteht es nichts; fast nie erfüllt es die Träume nach Frieden, die doch der Einzelne stets hat.

Kinder zum Beispiel haben ein wunderbares Verständnis vom Strafen. Es ist nicht Rache und trifft den anderen nicht als Fremden. Fast immer ist es kompatibel mit einem Einschlafen ohne Angst, das Versöhnung ist, Ordnung und Verständnis. Gewiss will ich nicht anregen, dass wir wie Kinder miteinander umgehen. Aber der erwachsene Umgang sollte die kindliche Frage nicht ganz vergessen. Ob das gelingt – und hier gelungen ist –, habe ich nicht zu entscheiden. Bevor Sie es für sich entscheiden, folgen Sie mir bitte ein paar Schritte auf das Meer hinaus.

I.
Recht und Politik

Was hat der Kampf gegen den Terror mit Krieg zu tun?

Am Abend des 11. September 2001 betrat ich eine Tankstelle. Dort standen etwa zehn Bürger und betrachteten schweigend die Live-Übertragung der Angriffe auf die Türme von New York. Ein schmächtiger Mann, Mitte dreißig, Blue Jeans, schwarzes T-Shirt, lange Haare, trat schließlich aus der Gruppe und bewegte sich Richtung Ausgang. »Morgen«, sagte er in triumphierendem Ton, an niemanden speziell gewendet, »existiert Afghanistan nicht mehr.« Er sagte es stolz und erwartungsfroh. Er winkte, ging hinaus und fuhr weg. Ich weiß nicht, ob der Satz das Ende eines Gesprächs bildete, das vor meiner Ankunft stattgefunden hatte. Aber darauf kam es nicht an.

Seither habe ich oft an den Mann gedacht, für den sich so offenkundig alles vermischte: das frohe Staunen über den Eintritt von *Star Wars* ins wirkliche Leben, der Restbestand von Entsetzen, der auch dem abgebrühtesten Kinogänger beim Anblick wirklicher Toter bleibt, der Stolz auf die Erbarmungslosigkeit des D-Day, also die Freude an der Überwältigung, und sei es der eigenen, durch eine unbezwingbare, alles beherrschende Gewalt.

Natürlich wusste er nicht, wie viele uns überlegene Krieger in Afghanistan leben. Er träumte, wahrscheinlich, von irgendeiner unvorstellbaren Vernichtung, von

Granaten aus meterdicken Rohren, von einem alles verschlingenden Racheschlag des Großen Bruders, von Arnold Schwarzenegger und Bruce Willis.

Heute wissen wir: So ist es nicht gekommen. Alles ist anders gekommen. Die sogenannten Taliban haben den Krieg gegen uns gewonnen. Den abrückenden Truppen der uneingeschränkten Solidarität werfen sie derzeit noch ein bisschen Kamelmist nach; danach werden sie sich die von uns im Stich gelassenen Hilfstruppen vorknöpfen. Bevor wir unseren lieben Freund Herrn Hamid Karzai und seine Amigos und all die Mädchen befreiten, betrug der Anteil der Opium-Produktion am Bruttosozialprodukt zwei Prozent. Heute sind es vier. Afghanistan produziert heute achtzig Prozent des weltweit hergestellten Opiums.

Im Dezember 2008 wurden in einer Kirche in Uganda 45 Menschen mit Macheten zerhackt. Bei Überfällen auf weitere Kirchen starben im selben Zeitraum weitere 200 bis 500 Menschen. Im Dezember 2009 und Januar 2010 töteten die Täter etwa 600 Menschen und entführten mindestens 160 Kinder. Zwischen Weihnachten und Neujahr 2010 töteten sie mehr als 1000 Menschen. Das Vorgehen ist meist ähnlich: Bei Überfällen auf Bauerndörfer und Kirchen werden die Opfer zusammengetrieben und gefesselt. Erwachsene Männer und ältere Frauen werden mit Äxten und Macheten in Stücke gehackt. Jüngere Frauen und Mädchen werden vergewaltigt und als Sklavinnen verkauft, minderjährige Jungen als Kindersoldaten rekrutiert oder getötet. Seit 1987 soll die für diese Verbrechen verantwortliche Miliz in Uganda, der Zentralafrikanischen Republik, dem Südsudan und Kongo etwa 100 000

Menschen ermordet, mehr als eine Million Menschen vertrieben, Zehntausende Frauen versklavt und Zehntausende Kinder entführt und unter Einsatz von Drogen und unvorstellbarerer Gewalt zu sogenannten Kindersoldaten abgerichtet haben. Der Stellvertretende Generalsekretär der OCHA, der Unterorganisation der UNO für humanitäre Angelegenheiten, hat sie als »die wohl brutalste Rebellengruppe der Welt« bezeichnet.

Die Organisation, von der die Rede ist, heißt »Lord's Resistance Army« (LRA) und verfolgt das Ziel, einen christlichen Gottesstaat unter der Herrschaft der Zehn Gebote zu errichten: zunächst in Zentralafrika, später in der ganzen Welt. Ihr Gründer und Anführer heißt Joseph Kony. Er wird vom Internationalen Strafgerichtshof in den Haag per Haftbefehl gesucht – seit zehn Jahren leider vergebens.

Aufmärsche von Repräsentanten und Mitgliedern des Christentums gegen die Gräuel der LRA sind nicht bekannt. Ein Einmarsch der Bundeswehr zur Verteidigung Deutschlands am Kongo wurde nicht erwogen. Die Bundeskanzlerin hat nicht mitgeteilt, sie würde sich sehr freuen, wenn es gelingen würde, nach Herrn Osama bin Laden möglichst bald auch Herrn Joseph Kony zu töten.

Es gibt Milizen, Armeen, Verbrecherbanden auf dieser Welt, die im Namen jener »christlichen« Kultur, der sich in Deutschland ein jeder verpflichtet fühlt, grauenhafte Verbrechen begehen. Es gibt auch solche, die den wahren Hinduismus oder den wahren Islam oder irgendwelche anderen angeblich allerhöchsten Werte verwirklichen wollen. In Amerika, dem Land der besonders Freien, gibt es aggressive Sekten, die dem intellektuellen Niveau afghanischer Bauern deutlich unterlegen sind. Sie wollen das Reich irgendeines Herrn errichten. Sie haben Feuer und Schwert dazu, ganze Lagerhallen voll von Pumpguns und Schnellfeuergewehren. Ihre jungen Männer und Frauen trainieren wöchentlich. Wenn der Feind kommt, führt sie ihr Gott persönlich in den Kampf.

In den letzten zwanzig Jahren hat der Bonner Strafrechtsprofessor Günther Jakobs, einer der scharfsinnigsten, gnadenlosesten und gründlichsten Denker seiner Zunft in der europäischen Nachkriegszeit, das Bild eines sogenannten Feindstrafrechts entworfen – zunächst vorsichtig, kritisch, distanziert; später auf irritierende Weise bestätigend und fordernd.

Jakobs geht davon aus, dass es zunächst ein Bürgerstrafrecht gibt (und geben muss), also ein Strafrecht des Staates, das für all diejenigen gemacht und auf diejenigen angewandt wird, die innerhalb der (jeweiligen) staatlichen Gemeinschaft – im Sinne einer gemeinsamen Kultur – leben, leben wollen und als solche anerkannt werden. So ein Strafrecht für seine Bürger entwickelt jede staatlich verfasste Gemeinschaft zur Regulation und Verfolgung von abweichendem Verhalten in ihrem Inneren.

Daneben aber gibt es (oder sollte es nach Jakobs geben) ein Strafrecht für Feinde, also für Personen, die nicht bloß einzelne Gesetze übertreten, deren Geltung sie im Grunde anerkennen (auch der Dieb möchte durch das Bürgerstrafrecht geschützt und nicht bestohlen, der Vergewaltiger nicht vergewaltigt werden), und die daher auch wir als Mitbürger anerkennen. Sondern für Personen, die die jeweilige Rechtsordnung als solche im Grunde und im Ganzen verwerfen und deshalb zerstören wollen. Nach Ansicht von Jakobs muss der Rechtsstaat, will er sich nicht in pure Vernichtung flüchten, rechtzeitig Prinzipien und Grenzen des Umgangs mit solchen Feinden entwickeln, um sich selbst nicht aufzugeben. Denn: Einerseits darf er die Rechtsgüter gegenüber einem zerstörerischen Angriff nicht preisgeben, den er mit den Mitteln der »Bürgerstrafrechts« nicht aufhalten kann; andererseits darf er Prinzipien einer zivilisierten Gesellschaft nicht opfern, welche für seine eigene Legitimität unabdingbar sind.

Man hat Herrn Jakobs viele Vorwürfe gemacht wegen der »Erfindung« des Feindstrafrechts – obgleich er es nicht erfunden, sondern nur beschrieben hat. Viele halten ihn für eine Wiedergeburt des Staatsrechtlers und politischen Philosophen Carl Schmitt – eines erbarmungslosen Zu-Ende-Denkers von Ideen, die in den 1930er Jahren zur Affirmation der schrecklichsten Gewalt des NS-Staates führte und keine Grenzen mehr anerkannte hinter der bloßen Funktionalität von Legitimation: Recht als willkürliches Instrument von Gewalt.

Anders gesagt: Wenn soziale und politische Herrschaft keine inhaltliche, materielle Grenze und Bestimmung hat, sondern allein aus den Funktionen ihrer eigenen Bestätigung besteht, die Aufgabe des Rechts also nicht mehr die tatsächliche Verwirklichung von Gerechtigkeit und Glück ist, sondern nur mehr die Erzeugung von Imaginationen solcher Zustände, dann gibt es nichts mehr, was unsere moderne Gesellschaft noch zusammenhält. Die Angst davor nimmt man denen übel, die sie beschreiben.

Was bedeutet das? Was hat die verschreckte Rechtswissenschaft dem Jakobs'schen Gedanken entgegenzuhalten? Nicht viel, muss man leider sagen. Nach allem, was wir wissen, hat sich unser Staat im »Krieg gegen den Terror« wissentlich an Aktivitäten beteiligt, die in unserem Recht nur schwerlich eine Rechtfertigung finden: an Entführungen, an Folterungen, an Ermordungen. Wir, die wir doch vor siebzig Jahren geschworen haben, dass niemals mehr Schweigen herrschen dürfe über staatliches Unrecht: Was sagen wir nun, nachdem wir die verflossene DDR empörungsmäßig abgearbeitet haben, zu unserem eigenen Unrecht? »Ich freue mich darüber, dass es gelungen ist, Bin Laden zu töten.« Ein großer Satz, ein Satz für die Ewigkeit und die Geschichtsbücher. Die deutsche Bundeskanzlerin sagte ihn über das Recht und die Gerechtigkeit.

Deutschland führt seit dreizehn Jahren »Krieg«. Die öffentliche Meinung über all die Jahre war schwankend, die Helden der Meinungsfreiheit rätselten mit zitternden Händen über der Tastatur: Darf man das Wort verwenden? Was wird der Chefredakteur sagen? Wird mein Vertrag verlängert? Hat schon eine Partei angerufen? Welche Worte sind zurzeit erlaubt, welche üblich und erwünscht, und welche wären, unter Freunden, ganz unklug? Die Kriegsberichterstattung der deutschen Presse seit 2001 ist ein Thema für sich.

Und: Was bedeutete uns dieser »Krieg« überhaupt? Handelte es sich nicht vielleicht doch eher um ein »Phänomen«? Irgendetwas in den entfernten Formen des Krieges, aber ohne dessen Folgen? Eine Art von Kolonialkrieg vielleicht? Auch vor 120 Jahren freilich wollte man wenig wissen in Potsdam und Tübingen vom schwarzen Mann und vom Muselmann und vom Schlitzäugigen und seinem Leid. Man sprach über Gold, Rohstoffe, Holz, Kaffee.

Der Grund für das Schwanken der herrschenden veröffentlichten Meinung war kein intellektueller: Mir ist keine Redaktion bekannt, die der Frage »Krieg oder kein Krieg?« seit 2001 ernsthaft und offen nachgegangen wäre.

Stets ging es – wie immer im Krieg – um die eigene Haut. Darf man das sagen? Sechs Jahre lang vibrierten die hochgerüsteten freien deutschen Redaktionen, bis ein Adeliger mit Gel-Frisur sie erlöste: Karl-Theodor zu Guttenberg, Showmaster, Schlawiner. Er sagte: Nun sind wir im Krieg. Vielen Dank, lieber Freiherr, für die Magie des erlösenden Wortes, auf der großen Bühne der Geschichte. Herzlichen Dank, du freie Presse, für den Titanenkampf um dieses freie Wort!

Deutschland führt seit geraumer Zeit geträumte oder wirkliche Kriege: gegen den Terror ganz allgemein, besonders gern auch gegen den Drogenhandel, gegen die Geldwäsche, die Korruption, den Menschenhandel und so fort. Ein deutscher Bundeskanzler hat vor 15 Jahren mit ernster Miene geschworen, man wolle die Geldwäsche ausmerzen, wo immer sie sich zeigt (ihr Umfang ist seither um ein Mehrfaches gestiegen). Sehr gern kämpft der Deutsche auch gegen Wirtschafts- und Bandenkriminalität, vom sexuellen Missbrauch ganz zu schweigen. Der Krieg gegen die Kinderschänder hat die ganze Gesellschaft erfasst, er ist schon beinahe total.

Die martialischen Formulierungen täuschen: Es gibt keinen allgemeinen »Sicherheitskrieg«. Gäbe es ihn, ginge es dem Bürger schlecht. Denn er ist es ja, der im Krieg um die Sicherheit stets zugleich potenzielles Opfer wie potenzieller Täter sein kann. Beide Rollen verbinden sich dann in der Rolle des Verdächtigen: Jeder ist irgendwann involviert in kommunikative Vorgänge, derer sich der Sicherheitsapparat bemächtigen muss, um das Schlimmste zu verhindern.

Im Krieg ist vieles erlaubt, was uns hier und heute unvorstellbar erscheint: das Zerstören fremden Eigentums. Die Tötung von Feinden. Die Opferung der eigenen Zivilbevölkerung, wenn es denn nicht anders geht. Die Tötung fremder Zivilbevölkerung, unter bestimmten Umständen. Im Krieg darf man entführte Flugzeuge abschießen, auch wenn unschuldige Geiseln darin sitzen. Man darf vorsätzlich Menschen töten, um größeren Schaden zu verhindern. Man darf die feindlichen Kombattanten von hinten erschießen, im Schlaf töten, in Hinterhalte locken. Man darf sich auch einmal irren. Man wird auch dann zum Brigadegeneral befördert, wenn man aus Versehenen – shit happens! – hundert afghanische Bauern in die Luft gesprengt hat, die Benzin klauen wollten, in der tragischen Annahme, es handle sich um hundert Feinde.

In den 1970er-Jahren, als in Deutschland die sogenannte Rote Armee Fraktion Menschen ermordete, die sie als angebliche Feinde identifiziert hatte, und als eine Welle hysterischer Furcht, initiiert und instrumentalisiert von reaktionären Kräften, das ganze Land in einen Ausnahmezustand versetzte, verlangten die Täter, nachdem sie festgenommen und inhaftiert waren, ihre Anerkennung als »Bürgerkriegspartei«: Sie wollten gern nach der Haager Landkriegsordnung und der Genfer Konvention behandelt werden.

Ein damals berühmter Strafverteidiger, der wenig später – nach einer im Einzelnen unerforscht gebliebenen Wiedergeburt – der noch viel berühmtere Sicherheitsminister Otto Schily wurde, beantragte damals noch im großen RAF-Prozess in Stuttgart-Stammheim die Anwendung von Kriegsrecht auf die Angeklagten.

Das war eine in der Rückschau fast rührende Vorwegnahme der Probleme, die sich heute stellen. Selbstverständlich waren hundert zum Umsturz entschlossene RAF-Anhänger keine »Kriegspartei«, auch wenn sie Millionen Unterdrückte der ganzen Welt hinter sich wähnten.

Die kleine Bundesrepublik träumte sich damals, zwischen 1968 und 1977, in einen Krieg ums Große und Ganze. In den Taten wie in der Verfolgung der Terroristen spielte sie im Kleinen nach, was im Großen so grauenhaft misslungen war: Die ersten sechs Generalbundesanwälte unserer Republik waren frühere Mitglieder der NSDAP. Auch Bundespräsidenten und Bundeskanzler. Auch oberste Richter. Sie erzählten uns, was das Recht sei.

Was hat der mörderische »Islamische Staat« damit zu tun? Er ist mitnichten nur eine Bande bluttriefender Krimineller: Er überfällt keine Banken mehr, sondern betreibt den Aufbau einer Zentralbank. Er errichtet staatliche Strukturen, wo er die Herrschaft hat. Er hat 50 000 Mann unter Waffen und kämpft in offener Feldschlacht auf einem Gebiet, das halb so groß ist wie die Bundesrepublik. Demnächst wird er uns im Fernsehen vielleicht einen Außenminister und einen Arbeits- und Sozialminister vorstellen. Später wird vielleicht ein deutscher Außenminister – distanziert, tapfer – die Lieferung von zwanzig Minenräumfahrzeugen an den jungen Staat diplomatisch begleiten und im Deutschlandfunk seiner »Hoffnung Ausdruck geben, dass die intensive Diskussion über die gesamte Palette der Themen zum besseren Verständnis beitragen« werde.

Am 7. Januar 2015 töteten in Paris außer sich geratene junge Männer eine Vielzahl von Personen, die sie für ihre Feinde hielten. Ob das »Terrorismus« war, hängt davon ab, wie man das Wort versteht. »Terror« und »Terrorismus« sind Begriffe aus einer Fachsprache der politischen Theorie über Einsatz, Ziel und Auswirkungen von Gewalt. »Terroristen« sind in dieser Sprache stets »die anderen«, also diejenigen, die Gewalt anwenden, ohne eine Legitimation dazu zu haben.

Eine Legitimation zur unbeschränkten Anwendung von Gewalt kann sich nur aus dem Kriegsrecht ergeben, einem Recht also, das sich mit der Bewertung von Gewalthandlungen zwischen gleich legitimierten Subjekten befasst: Solange nur Raubritter auf ihren Burgen saßen und ihre Söldnerhaufen gegeneinander sandten, war jeder der Terrorist des anderen. Wenn einer gewonnen hatte, war er mit einem Mal der Staat und die anderen waren die Verbrecher.

Dies ist der Stand der Dinge in Somalia, Syrien und Afghanistan und an vielen anderen Orten der Welt. Über diese schlichte Rechtsregel ist das moderne Völkerrecht noch nicht wesentlich hinaus gelangt. Deshalb streben die großen Mörder der Welt nach der Herrschaft über die Sprache: Sie wollen »Kriegs«-Partei sein. Gelegentlich haben sie dafür sogar ein gutes Argument: Ihre Gegner sind oft auf demselben Wege groß geworden wie sie selbst.

Die Medien sind voll von Bekenntnissen des Schreckens, der Ablehnung, der »Entschlossenheit zum Kampf«. Seite an Seite schritten die Protagonisten der uneingeschränkten Solidarität über die Champs-Élysées, eingehakt die Helden von Gaza mit den Verteidigern des freien Worts aus der Türkei.

Die Täter von Paris töteten nicht »wahllos«. Ihre Opfer waren Menschen, die – nach ihrer Ansicht – einer der Verdammnis anheimgegebenen Gruppe von Verworfenen angehörten. Ob diese einen Bleistift gespitzt oder sich auf andere Weise gegen das angeblich Heilige versündigt hatten, war den selbsternannten Engeln der Rache gleichgültig. In ihrer engen Welt unterscheidet man nicht nach solchen Einzelheiten. Das eint sie mit den Fanatikern aller Zeiten, allen Glaubens, aller Ziele. Die Menschen glauben an Zeichen: an Fahnen, Farben, Namen, Worte. Sie schneiden sich und anderen die Zunge heraus für die Jungfrau Maria oder den Propheten, sie verbrennen sich in der Hoffnung auf eine alles umfassende Liebe in der Ewigkeit. Sie massakrieren sich in der Verzweiflung über sich selbst. Wir kennen das doch! Und wir wissen, dass wir selbst in der Gefahr stehen, jederzeit, wie die, deren Wahnsinn wir erleiden müssen. Warum fallen wir immer wieder auf sie herein?

Die Täter von Paris unterscheiden zwischen Guten (Wir) und Bösen (Ihr). Das ist einfach und übersichtlich. Wer zerstören, verletzen und töten will, muss so und darf nicht anders denken. Die sie ermordeten, hatten das Heiligste, das Wichtigste und Reinste beleidigt, das die Täter sich vorstellen konnten. Normalerweise ist ein solches Tatmotiv dem Strafrecht und den Strafrichtern des christlichen Abendlands großes Mitgefühl und tiefes Verständnis wert: Täter, die aus solchem Antrieb handeln, können vor deutschen Gerichten auf die Anwendung des Strafrahmens für minder schwere Fälle hoffen. Bei Feinden gilt diese Regel nicht.

Sind die Terroristen nun also Feinde oder Bürger? Wollen wir sie vernichten? Oder sie in der Psychiatrie von ihrem Wahn »heilen«? Oder sie in Justizvollzugsanstalten zu anständigen Hauptschülern ausbilden? Werden wir ihnen im Knast eine ordentliche Handwerker-Ausbildung angedeihen lassen, oder werden wir mit der Bundeskanzlerin froh sein, dass es gelungen ist, sie zu töten? Diese Frage mag fremd klingen, doch sie enthält die Quintessenz des vorhin Gesagten:

Befinden wir uns wirklich im Krieg mit dem sogenannten Islamismus? Wenn ja: Befinden wir uns auch im Krieg mit dem Christianismus? In den offenen Kriegen in Afghanistan und Irak und in den versteckten Kriegen in einem sehr großen – den meisten Deutschen unbekannten – Raum dieser Welt werden seit vielen Jahren Millionen von Menschen in uns unvorstellbarerer Weise ungerecht behandelt. Die Drohnen, die in Afghanistan oder im Irak Familienfeiern und Hochzeiten in Stücke gerissen haben, weil sich – vielleicht, vielleicht aber auch nicht – ein Mitglied von Al-Kaida unter den Gästen befand, sind ja in unserem Namen, für die Verteidigung der von uns definierten Menschenrechte eingesetzt worden. Niemand in Deutschland hat je eine Träne vergossen über die Verzweifelten und sprachlos Überlebenden jener Feiern, die ganz gewiss keine Schuld hatten. Ein Showmaster im Fernsehen zeigte uns dann bei Gelegenheit, wie deutsche Rollstühle und Prothesen den Kindern ohne Beine zu neuem Lebensmut verhelfen. Danke, liebes Publikum!

Können wir ernstlich erwarten, uns das ganze Elend aus zwei Dritteln der Welt mithilfe sechs Meter hoher

Mauern und eines sogenannten Kriegs gegen den Terror vom Leibe zu halten, ohne dass ein paar zum Letzten Entschlossene von da draußen in unsere Welt eindringen und Rache üben? Und können wir ernstlich erwarten, dass sie das auf eine Weise tun, die nicht besonders schmerzlich ist?

Warum nennen wir diejenigen, die uns angreifen, »feige« und »hinterhältig«? Sie sind es nicht. Sie sind Mörder, aber das steht auf einem anderen Blatt. Feige sind sie nicht. Feige ist vielleicht jemand, der eine satellitengelenkte Bombe in eine Hochzeit steuert und dabei in Ramstein sitzt und einen Dreifach-Burger mit den Fingern frisst. Feige ist vielleicht, wer den Führerbunker rechtzeitig vor der Explosion der Aktentasche verlässt.

Aber ist Mut überhaupt eine sinnvolle Kategorie? Ist es nicht vielmehr ein hilfloser Versuch, Form und Inhalt, Verantwortung und Versagen in eins zu bringen? Mut und Tapferkeit sind Eigenschaften, die von den Inhalten der Taten unabhängig sind.

Wenn wir also mit denen, die uns angreifen, als gehe es um die Rettung der Welt, tatsächlich reden und sie nicht nur vernichten wollen wie Ungeziefer, müssen wir ihren Mut anerkennen – einen Mut, der uns selber längst abhandengekommen ist. Träumt Euch, Ihr Steuerberater und Wirtschaftsstrategen, Ihr Halbmarathonläufer und Porsche-Besteller, Vertriebsberater und Servicekräfte, einen einzigen Tag lang hinein in die Unendlichkeit eines Lebens als Dreck. Und sagt mir dann, was mutig ist.

Damit ist gar nichts relativiert oder entschuldigt. Es geht nur um dieses Wort Mut und um unsere furchtbare Gleichgültigkeit. Solange wir uns die Hungrigen und Rachsüchtigen und Verlorenen dieser Welt mithilfe von

Fernlenkwaffen und Drohnen vom Leibe halten können, benötigen wir keinerlei Mut. Das muss man, verehrte Sigmund Gottliebs des Fernsehplaneten, schlicht anerkennen: Die Kerle, von denen wir sprechen, sind wesentlich jünger, schneller, schöner und hundertmal mutiger als wir alten Säcke, die aus den Sternerestaurants Europas und Amerikas in die Hunger leidende restliche Welt hinausrülpsen, dass Bescheidenheit eine Tugend sei. Chanté!

Was wir gegen den Terrorismus tun können oder sollten

Zurzeit möchte jeder den Terrorismus verhindern. Wie ich im vorigen Kapitel ausgeführt habe, ist die Definition von »Terrorismus« gar nicht so einfach. Im Strafgesetzbuch sind die Paragrafen 129a und 129b zuständig: also »Bildung terroristischer Vereinigungen/im Ausland«. Die Regelungen sind unübersichtlich und schwer verständlich. Sie knüpfen am »Zweck einer Vereinigung« an, bestimmte Straftaten zu begehen (zum Beispiel: Mord, Umweltvergiftung, Brandstiftungen). Mit »Zweck« ist allerdings das Mittel, nicht das Endziel der Vereinigung gemeint: Es gibt vermutlich nur wenige »Vereine zur Förderung der Brandstiftung e.V.« in Deutschland.

Die Regelungen über »terroristische Vereinigungen« versuchen mehr oder weniger geschickt an äußeren Erscheinungsformen »terroristischer« Tätigkeit anzuknüpfen. Politische oder gesellschaftliche Zielsetzungen, Ideologien und Bewertungen kommen in ihnen nicht vor. Deshalb sind die Straftatbestände für die Bürger nur schwer zu verstehen und für die Fachleute nur schwer anzuwenden.

Ihre Hauptbedeutung gewinnen sie auf vertrackte und bedenkliche Weise: Der Verdacht gegen jemanden, Mitglied oder Unterstützer einer terroristischen Vereinigung zu sein, ist Voraussetzung für die am weitesten reichenden (polizeilichen) Maßnahmen zur Ermittlung, die unsere Rechtsordnung erlaubt. Ob sich der Verdacht später wirklich bestätigt, ist oft gleichgültig.

In der Sache entpuppt sich der Vorwurf der »Mitgliedschaft« oder der »Unterstützung« aber oft als fast belanglos und wird im weiteren Verfahrensverlauf eingestellt. Denn die Strafe für eine tatsächliche Beteiligung an einer konkreten Tat, die einer »Vereinigung« zuzurechnen ist, ist meist höher als die Strafe für die »Mitgliedschaft«, obwohl es gerade dieser Vorwurf war, der viele Ermittlungseingriffe oder etwa die Zuständigkeit des Generalbundesanwalts überhaupt erst möglich machte. Wegen bloßer Mitgliedschaft oder Unterstützung werden daher in der Regel eher kleine Würstchen verurteilt – solche, denen man die Beteiligung an konkreten Taten nicht nachweisen kann. Dass sie im Fernsehen von schwer bewaffneten, vermummten Polizisten per Hubschrauber auf die Wiese des Bundesgerichtshofs geflogen und zur Vernehmung gebracht werden, die häufig schon nach zwei Minuten und der Auskunft, nichts sagen zu wollen, beendet ist, steht auf einem anderen Blatt. Es trägt die Überschrift: Wichtig! Weltpolitik! Kosten spielen keine Rolle! Wer die Jammergestalten sieht, die da vorgeführt werden, den mögen gewisse Zweifel beschleichen.

Das heißt natürlich nicht, dass nicht Jammergestalten (Stichwort: »Sauerland-Gruppe«) furchtbare Taten begehen oder planen. Mir persönlich freilich erscheinen die meisten der fusselbärtigen, bleichen Welteroberer in der konkreten Begegnung immer noch weniger bedrohlich als mancher tätowierte original deutsche Outlaw, dem nur noch exzessive Gewalt als zuverlässiger Beweis der Potenz erscheint.

Seit 2009 gibt es in Deutschland die Straftatbestände der »Vorbereitung einer schweren staatsgefährdenden Gewalttat« (§ 89a StGB), der »Aufnahme von Beziehungen zur Begehung einer schweren staatsgefährdenden Gewalttat« (§ 89b StGB) und der »Anleitung zur Begehung einer schweren staatsgefährdenden Gewalttat« (§ 91 StGB). Auch diese Vorschriften, mit denen insbesondere die Beziehungen inländischer Sympathisanten mit terroristischen Gruppen im Ausland verhindert (oder wie es immer heißt: »bekämpft«) werden sollen, sind dem Laien praktisch unbekannt und unverständlich. In den fünf Jahren seit ihrem Inkrafttreten sind sie so gut wie nie angewandt worden. Ob irgendein Anhänger des »Heiligen Krieges« sich von der Strafdrohung (fünf Tagessätze Geldstrafe, bis zu drei Jahre Freiheitsstrafe) hat beeindrucken lassen und deshalb statt in den Gotteskrieg doch lieber wieder zur Arbeit bei der Müllabfuhr Wuppertal gefahren ist, bleibt ein Geheimnis der Kriminologie und der Rechtspolitik. Hauptsache, irgendjemand glaubt daran.

Es gibt natürlich ein paar äußerst Entschlossene. Ihre Rezepte reichen bis zu kindlichen Vernichtungsfantasien. Im Januar 2015 hat Michael Wolffsohn, früher Professor für Neuere Geschichte an der Bundeswehr-Hochschule München, in der *FAZ* eine immerhin denkbare Antwort auf einige Fragen gegeben. Sein Text ist lesenswert, weil er wahrhaft befremdend ist.

Du sollst nicht töten – dieses (angeblich) göttliche Gebot unterzieht Wolffsohn einem »wissenschaftlichen« Test. Er benutzt dazu die Form des Dreisprungs, einer in Ehren ergrauten olympischen Sportart (für Nichtkenner der Leichtathletik: Der Dreisprung besteht aus drei nacheinander ausgeführten Sprüngen – »Hop«, »Step« und »Jump«), die gekennzeichnet ist durch die Attribute: flach und weit.

Zunächst der Hop: Du sollst nicht töten. Das angeblich göttliche fünfte Gebot untersucht Wolffsohn in etymologischer, anthropologischer und irgendwie biologischer Konnotation. Das Ergebnis: Genaues weiß man nicht.

Dann der Step: Es folgt die wunderbare Hinwendung des Forschers zur Welt. Töten kann man nur (aber auch alles), was lebt. Auf diesem Planeten sind das: Menschen, Tiere, Pflanzen. Wenn nun Gott, liebe Kinder, tatsächlich gewollt hätte, dass wir nicht töten sollen, dann hätte er uns Menschen zum Verhungern verdammt. Das kann aber nicht sein Ernst gewesen sein! Denn bekanntlich liebt er ja durch einen glücklichen Zufall unter all den Billionen Spezies seines Kosmos ausgerechnet uns dermaßen, dass wir ihm sogar ähnlich sehen dürfen. Da ärgert sich der Wurm.

Im Namen dieser weltumspannenden Liebe essen wir Rinderfilets, Garnelen, Kalbsfüße, Seeteufel und sogar den ahnungslosen Rosenkohl. Irgendwo fressen sogenannte Gourmets selbst die Hände unserer Brüder, der Gorillas.

Schließlich der Jump (und jetzt wird es spannend): »Du sollst nicht töten« heißt also gerade nicht: Du sollst kein Lebewesen töten. Und deshalb heißt es – um der Gleichberechtigung alles Lebendigen willen – auch nicht, dass man keinen Menschen töten soll. Wenn aber, so Wolffsohn, das Töten nun doch erlaubt ist: Dann sollte »der menschliche Teil der Menschheit«, von dem der Forscher spricht, insoweit einen Vertrauensvorschuss genießen gegenüber dem »nichtmenschlichen« Teil.

Letzteren müssen wir uns vermutlich als eine Art Tolkien'schen Ork vorstellen: eine sprachunfähige Kreatur im Niemandsland zwischen Affe, Schwein und Nordkoreaner, die in unermesslichen Scharen aus den dunklen Ritzen der Zivilisation quillt wie der gefiederte Wurm aus der Wunde des Landarztes bei Franz Kafka oder die Kakerlake aus den Tiefen unserer Lebensmittelindustrie. Sie kommt nicht aus uns, sie kommt aus der Hölle. Wir sprechen nicht mit ihr. Wir töten sie, weil nichts sonst ihrem Wesen gerecht wird.

So viel zum »nichtmenschlichen Teil« der Menschheit, zum Unmenschen: ir sollten ihn einfach töten. Quod erat demonstrandum. Vielen Dank für so viel Wissenschaft, Professor Wolffsohn!

Selbst wenn Wolffsohn recht hätte: Was soll uns das bedeuten? Unsere Gesellschaft könnte schwerlich überleben, wenn wir prophylaktisch alle massakrieren, die wir als »Nichtmenschen« definieren. Vorbeugende Notwehr gegen Bevölkerungsgruppen möchten wir doch nicht.

Auch das Feindstrafrecht ist keine Lösung. Denn die Dick Cheneys dieser Welt bevorzugen die »dark side«. Die Etablierung eines derart fegefeuerartigen Zwischenreichs der eingeschränkten Menschenrechte befriedigt sie nicht. Sie wollen dem Feind *alle* Rechte nehmen. Uns, die bürgerliche Gesellschaft, würde andererseits die Einrichtung einer Verwaltung für die Identifikation und Behandlung von Feinden moralisch zerstören.

Wie wäre es stattdessen mit folgender Alternative: Nehmen wir, gegen die dunklen Schatten der Vernichtungs-Fantasien, an, dass unsere Versprechungen an uns selbst zutreffen. Dass wir in einer – im Weltmaßstab – unermesslich reichen Gesellschaft leben. Dass wir in einer befriedeten, weithin sicheren, von der ganz großen Mehrheit der Bürger getragenen Verfassungsordnung leben. Dass unsere Rechtsordnung – wie auch immer man sie im Einzelnen verstehen und definieren und erfühlen mag – den Einwohnern der Bundesrepublik ein außerordentlich hohes Maß an persönlicher Freiheit und Entfaltungsmöglichkeit erlaubt. Dass es also keine Qual ist, hier zu leben, sondern eine Freude.

Und nehmen wir an, unser Gefühl für die Wirklichkeit sei nicht vollkommen verrückt geworden und die Vorzüge einer freien, gleichberechtigten Gesellschaft seien ein Wert und eine Errungenschaft, denen auch die Fusselbärte einiges abgewinnen können. Dann könnten wir doch einfach zuversichtlich sein und müssten uns nicht so schrecklich fürchten vor den düsteren Schatten unseres eigenen Tuns und Unterlassens.

Wenn wir, wie wir es könnten, den Zehntausenden Menschen helfen würden, die an Ebola erkranken oder konkret von Infektion bedroht sind, anstatt Dramen um fiktive »Schutzlücken« an deutschen Kreiskrankenhäusern zu veranstalten: Wäre dann nicht alles gut?

Welche Sicherheit können wir gegen terroristische Anschläge erhalten?

Die Antwort ist: keine.

Es gibt keine Möglichkeit, Anschläge, Morde und demonstrative Gewalttaten von Fanatikern zu verhindern.

Sicherheit unseres Lebens erreichen wir, indem wir es bejahen und indem wir keine Angst haben vor den Brutalitäten der Dummheit. Indem wir Mitleid und Verständnis für die haben, denen es in der von uns beherrschten Welt schlecht ergeht.

Welche Straftatbestände sollen wir verschärfen?

Die Antwort ist: keine.

Ich habe Verständnis für Bürger, die meinen, da das Recht zu ihrem Schutze da sei, müsse es nun jeweils die Gestalt annehmen, die einen solchen Schutz garantiert. Ich habe auch Verständnis für Politiker, die unter dem Druck solcher Forderungen so tun, als könnten ein paar weitere Paragrafen im Ausländerrecht oder im Strafgesetzbuch die Welt daran hindern, in unser Auenland hereinzubrechen mit Chaos und Blut, Widerspruch und Unversöhnlichkeit, Dummheit und Gier.

Ich habe Mitleid mit denen, die das erleiden, und mit denen, die meinen, ihr eigenes Leid rechtfertige solche Taten.

Von uns aus gesehen, ist es freilich bisher ganz überwiegend das Blut der anderen, das vergossen wird. Das rechtfertigt natürlich keinen Mordanschlag und tröstet keinen Hinterbliebenen oder Verletzten. Aber, entgegen allen Behauptungen: Es relativiert die Betrachtung, so schrecklich das auch sein mag. In Paris sind im Januar 2015 17 Menschen ermordet worden: Journalisten und Polizisten um ihres Berufs willen und Juden um ihres Glaubens willen. Allein in der Woche danach wurden in Afrika und Asien ein Dutzend Mal mehr Menschen ermordet – um ihres Seins willen. Sie waren nicht weniger wert.

Was sollen wir mit »Rückkehrern« machen?

Die Antwort: Es gibt kaum Möglichkeiten, sie zuverlässig zu identifizieren. Wenn Personen, die mit dem Ziel, den »Heiligen Krieg« zu unterstützen, in den Nahen Osten gezogen sind und nun nach Deutschland zurückkehren, weil sie Deutsche sind oder hier ein Aufenthaltsrecht haben, müssen wir sie (und uns) zunächst fragen, warum sie zurückkehren: aus Angst? Aus Enttäuschung? Mit dem Ziel, hier Straftaten zu begehen?

Rückkehrer sind nicht per se eine Bedrohung. Sie können auch wertvolle Multiplikatoren der Aufklärung sein. Haben wir in unsere gesellschaftlichen Eliten nicht in den vergangenen Jahrzehnten viele Tausende Heimkehrer aus der SS, aus den Reichen Enver Hoxhas und Pol Pots, dem Paradies von Baghwan und sogar aus der Geborgenheit der garantiert ausländerfreien internationalistischen DDR integriert? Viele dieser Menschen sprachen seltsame Sprachen, sie hatten eigenartige Erinnerungen und jammerten unter unerklärlichen Bedrückungen. Der große Schmelztiegel der Freiheit und Toleranz hat sie zu schwäbischen Werkzeugmachern, Frankfurter Bankern und Kölner Ford-Arbeitern gemacht. Wenn wir ostpreußische Gutsbesitzer und westdeutsche Kriegsverbrecher und alle anderen integrieren konnten: Warum sollten wir uns fürchten vor den Vertretern einer Kultur der Furcht?

Wo finden wir Sicherheit?

Alice Schwarzer, Kampfmaschine für alles Mögliche, rief am 25. Januar 2015 in der *Frankfurter Allgemeinen Sonntagszeitung* ein weiteres Mal dazu auf, dem »Islamismus« endlich die Stirn zu bieten. Aha. Na ja. Was soll's? Ich weiß nicht, was Frau Schwarzer so erlebt. Ich kann, was mich betrifft, nicht erkennen, dass die abendländische Kultur unter dem Ansturm stammelnder nahöstlicher Gestalten zusammenbräche.

Die Gewähr, vor der Bedrohung durch die Gewalt barbarischer Dummheit geschützt zu sein, werden wir gewiss nicht durch Mobilisierung von Angst und durch strafrechtliche/militärische Aufrüstung erreichen. Entgegen zahllosen Behauptungen befindet sich die Welt nämlich *nicht* in einem Konflikt der Religionen, was immer man von ihnen halten will und wie viele Kommentatoren das auch behaupten mögen. Nein: Es geht um Armut und Reichtum, Bildung und Dummheit, es geht um Verteilungsgerechtigkeit.

Sagen wir so: Nichts kann die Kultur der Freiheit mehr stärken als die Botschaft, dass die erbarmungswürdigen Verfechter der Unfreiheit im Ergebnis nicht ernst zu nehmen sind. Wenn ich nach Amerika auswanderte, weil ich nichts zu essen hätte, und dort das Tragen von Lederhosen und Sepplhüten verboten wäre, hätte ich drei Lederhosen im Schrank und einen Sepplhut. Dann wäre ich in Nord-Carolina vielleicht ein Extremist. Meine Kinder würde ich aber zur Schule schicken, und mein Urenkel würde den Sepplhut schließlich in der Vitrine ausstellen: *sentimental journey*.

Die Kraft der Besonnenheit und der Aufklärung ist seit Tausenden Jahren stärker als die der Magie, der Dumpfheit, der Beschränktheit. Wir sollten uns jeden Tag freuen über die Menschen aus vielen Ländern, die mit uns leben wollen, auch wenn sie gelegentlich unordentlicher und lauter sind, als der Schwabe oder der Hanseat oder der eingewanderte Sudetendeutsche oder das in Dresden lebende originale Volk es gern hat. Würde ich in Beirut, Damaskus oder Kirkuk leben müssen, würde ich mein Auto bestimmt auch nicht jede Woche putzen. Sondern erst mal abwarten, was passiert. Und ob es sich lohnt.

Ist der NSU-Prozess eine Farce?

Während sich in München die Strafjustiz mit dem Verfahren gegen den NSU quält, berichtet das öffentlich-rechtliche Fernsehen – wie üblich atemlos und ohne erkennbares Ziel – in der Terminologie der Redaktion: über den Prozess gegen das »Mord-Trio«. Die Regie blendete die Porträts dreier Menschen ein, die »dem Mord-Trio angehörten«: Uwe Böhnhardt, Uwe Mundlos, Beate Zschäpe. Wer die Mörder sind, steht also schon fest.

Das Trio als solches beschäftigt uns seit der Genesis (Schöpfungsgeschichte). Aus der Fülle berühmter Trios seien genannt: Adam–Eva–Schlange, Maier–Beckenbauer–Müller, Brandt–Wehner–Schmidt, Baader–Meinhof–Ensslin, Caesar–Pompeius–Crassus, Kluge–Witzleben–Romme, Ludendorff–Hindenburg–Hitler, Clapton–Bruce–Baker. Bevor Sie sich jetzt erregen: Es geht nicht um Gleichstellungen oder Moral, sondern nur um das Trio an sich, als Form. In der Reduktionsform der Neuen Deutschen Welle: »Trio« als der Name des Trios: Da, Da, Da.

Das Trio liegt dem Bundesgerichtshof (BGH) am Herzen. Im Strafgesetz sind »bandenmäßig« begangene Taten vielfach mit erhöhter Strafe bedroht. Allerdings sagt das Gesetz nicht, was eine »Bande« ist: Das müssen sich der

Bürger und der Gesetzesanwender selbst überlegen. Der BGH meint seit März 2001, eine Bande bestehe aus mindestens drei Personen. Diese Entscheidung des Großen Senats für Strafsachen war das Ende der »Zweierbande«, einer etwas albernen Erfindung der Rechtsprechung, die ein paar Jahrzehnte lang als Inbegriff der Weisheit galt. Oder hätten Sie gedacht, dass ein Ehepaar, das gemeinsam Diebstähle begeht, eine dem Bereich der Organisierten Schwerkriminalität zuzuordnende Bande sei? Der BGH dachte das 30 Jahre lang, und jeder, der das Gegenteil sagte, war eine Mindermeinung (und durfte froh sein, in einer Fußnote vorzukommen), in Wirklichkeit aber natürlich eine Art Querulant (sprich: Wir werden doch wohl nicht umsonst die herrschende Meinung sein).

Wie auch immer: Eine Bande setzt seit 2001 voraus, dass sich mindestens drei Personen zwecks Begehung zukünftiger Straftaten zusammentun. Warum? Weil ab der Zahl 3 eine Person, die aussteigen will, immer in der (absoluten) Minderheit ist und es deshalb deutlich schwerer hat als bei Bonnie & Clyde, Sacco & Vanzetti, Schweini & Poldi, Goethe & Schiller, Marx & Engels. Die Änderung der Rechtsprechung hat natürlich nicht dazu geführt, dass die zuvor wegen Zweierbanden Verurteilten früher entlassen worden wären. Denn solch eine Änderung der Rechtsprechung wirkt immer nur in die Zukunft. Wer zu früh abgeurteilt wurde, den bestrafte das Leben.

Ein anderer Grund ist, dass ein Trio für uns noch recht überschaubar ist: eine Mehrheit von Individuen, die sich zu einem Ganzen verbinden, ohne sich aufzulösen. Wir reden gerne vom »Bankräubertrio«, selten vom »Schmuggleroktett«. Bis die Heimatpresse unter »Vermischtes« über ein »Sextett« von Straftätern berichtet, muss es sich schon um etwas Besonderes handeln: sechs Brüder vielleicht oder sechs beinamputierte Rentnerinnen oder sechs Sinti mit lustigen Namen.

Man kann es auch anders sehen: Wir kennen »Viererbanden«, etwa bei den fernöstlichen Freunden des lauten Wortes und der schlechten Manieren. Auch die Sieben hat eine gewisse Tradition, sowohl in Japan *(Sieben Samurai)* als auch im Remake *(Sieben Söhne der Katie Elder)*. Jenseits von zehn wird es aber unübersichtlich. Zwar mag die »wilde Dreizehn« noch als Bande durchgehen, die zwölf Apostel sind hingegen ungeeignet. Erst recht der Nationalkader: Von Herberger über Derwall bis Neid gelang es nicht, ihm eine dauerhafte Personenzahl zuzuordnen.

Man könnte auch, kriminologisch betrachtet, die Bande statt von unten von oben her definieren: Bande als hierarchisch strukturierte Herrschaft zur Durchsetzung rechtlich fragwürdiger Ziele. Nehmen wir also etwa Pablo Escobar oder andere berühmte Namen: Berlusconi, Pinochet, Schinderhannes. Das hat eine gewisse Plausibilität, reicht für die Ansprüche der Bandenwissenschaft aber nicht aus.

Der Begriff der Bande ist also dehnbar, nicht aber unendlich. Er verliert an Überzeugungskraft, wenn man ihn in allzu großem Maßstab anwendet: auf sämtliche Freiheitskämpfer in der Ostukraine etwa, auf alle Tibeter oder alle Luxemburger. Oder auf die deutsche Wehrmacht.

Hingegen würde ich bei der Sturmabteilung (SA) schon stark zur Bande tendieren wollen. Auch die Organisation Gehlen kommt mir eher wie eine Bande vor denn als Zusammenschluss technikbegeisterter Buben. Und damit sind die *Operation Rusty* und der Bundesnachrichtendienst (BND) in eine überschaubare Nähe gerückt. Für den

BND und seine Vorläufer arbeiteten Klaus Barbie (Gestapo-Chef in Lyon), Alois Brunner (enger Eichmann-Mitarbeiter), Franz Rademacher (Leiter des Judenreferats des Auswärtigen Amts), Walter Rauf (Erfinder des mobilen Vergasungswagens) und viele Hundert andere bewährte Bandenmitglieder.

Trotzdem – oder gerade deshalb – bleibt einem der Bandenbegriff hier ein wenig im Hals stecken. Im 2. Deutschen Bundestag saßen 26 Prozent ehemalige NSDAP-Angehörige. Vor solchen Fakten versiegt die Kraft der Sprache.

Unser Mord-Trio hat zweifellos das Zeug zum Klassiker, und wir werden es gewiss länger als andere in Erinnerung behalten: die drei Musketiere, die drei von der Tankstelle, die drei Männer im Schnee: Dahlke, Lüders, Biederstädt. Mein Gott: Wie war Deutschland so erstaunlich neu damals im Jahr 1955! All die Juden, die verfaulten Leichen, die verbrannten Kinder, die halben Beine und dreiviertel Leben: vorbei, vorbei, verscharrt und vergessen, und neu schon blühte die original holländische Tulpe auf den Gräbern, kaum dass der Niederländer sich entschieden hatte, ein Opfer zu sein. Der Käfer fuhr wieder über die Alpen: ein Boxer-Motor, unverwüstlich, so einfach war das Ventilspiel einzustellen, dass jeder anständige Soldat wusste, wie es geht. Isabella und Lorelei und Drachenfels und ein ewiger Franzose mit Käse! Der Jude war zeitweise weg: sprachlos, im Mittelmeer.

Angenehm: Fast niemand war in Stalingrad gewesen, und wenn, dann war er entweder dort geblieben und hatte schon deshalb nicht einer Bande von Völkermördern angehört, sondern allenfalls der unter dem tapferen Überläufer Paulus (nachmals Dresden-Weißer Hirsch) verschworenen Gemeinschaft von Sportskameraden zur Exekution des Unmöglichen.

Oder er war wiedergekommen. Einhunderttausenmal *So weit die Füße tragen* mit Clemens Forell in der Hauptrolle. In jeder Familie ein Wundermann des Nachhausekommens, damit aus dem bloßen Überleben eine weltgeschichtliche Lebensleistung werde. Selbst in meiner beschränkten Kinderwelt kannte ich mindestens drei angebliche Helden des Rückwegs. Schon damals fragte ich mich, ob das wohl stimmen könne. Dass die Muttis tatsächlich dachten, die traumatisierten Klappergestelle mit Infantilsex und weihnachtlichen Weinkrämpfen nach Genuss zweier Flaschen Oppenheimer Krötenbrunnen seien Helden, darf bezweifelt werden. Ich habe es aus gutem Grund nicht erforscht: Frage, oh Sohn, nie die Mutti nach Vatis Kraft und Herrlichkeit, wenn dir dein Leben lieb ist.

Und doch hat all die dumme Lügerei am Ende nichts genützt: lauter Verlierer, die einander zudem vor lauter Angst noch permanent gegenseitig erklären mussten, sie seien die dümmsten Idioten der letzten tausend Jahre gewesen – zu blöd, das Offensichtlichste zu erkennen. Zu bescheuert, bis drei zu zählen. Nur wer sich für komplett dumm erklärte, durfte sich ab sofort als Bewunderer der Sieger aufführen. Das hält bis heute an: Frau Kanzlerin möchte einfach gar nichts dagegen unternehmen, dass der Sieger von 1945 die deutsche Regierung abhört und behandelt wie einen subalternen Befehlsempfänger.

Und an der Spitze noch immer und schon wieder diejenigen, die die Bestimmer waren über das ganze lange Verbrechen hinweg. Das muss man, als deutscher Mann und Bratwurstesser, erst mal wegstecken; einschließlich der Blödheit der Frauen und Kinder und Alten, denen nichts abgefroren war außer den Herzen und die herumjammerten und sich und ihren angeblichen Opfergang beklagten, obwohl sie doch keine Ahnung davon hatten, wie es ist, in den Keller eines Bauernhauses zu gehen, in das man zuvor eine Handgranate geworfen hat.

Es gab aber, das muss man konstatieren, in der Zeit des Nachkriegs und des Wiederaufbaus, als die deutsche Frau aus Bergen von Klinkersteinen die angeblich in Schutt und Asche liegenden Innenstädte binnen vier Monaten – bis alle Fotos gemacht waren – neu erblühen ließ und mit Besen, Schaufel und guter Laune die unvorstellbaren Schäden beseitigte, die ihre Männer in der Welt hinterlassen hatten, auch schon wieder Banden: In der Wasserleitung von Wien regierte Harry Lime (Orson Welles), und die deutsche Polizei jagte in Dresden und anderswo »jüdische Schieberbanden«.

Hat der merkwürdige Prozess gegen das Mord-Trio eine Aufgabe, die den Anforderungen eines zivilisierten Rechtsstaats genügt? Gewiss werde ich nicht Stellung nehmen oder meine Meinung äußern zu Rechts- oder Tatsachenfragen dieses laufenden Verfahrens. Ich weiß davon weniger als viele andere und habe keinen Anlass zur Besserwisserei. Es geht mir nur ums Allgemeine.

Zuerst die Merkwürdigkeit: Was für ein Spektakel! Sie erinnern sich: Presse fordert Verhandlung im Olympiastadion! Wie viele Stühle sind aufzustellen für die bedeutenden Vertreter bedeutender türkischer Boulevardblätter? Scheitert der Rechtsstaat an der Architektur des Oberlandesgerichts München? Ein absurdes Theater einer durchgedrehten Medien-Welt; ein Gericht, das mühsam und spät, am Ende aber doch die Contenance und Kontrolle behält.

Seither: Beate Zschäpe von vorn, seitwärts und vor allem rückwärts. Beate Zschäpe mit offenen und zusammengebundenen Haaren. Beate Zschäpe mit einem, zwei, drei oder vier Verteidigern. Homestorys von Verteidigern. Betrachtungen über die Namen der Verteidiger, die Frisuren der Verteidiger, die Körperhaltung der Verteidiger, Beziehungen der Verteidiger, das Vertrauen der Verteidiger in Zschäpe und das Vertrauen von Zschäpe in Verteidiger. Rätselhafte Berichte über Zeugen, die nichts sagen; Nebenkläger, die unverschämt werden; Mitangeklagte, die in einem Nebel des Ungewissen verschwinden.

Im Ernst: Wissen Sie noch, Leserinnen und Leser, worum es da geht? Können Sie folgende Fragen beantworten, ohne zu googeln?

1. Wie viele Angeklagte hat das Verfahren?
2. Was wird der Angeklagten Zschäpe konkret vorgeworfen?
3. Was wird den übrigen Angeklagten vorgeworfen?
4. Wissen Sie, um welche Straftatbestände es in dem Verfahren geht?

Dies nur als kleine Auswahl; man könnte sie beliebig erweitern. Wenn Sie mehr als eine Frage nicht spontan beantworten können, sollten Sie sich Sorgen machen: vielleicht um sich selbst, vielleicht um die Informationsfunktion unserer Presse, vielleicht um den Begriff »Mord-Trio«. Denn das Verfahren läuft ja schon seit über zwei Jahren, und wer noch immer nicht weiß, worum es sich da ganz konkret handelt, ist entweder einfältig oder desinformiert: Entscheiden Sie sich!

Unvorstellbar! Unerhört! Weltgeschichte! Letzteres gefällt dem Deutschen sehr, dem Münchner besonders. Seit hier Weltgeschichte gemacht und nicht nur nachgehopst (FJS) wurde, sind ja nun – die Basis einer bayerischen Volkspartei möge mir verzeihen – schon fast einhundert Jahre vergangen, und da wird man doch einmal den Richter Götzl ins Feld werfen dürfen mitsamt »seinem« Senat und einem Trio (!) von Ergänzungsrichtern (für den Fall, dass das Verfahren länger als 25 Jahre dauert).

Der Begriff »Mord-Trio« lässt keinen Raum für juristische Fantasie oder rechtsstaatliche Selbstdisziplin. Das Fernsehen, öffentlich- und privatrechtlich, hat den Prozess nicht nur innenarchitektonisch, sondern auch innenverfassungsrechtlich bereits entschieden und abgehakt. Die Redaktionen befinden sich, der Senat weiß es (angeblich) nur noch nicht, schon seit Langem bei der Konzeption des Abspanns. Was wird bleiben?, lautet die in den Bionade-Redaktionen ernst diskutierte Frage, und die Antworten weiß man auch schon: Im Dunkeln schlummert der böse Wolf; Deutschland ist gefährdet; als Ausländer hat man's auch nicht leicht; der Nachrichtendienst ist ein Nachrichtendienst. Der einzige öffentlich noch wahrgenommene Sinn des Münchner Strafverfahrens scheint zu sein, ein Exposé für ein Geschichtsbuch zu schaffen und für die gewiss bald nachfolgende Verfilmung.

Was kann man gegen einen solchen Missbrauch machen, und warum sollte man das überhaupt? Ich versuche, es Ihnen zu erklären, indem ich eine andere Geschichte dagegenstelle. Sie ist so alt, dass sie inzwischen dem Forschungsgebiet »neueste Geschichte« angehört. Sie handelt vom sogenannten Göttinger Mescalero.

Am 7. April des Jahres 1977 erschoss ein Mitglied der Untergrundorganisation Rote Armee Fraktion, einer merkwürdigen Mischung aus Weltrevolution, Bonnie & Clyde und moralischem Schluckauf, heimtückisch den deutschen Generalbundesanwalt Siegfried Buback, NSDAP-Mitglied Nr. 8179469. Das sollte ein Fanal sein, wie immer begründet mit einer Mischung aus Weltgeschichte und Beschuldigung, Angst und Abstraktion.

Die die Tat vollbrachten, sagten dazu nicht »Mord«, sondern »Hinrichtung« – als ob sie die Macht über den Staat schon erobert hätten, welcher eine solche Sprache für sich reklamiert. Sie sagten auch nicht »Strafverfolgung« zu ihrer Ergreifung und nicht »Geiselnahme« zum Versuch ihrer eigenen Befreiung, sondern zu beidem: »Krieg«. Sie beantragten daher beim Rechtsstaat, als Kriegsgefangene behandelt zu werden. Ein schon damals des Allwissens sich rühmender deutscher Strafverteidiger, der später als Bundesinnenminister noch viel mehr wusste, hielt das für verfassungsrechtlich zwingend. Später sagte er: Man kann's ja mal versuchen. Er hatte, wie so viele, niemals Schuld. Er hat immer sein Bestes getan und sich vom Rand des Ensslin-Grabs durch die ganze Berliner Schickeria hinaufgefressen, wie Joschka, die kleine Raupe Nimmersatt, die gleich den ganzen Staat verschluckt hat.

Die Gegenseite – die Staatsmacht – schlug 1977 zurück, als sei sie von Sinnen. Als sei das Ende aller Zivilisation gekommen. Als müsse es darum gehen, jeden Gedanken aus den Köpfen zu brennen, der auch nur in Betracht zog, die Rationalität der Welt anders als vorgeschrieben zu denken. Sprechpuppen und Fanatiker fanden sich überall und beliebig: In jeder Nachrichtensendung faselten entfesselte Bürger in die Mikrofone, dass man die Unaussprechlichen massakrieren, häuten, verbrennen und vierteilen solle. *Bild* fantasierte sich begeistert in die Apokalypse. Nach unten war alles offen.

Es verbreitete sich tatsächlich die Nachricht, die Unaussprechlichen hätten geheime Erkennungszeichen an ihren Automobilen angebracht, um sich im Gewirr der Zivilisation zu erkennen: zum Beispiel das Rastätter Kennzeichen RA–F … oder einen Aufkleber mit einem vierblättrigen Kleeblatt! Wie rührend! Deutsche Bürger haben wirklich zuhauf Anzeige erstattet gegen Fahrer von Automobilen aus Rastatt und notierten sich die Kennzeichen von Autos mit lustigen Aufklebern. Pensionierte Verwaltungsrichter wüteten mit letzter Kraft und unter Aufbietung sämtlicher Beschränktheit in den Kommissionen zur Verhinderung der Kriegsdienstverweigerung. Der Rechtsreferendar und der Briefzusteller wurden befragt, ob sie für die Diktatur des Proletariats seien oder dagegen; das Ergebnis wurde in ein Ja/Nein-Feld eingetragen.

Das deutsche Proletariat integrierte unterdessen acht Millionen Italiener, Griechen, Portugiesen, Spanier und Türken in den Herstellungsprozess deutscher Werkzeugmaschinen. Sogar erste Neger wurden gesichtet und durften damals noch so genannt werden. Die Wehrsportgruppe Hoffmann übte im Hessischen Wald das Massakrieren von irgendwelchen Feinden. Warum, wieso, wer: scheißegal, Hauptsache fremd und tot. Nachrichtendienste aus Ost und West beobachteten, unterstützten und schützten die Kameraden vor unbedachten polizeilichen Verfolgungen.

Die RAF bestand aus ein paar Dutzend Hanseln, von denen ein Drittel starb und der Rest fast permanent damit beschäftigt war, Projekte zu fantasieren, die das vorschnell aus der Bahn geratene Leben doch noch sinnvoll machen könnten: die Eroberung des Mars, die Ausraubung von Fort Knox oder die Krönung von Fritz Teufel zum König von Absurdistan. Oder einen Film mit sich selbst in der Hauptrolle. Das Letztere hat am Ende nur einer geschafft, durch die Weisheit des Schicksals der einzige Proletarier unter den Kindern des Nichts: Hans-Joachim Klein.

Weil die deutschen Weltrevolutionäre so waren, wie sie waren, verstanden sie sich gut mit den Denkern der Kriminalämter, und deshalb war man auch schnell bekehrt, als der Durchfall vorbei war. Überwiegend vegane Sozialpädagogen und Frührentner sind aus dem Endkampf des Proletariats zurückgekehrt, nach maximal 15 Jahren resozialisierendem Strafvollzug.

Aus der tiefsten deutschen Provinz, aus Göttingen an der Leine, dem Zentrum der Schweinemastkunde, erklang im Mai 1977 das Stimmchen des »Göttinger Mescalero«.

Er war kein wilder Krieger, sondern, wie sich später enthüllte, ein armer Germanistik-Student, verwirrt von den Ereignissen, aufgewühlt von den Emotionen, unentschieden in seiner Moral. Er schrieb, er habe »klammheimliche Freude« empfunden über die Tötung des NSDAP-Mitglieds Buback und sei gerade über diese heimliche Genugtuung tief erschrocken: Denn was sei alle Moral der Welt wert, wenn sie im Ergebnis doch nichts anderes vollstrecke als ihr angebliches Gegenteil? Mit anderen Worten: Gibt es gute und schlechte Morde? Das war, wie man schon damals hätte zugeben müssen, eine intelligente

Frage. Leider kam in ihren Voraussetzungen etwas vor, was nicht ging: die »klammheimliche Freude«.

Was ist das? »Ich freue mich darüber, dass es gelungen ist, Bin Laden zu töten«, sagte Frau Bundeskanzlerin in die Kamera und meinte das nicht klammheimlich, sondern staatstragend und öffentlich. Würde diese Äußerung an den Maßstäben gemessen, die im Jahr 1977 von der Bundesregierung vertreten, beteuert und angewandt wurden, dürfte jemand, der das öffentlich gesagt hat, noch nicht einmal mehr die Treppe putzen im Kanzleramt zu Berlin. Geschweige denn die Post sortieren. Schon wer meinte, man solle den Mescalero-Artikel aus purer Sympathie für die Pressefreiheit nachdrucken und weil die Propaganda sämtlicher Medien den Inhalt des bescheidenen Texts notorisch in sein Gegenteil verkehrte, riskierte seine berufliche Existenz.

Im Übrigen gilt: Sehr froh waren wir, als es gelungen war, die Herren Nicolae Ceauşescu und Saddam Hussein zu töten. Wir würden uns vermutlich öffentlich freuen, wenn es gelänge, den Führer der Weltmacht Nordkorea – Erfinder der Kartoffel, der Atomrakete und der Gezeiten – ins Jenseits zu befördern. Sehr gefreut haben wir uns über diverse andere Morde. Ein paar davon waren, zugegeben, nicht gerade Aushängeschilder der Moral. Aber irgendwie war Herr Allende auch selbst schuld. Leg dich nicht mit dem dümmsten Teil des Transportgewerbes an, wenn du ein 4000 Kilometer langes Land regierst, und nicht mit der CIA, wenn du ein paar wirklich wichtige Kupferminen enteignen möchtest!

Wir freuen uns aber nachträglich auch darüber, dass es *nicht* gelungen ist, Fidel Castro zu töten. Bis vor Kurzem hätten wir uns selbstverständlich über das Gegenteil gefreut: stets zu Diensten. Ob wir uns freuen, wenn es gelingt, Herrn Baschar-al Assad zu töten, wissen wir noch nicht; das hängt davon ab, ob er gewinnt.

All das ist aber nicht klammheimlich, sondern öffentlich-rechtlich. Meint: Wir sind stolz darauf, dies hier unverschleiert sagen zu dürfen.

Die Klammheimlichkeit bewohnt ein anderes Terrain: Sie bewegt sich im Inneren, an der vibrierenden Leine einer emotionalen Befriedigung, die ihre Kraft nicht zuletzt aus ihrer Verborgenheit schöpft. Das ist die Art von Freude, auf welche die Attentäter des 11. September gesetzt haben und auf die jeder spekuliert, der ein Fanal setzen will. Und niemand soll mir weismachen, beim Einschlag des (dritten) Flugzeugs in das Pentagon habe es in der Welt nichts gegeben außer jenem Abscheu, unter dem die Freunde Bush, Cheney und Rumsfeld sich krümmten.

Eine große Zahl von Menschen auf dem Planeten mag am 11. September 2001 klammheimliche Freude empfunden haben: über die Verwundbarkeit des Herrschers, die Hilflosigkeit des weltverschlingenden Selektierers, die Verbrennung des Napalmkrieg-Erfinders. Die unerbittlichen Bilder vom unaufhaltsamen Tod des unbesiegbaren Giganten, gesendet über Stunden und Stunden, werden 1000 Jahre überstehen. Das wussten diejenigen, die sie verursacht, und diejenigen, die sie erlitten haben. Der schreckliche Tod von 3000 Menschen war den einen wie den anderen dabei nur Beiwerk. Er hatte, angesichts der schulterzuckenden Hinnahme des Furchtbarsten, keine Bedeutung. 3000 tote Amerikaner scheren die Kalifen-Freunde in den Bergen Pakistans so wenig wie 30 000 verhungerte Pakistani die Broker in den Sternerestaurants Manhattans.

Die (offenkundig) vorgetäuschte moralische Fassungslosigkeit über die kleine klammheimliche Freude war, im Jahr 1977, ein Fallbeil, mit welchem eine vollständig verrückt gewordene Gesellschaft versuchte, den versteckten Teufel in sich selbst zu besiegen, der sich doch schon längst an die Oberfläche gearbeitet hatte. Es war der letzte Versuch einer vom Jahrtausend-Verbrechen komplett durchseuchten Gesellschaft, Stalingrad und Auschwitz wieder zurückzustopfen in den Traum und in den Russen und den ewigen Juden. Der letzte verrückte Versuch, sich unschuldig zu machen.

Die ganze Gesellschaft ist damals darauf hereingefallen oder hat so getan. Alle haben mitgemacht: die einen aus Dummheit, die anderen aus Angst. Die Kinder der Täter haben klein beigegeben und beteuert, sie stünden auf derselben Seite. Obwohl die existenzielle Weichenstellung, unter welcher das stattfand, nicht der viel beschworene Volkskrieg war, sondern nur die Gelegenheit, Papas Praxis zu übernehmen oder eine A-13 Stelle als Geschichtslehrer zu ergattern. Das war's schon, Ihr Armée des Ombres Berlinoise; Ihr Widerständler kraft Blutes. Ab 1983 unterhielt man sich mit den NSDAP-Mitgliedern der FDP über ungespritztes Gemüse.

James Fenimore Cooper (»Lederstrumpf«, 1823 bis 1841) sagte: ein wildes Volk der Großen Seen. Fern der wurzelgrabenden Mescalero. Gefährlich, tapfer, käuflich.

So ähnlich fühlt sich wahrscheinlich der Krieger von Apolda, Markkleeberg und Neubrandenburg: allein unter Türken. Die Tatsache, dass es dort keine Türken gibt, ist für die Authentizität dieses Gefühls unerheblich. Der deutsche Irokese hat in seinen Träumen schon immer auf fremden Planeten gekämpft, wohin keines Menschen Fuß je gelangte.

Ich habe allerdings eine wirklich schlechte Nachricht für euch, Kameraden: Der deutsche Neonazi ist von den Nazis der Welt so weit entfernt wie die Sonne vom Mond – er ist immer allein mit sich und der nächsten Flasche Bier.

Er hat keine Geschichte und kein Ziel, denn sein Vater oder Großvater ist ein Völkermörder. Er hat keine Ehre, denn seine Helden haben Kinder geschlachtet. Er hat keine Kraft, denn seine Vorbilder waren winselnde Bürokraten. Er kann all das nicht ändern, und es ist sein Missgeschick: Der deutsche Nazi ist einfach eine Witzfigur, wohin er auch kommt und so laut er auch auf seine alberne Kindertrommel drischt. Oder hat man je einen anständigen mexikanischen Nazi im Kreis laufen und auf eine Trommel hauen sehen? Ein deutscher Nazi muss Sachen tun, die bloß erbärmlich sind: Müllcontainer anzünden oder Wehrlose totschlagen oder zwanzig Flaschen Bier trinken, bis er sich vollpisst. Da wär er doch lieber in Stalingrad gewesen und hätte nach sechs Minuten einen Kopfschuss gekriegt vom listigen Iwan. Oder nicht?

Wenn er ein bisschen Power hätte, der deutsche Neonazi, dann würde er erkennen, dass der Türke sein Freund ist. Dass der Türke und der Neger und der Indio mutiger und schlauer sind als die Säufköppe in den Siedlungen für Idioten, die er für Deutschland hält. Wer's nicht glaubt, der möge probeweise vier Jahre nach Istanbul gehen und dort einen Bratwurststand aufmachen oder ein Nagelstudio in Nairobi.

Ich habe ein gewisses Mitgefühl mit dem deutschen Neonazi. Er wird, wo und wie auch immer, diesen elenden Nationalsozialismus einfach nicht los. Er ist nirgendwo zu Hause, niemals zufrieden, immer der Dümmste von allen, immer der Verlierer. Kein Mensch, den er nicht zum Opfer macht, nimmt ihn ernst. Das ist eine Strafe.

Im Osten des Landes hat es der Neonazi doppelt schwer: rundherum und im Kopf nur Leere, und kaum Ausländer da! Er könnte natürlich auch losziehen und den deutschen Wald in Ordnung bringen oder das ostdeutsche Mastschwein befreien oder irgendetwas anderes tun, was deutsch ist, aber trotzdem intelligent. Aber statt den örtlichen Getränkemarkt abzufackeln, will der Nazi lieber einen schönen jungen Syrer kreuzigen, der seinen Blick auf genau die Stellen der Nazi-Freundin geworfen hat, die dieser selbst bei der Freundin des Syrers anstarrt. Das ist nun gerade wieder nicht deutsch, sondern die ganz normale Angst vor der Impotenz oder dem Schwulsein. Ihr denkt, die meisten Mädels mögen hübsche Syrer mit Auto, Arbeitsplatz und Wohnung lieber als euch? Stimmt genau. So viel könnt ihr gar nicht saufen, dass ihr das vergesst.

Ein paar Fragen: Wie steht es eigentlich mit der klammheimlichen und der weniger heimlichen Freude der Spaziergänger von Dresden, Freital, Neustadt und anderswo über Morde an sogenannten Ausländern?

Wo bleiben die Schreie der Bürger und der Redaktionen, der Kirchen und der Parteien, die Schwüre der Verwaltungen, die Planungen der Polizeien, diesen »Sumpf auszutrocknen«, jeden Sympathisanten aus seinem Loch zu treiben ins Licht? Warum diskutiert man nicht, ob Menschen, die sich über Nazi-Morde freuen, überhaupt Rente beziehen dürfen? Ob man diesen Terroristenfreunden nicht mal das Arbeitslosengeld streichen oder ihnen die vom deutschen Steuerzahler finanzierte Wohnung kündigen soll? Warum veröffentlicht *Bild* nicht Listen von Arbeitgebern, die noch immer Sympathisanten beschäftigen?

Es ging doch früher auch! Früher, als die Volkspolizei mit dem Wartburg um die Ecke kam, hat es das nicht gegeben. Da fegte der Volksgenosse den Hof und hielt sein Maul. Und im Westen wissen wir doch, dank einer langen Reihe von verdienten Innenministern, nun wirklich auch, wie es geht. Wo sind sie denn geblieben, die Sympathisanten von 1977, die in den *FAZ*-Karikaturen als Ratten gezeichnet wurden? Wo ist der Unterschied? Ist die »kleine Minderheit«, die »nicht ernst zu nehmen ist« nach den weisen Worten unserer Staatslenker, am Ende doch einfach zu groß?

Wann gab es das schon einmal: ein Bundestagsuntersuchungsausschuss parallel zu einem Strafverfahren, das sein wesentlicher Gegenstand ist? Was ist los in Deutschland? Was ich wissen will, ist: Was hat der Geheimdienst unseres Staats mit diesen Machenschaften zu tun? Wie viel Unterstützung erhielten und erhalten die klammheimlichen und öffentlichen Freunde des Holocaust aus Steuermitteln? Und warum? Das ist, was wir von unserem Staat verlangen müssen: dass er sich nicht mit dem Abschaum verbündet, um uns besser beherrschen zu lernen. Ein Strafprozess kann solche Aufarbeitung nicht leisten. Aber er kann ihre Erforderlichkeit aufzeigen und das Maß ihrer Ernsthaftigkeit. Voraussetzung ist, dass wir – alle – es für möglich halten, gegebenenfalls mehr zu tun als die Schultern zu zucken.

Warum der Staat seine Bürger nicht töten darf

Allzu lange ist es nicht her, seit in Europa die Todesstrafe verschwand. Die Diskussion darüber hält bis heute an. 2014 wurde damit begonnen, eine Neuformulierung der Tatbestände von Mord und Totschlag (§§ 211, 212, 213 Strafgesetzbuch) zu diskutieren. Lebenslange Freiheitsstrafe wird im deutschen Strafgesetzbuch zurzeit für 22 verschiedene Taten angedroht, im deutschen Völkerstrafgesetzbuch für weitere sechs Taten, insgesamt also bei 28 Delikten. In 27 Fällen ist die Androhung eingeschränkt, entweder durch eine Auswahlmöglichkeit zwischen lebenslanger und zeitig begrenzter Strafe oder durch Strafrahmen für sogenannte minder schwere Fälle. »Absolut«, das heißt zwingend und ohne jede Milderungs- oder Ausweichmöglichkeit, ist lebenslange Freiheitsstrafe nur bei einer Straftat zu verhängen: bei Mord.

Im ersten Kapitel seines 1975 veröffentlichten berühmten Buchs *Überwachen und Strafen* gibt der französische Sozialphilosoph Michel Foucault die Schilderung der Verurteilung und Hinrichtung des Vatermörders Damien wieder. Das Ereignis fand in Paris statt, im Jahr 1757 – also vor gerade einmal 260 Jahren.

Das Urteil lautete: Der Verurteilte »soll vor dem Haupttor der Kirche von Paris öffentliche Abbitte tun.

Dorthin soll er mit einem Karren gefahren werden, nackt bis auf ein Hemd und eine brennende, zwei Pfund schwere Wachsfackel in der Hand; auf dem Grève-Platz soll er dann in einem dort errichteten Gerüst an den Brustwarzen, Armen, Oberschenkeln und Waden mit glühenden Zangen gezwickt werden. Seine rechte Hand soll das Messer halten, mit dem er den Vatermord begangen hatte, und mit Schwefelfeuer gebrannt werden, und auf die mit Zangen gezwickten Stellen sollen geschmolzenes Blei, siedendes Öl, brennendes Pechharz und mit Schwefel geschmolzenes Wachs gegossen werden. Dann soll sein Körper von vier Pferden auseinandergezogen und zergliedert werden. Seine Glieder und sein Körper sollen vom Feuer verzehrt, seine Asche in die Winde gestreut werden.«*

Über den von Mühsal und Pannen begleiteten Vollzug des Urteils teilt das Protokoll mit: »Obwohl der Scharfrichter kräftig und robust war, hatte er große Mühe, die Fleischstücke mit seiner Zange loszureißen; er musste jeweils zwei- oder dreimal ansetzen und drehen und winden. Bei diesem Zangenreißen schrie Damien sehr laut, ohne freilich zu lästern. Danach hob er sein Haupt und besah sich. Derselbe Scharfrichter nahm nun mit einem Eisenlöffel aus einem Topf die siedende Flüssigkeit, die er auf jede Wunde goss. (…) Die Vierteilung war sehr langwierig, weil die verwendeten Pferde ans Ziehen nicht gewöhnt waren. Man musste, um die Schenkel des Unglücklichen abzutrennen, ihm die Sehnen durchschneiden … Bei jeder Peinigung schrie er so unbeschreiblich: ›Verzeihung, mein Gott! Verzeihung, Herr!‹ (…) Die Scharfrichter standen beisammen, und Damien sagte ihnen, sie

* Foucault, Überwachen und Strafen. Die Geburt des Gefängnisses, 1977, S. 9.

sollten nicht lästern, sie sollten ihre Arbeit tun, er sei ihnen nicht böse. (…) Die Fleischstücke und der Rumpf brannten ungefähr vier Stunden lang.«*

So war das, Bürgerinnen und Bürger, liebe Leserinnen und Leser! An der geschilderten Zeremonie nahmen teil: Kirchenväter, die den Verurteilten während des Vollzugs küssten, die Obrigkeit, welche die Ordnung des Verfahrens obwaltete, und eine Menge Volk. Unter diesem standen unsere Vorfahren und Verwandten in der zurückgerechnet etwa achten Generation. Ihr Ur-ur-ur-Urgroßvater könnte dabei gewesen sein.

Was da anschaulich geschildert wird, war nicht etwa ein Stück aus der sogenannten »Barbarei« und auch nicht das sogenannte »Mittelalter«. Es war vielmehr *unsere Zeit*, die Neuzeit: Triumph der Vernunft, Anerkennung des Menschen als selbstverantwortlicher Gestalter seines Schicksals. Viele gebildete Menschen hatten lange darüber nachgegrübelt und sich genau dies als Antlitz der Moderne ausgedacht. Bei der Vollstreckung des Urteils ging es so ordentlich zu wie in einer zertifizierten Schweineschlachtfabrik.

Warum erzähle ich Ihnen zum Auftakt eines Kapitels über die lebenslange Freiheitsstrafe von der Todesstrafe? Ich nenne vorerst drei Gründe:

Ein erster, pessimistischer Grund ist die Vergesslichkeit der Menschen, die das jeweils Gegebene so lange für das Richtige halten, bis es nicht mehr geht. Sie folgen ihrer selbstverschuldeten Unmündigkeit mit rührender Ergebenheit bis über jede erträgliche Grenze hinaus, solange

* Ebenda S. 11.

ihnen jemand aus den oberen Rängen Fleischbrocken (alternativ: vegane Cheeseburger) oder Geilheiten (alternativ: Empörbarkeiten) oder auch nur ein vages Versprechen auf etwas davon zuwirft.

Ein zweiter, demütiger Grund ist die Langsamkeit der Zeit. Manche Vorstellungen und Erinnerungen überdauern tausend Jahre oder mehr, als ob nichts sich bewege. Sie lauern für immer an den Luftwurzeln unserer Gefühle, wie die Zecken an den Gräsern der Sommerwiesen. Mächtige Motive stecken in unseren großen Geistern als Echo unserer anthropologischen Vorfahren: Rache! Vernichtung! Unterwerfung!

Ein dritter Grund ist empirisch: Selbst in der Hochzeit der Körperstrafen – in einer Zeit also, die in der heutigen Erinnerung der Massen als pure Finsternis erscheint und nur im Märchen noch emporsteigt, als Mitte des 17. Jahrhunderts die Hälfte der mitteleuropäischen Bevölkerung von Krieg, Hunger und Krankheit vernichtet war und mehr als ein Drittel der Überlebenden »fahrendes Volk« – selbst da, so schätzt man, erlebte jeder Einwohner durchschnittlich nur ein- oder zweimal im Leben eine öffentliche Hinrichtung.

Eine Hinrichtung wie die eingangs geschilderte war ein gewaltiges, alles durchdringendes Erlebnis! Sie war alles zugleich: Hölle, Verdammnis und Erlösung, äußerste Gewalt und Verheißung von Gnade. Zerschlagen und zermartert fuhr der Sünder zum Opferstein. Dort zerteilte man seinen Leib. Das Volk schrie und jubelte, weinte und fluchte, war außer sich und ganz auf sich zurückgeworfen. Die dabei waren, erzählten es noch ihren Urenkeln.

Heute ist das anders. Den Tod als Strafe führt uns im Internet der Islamische Staat vor. Henkern solcher Art fehlt ersichtlich die Würde und Selbstgewissheit eines ordentlich seinen Dienst versehenden beamteten Abdeckers und Leichenwäschers, Henkers und Parias. Sie sind, für jeden erkennbar, außer Kontrolle geratene Mordgesellen, nicht unähnlich denen, die vor siebzig Jahren die Polenstrafrechtsverordnung exekutierten (eine 1941 in »Gesetzes«-Form verfasste Mordanleitung, wonach praktisch jede beliebige Tat von Polen oder Juden in den besetzten Ostgebieten mit dem Tod bestraft werden konnte). Bei ihrem Anblick graust es den ordentlichen Henker. Aber warum?

In den Vereinigten Staaten von Amerika, der Heimstatt der Tapferen, stechen mancherorts Maschinen Gift in jene Menschen, die von Laien-Jurys zum Tod verurteilt wurden. An anderen Orten der Welt legen gleich mehrere Personen einen Schalter mit Starkstrom um, damit später keiner von ihnen weiß, wessen Handlung das Gehirn des Verurteilten verschmorte. Auch Erschießungskommandos bestanden meist aus einer Mehrzahl von Schützen. Die Henker sollen nicht an posttraumatischer Belastungsstörung erkranken und sich vor ihren jeweiligen Göttern auf den Zufall und den Zweifelssatz herausreden können.

Das ist, einmal mehr, der ebenso erbärmliche wie großartige Unterschied zwischen Mord und Pflicht. Er ist dem Opfer der Exekution in der Regel ganz gleichgültig – keineswegs aber dem Volk, wenn es bei Sinnen ist.

Denn über einen uns lang erscheinenden Zeitraum hinweg hat sich durch intensives Nachdenken und Beobachtung, durch Leid und Gegenwehr, durch Interessen und Gegeninteressen in den »modernen« Teilen der Welt eine Vorstellung vom Staat entwickelt, der eine Obrigkeit nicht *gegen* Untertanen, sondern *für* Bürger sein soll.

Wenn ein solcher Staat als höchste Gewalt nicht über die Körper seiner Insassen verfügen darf wie ein aztekischer Gottkönig, dann muss er die Voraussetzungen schaffen, alle Bürger wirkungsvoll vor seinem eigenen vernichtenden Zugriff zu schützen. Das ist die Geburtsstunde der Menschen- und Bürgerrechte und des Rechtsstaats-Gedankens. Nach Art. 20 Abs. 4 unseres Grundgesetzes besteht ein Widerstandsrecht gegen jeden, der eine hierauf gestützte staatliche Ordnung abschaffen will.

Es gibt faszinierende Zwischenstufen und Übergänge, an denen mit einer Inbrunst festgehalten wird, die fast kindlich anmutet: Die Masse der Zuschauer von Paris aus unserem Eingangsbeispiel ist in Amerika zum Beispiel ersetzt durch ein paar »demokratisch« bestimmte »Zeugen«, die durch eine Panzerglasscheibe dem Sterben des Delinquenten zusehen und durch notariell besiegelte Unterschriften beglaubigen müssen, dass alles seine Ordnung hatte. Draußen vor dem Exekutionsgebäude laufen derweil Bürger im Kreis und geben ihre Meinung darüber zum Besten, warum die Todesstrafe eine Schande für den Rechtsstaat sei. Oder warum nicht. Ein weiter Weg vom Grève-Platz bis hierher!

Die Autoren des Grundgesetzes dachten: Der Staat ist keine Organisation von Rache und Vergeltung; er ist um der Menschen willen da, nicht umgekehrt. Wenn das so ist, gibt es keinen moralischen und keinen vernünftigen Grund für eine staatlich angeordnete und vollstreckte Todesstrafe. Es gibt natürlich persönliche, individuelle Gründe für ein Bedürfnis nach Vernichtung von Verbrechern. Sie können überwältigend stark sein, haben aber nichts mit staatlichen Zwecken zu tun. Eine Staatsgewalt, die solche Motive nicht zur Kenntnis nimmt, ist den Menschen fern. Eine Staatsgewalt aber, welche sie zu eigenen, staatlichen Zwecken erklärt, ist unmenschlich und unwürdig. Wenn schon die Folter gegen die Menschenwürde verstößt, dann erst recht die Todesstrafe. Denn der Staat darf sich nicht der Körper und der Persönlichkeit seiner Bürger bemächtigen und sie zum öffentlichen Zweck benutzen und zerstören. Der Mensch darf nicht zum bloßen Objekt der Abschreckung, Beruhigung oder Belustigung gemacht werden.

Damit ist noch nicht einmal die Ebene der Nützlichkeit erreicht. Die Nützlichkeit der Todesstrafe ist katastrophal schlecht: Sie schreckt nämlich niemanden ab. Sie führt keineswegs zu höherer Sicherheit: Die Anzahl der Schwerverbrechen (zum Beispiel Tötungsverbrechen) ist in Staaten, in denen sie verhängt und vollstreckt wird, genauso groß wie in anderen Staaten. Sie ist, entgegen den üblichen Vermutungen, sehr teuer. Ihre Vorbereitung, Überprüfung und Durchführung kostet, jedenfalls in den USA und anderen modernen Staaten, mehr als die Vollstreckung lebenslanger Haft – wenn denn ein Staat überhaupt berechtigt wäre, Leben und Tod seiner Bürger als Kostenfaktor vor irgendeinem fiktiven Rechnungsprüfer der Weltgeschichte abzurechnen.

Die Todesstrafe trifft unvertretbar viele Unschuldige: In den Vereinigten Staaten wurden, so teilte der Gouverneur von Pennsylvania im Februar 2015 mit, in den vergangenen vierzig Jahren mehr als 150 Personen (nach Wiederaufnahme-Verfahren) als unschuldig freigelassen, die zuvor zum Tod verurteilt worden waren.

Die Todesstrafe trifft – überall auf der Welt – vor allem Angehörige von Minderheiten, ungebildeten Bevölkerungsschichten, sozial randständige Menschen, die sich aus verschiedenen Gründen nicht gegen Beschuldigungen und Zuschreibungen zur Wehr setzen können, welche eine solche Höchststrafe nach sich ziehen. Alle Zahlen dazu liegen seit Jahrzehnten vor; man muss sie hier nicht wiederholen.

Das Grundgesetz hat 1949 eine Entscheidung getroffen: Die Todesstrafe ist abgeschafft (Art. 102 Grundgesetz). Das war eine klare und endgültige Botschaft zum Abschluss eines Jahrzehnts, in dem der vom Staat selbst verwaltete Mord ein Meister aus Deutschland war. Und zum Beginn einer neuen Zeit.

Trotzdem hörte die zunächst leise, dann immer wieder einmal lauter gemurmelte Forderung nach Wiedereinführung der Vernichtungsstrafe nie ganz auf. Der langjährige Vizepräsident des Deutschen Bundestags Richard Jaeger, Mitglied der SA ab 1933, des CSU-Parteivorstands bis 1981, Träger des Bayerischen Verdienstordens sowie des Großkreuzes des Bundesverdienstkreuzes, wurde für diese Forderung berühmt. Als Bundesminister der Justiz versah er sein schweres Amt im zweiten Kabinett Erhard (1965) Schulter an Schulter mit sieben vormaligen NSDAP-Parteigenossen. 1984 wurde er Leiter der deutschen Delegation bei der UN-Menschenrechtskommission. Herbert Wehner nannte ihn – Spaß muss sein – »Kopf-ab-Jaeger«.

Die Chancen, dass Deutschland dem Vorbild Papua-Neuguineas und Gambias folgt und die T-Strafe wieder einführt, stehen auch heute, mehr als 15 Jahre nach Jaegers Tod, zum Glück nicht besonders gut. Schweift der Soziologe allerdings durch die Quartiere des bildungsbürgerlichen Grauens und stellt einmal mehr die Fragen aller

Fragen: Sind Sie für oder gegen die Todesstrafe? Wie sollten Mörder und Kinderschänder oder Osama bin Laden bestraft werden?, dann ist das Ergebnis klar: Mal 46 %, mal 51 %, mal 42 % sind dafür, Täter von schweren Gewaltdelikten hinzurichten. Besonders viele Arbeiter (60 %) sind dafür und Ostdeutsche (58 %). Bei Taxifahrern und Imbissbuden-Betreibern sind es gefühlte 85 %; bei Psychologie-Studenten ist es 1,0 %. Besonders schön ist die Zahl bei Jurastudenten: Mehr als 30 %der Erst- und Zweitsemester an der Uni Erlangen sind für die finale Lösung.

Über die Todesstrafe kann man mit dem Volk jederzeit und angeregt sprechen. Fernsehaufzeichnungen von Spontanbefragungen etwa zur Zeit der RAF-Morde oder nach schweren Gewaltverbrechen gegen Kinder sind bleibende Mahnmale dessen, was sich bei Bedarf mobilisieren ließe. Denn ist der Fantasie-Henker einmal in Fahrt und in der gefühlten Mehrheit, lässt er es in der Regel mit ein paar Giftspritzen oder Kopfschüssen nicht gut sein. Er möchte auf den Grève-Platz zurück und den Verbrecher eigenhändig häuten.

Auch die Vertreter der verschiedenen (Welt-)Revolutionen hatten stets eine heftige Neigung zum staatlichen Töten: Demnächst, wenn man die Macht habe, so ließen K-Grüppler, Wehrsportler und Stadtguerilleros stets mitteilen, werde man die bürgerlichen Samthandschuhe im Umgang mit Volksschädlingen schon ablegen. Viele Millionen Menschen sind im letzten Jahrhundert in Erfüllung solcher Säuberungsaufträge des Weltgeistes getötet worden.

Deshalb, so wissen erfahrene Landeslisten-Politiker, wäre direkte Demokratie wohl von Übel. Andererseits: Gegen die »vorbeugende« Todesstrafe fällt dem transatlantischen Menschenrechtsfreund dann auch wieder nichts ein. War es eigentlich eine Todesstrafe, die gegen Bin Laden vollstreckt wurde? Sind es urteilsvollstreckende Henker, die da seit vielen Jahren, mit freundlichen Grüßen von der deutschen IT-Industrie, ferngelenkte Raketen in Autokonvois oder Häuser in fremden Staaten steuern, weil unter zehn Unschuldigen nach zuverlässigen Quellen mindestens ein Schuldiger saß? Oder handelt es sich um eine Art von standrechtlichen Hinrichtungen im Krieg, mit Kollateralschäden? Wie ist es eigentlich mit Verteidigern von Law & Order, die sich mit Schnellfeuergewehren vor Fallen, die sie eigens aufgebaut haben, auf die Lauer legen, bis die ersehnte »Notwehrlage« eintritt (wie 2014 Markus K. aus Montana)?

Da schweigen des Taxifahrers Rechtsgelehrtheit und des Jurastudenten Präzision! Vielleicht müssten sie ja konsequenterweise die Todesstrafe für Drohnenführer und Vollstrecker »vorbeugender« Todesstrafen fordern. Aber das trauen sie sich nicht.

Körperstrafen waren (und sind noch) Todesstrafen in kleiner Münze. Abschneiden von Körperteilen, Verunstalten des Aussehens, Erschwerung des physischen Überlebens: All das sind Abschwächungen eines auf Vernichtung des Körpers gerichteten Willens, Andeutungen jener letzten Gewalt.

Auch die frühen Freiheitsstrafen waren Vernichtungsstrafen. Man sperrte die Menschen nicht ein, um sie zu verwahren oder das Volk vor ihnen zu schützen, sondern um sie zu quälen und letztlich durch das Einsperren selbst zu töten. Sie wurden hinabgelassen in Gruben, Kerker und Verliese, aus denen es keine Wiederkehr gab.

Der Zugriff einer staatlichen Obrigkeit auf den Körper ihrer Untertanen änderte sich – nach und nach über einen langen Zeitraum – proportional mit dem Wert der individuellen Lebenszeit als Arbeitszeit.

Ziemlich vereinfacht: Ein rational-absolutistischer Staat mag über die Gliedmaßen und über die Gesinnung seiner Untertanen noch herfallen wie der Schlachter über die Lämmerherde. Der bürgerliche Staat vermag das nicht, denn seine überlegene Kraft kommt – im Grundsatz – nicht aus der Biologie, also einer insektenartigen Klassifizierung von Lebensformen, sondern aus dem individuellen Menschen. Die Arbeits- und Ideenkraft des Einzelnen schafft, auf scheinbar wundersame Weise, den Reichtum und die unendlichen Möglichkeiten der bürgerlichen Gesellschaft. Daher tritt, für die Darstellung und Empfindung (!) von Leben, neben das Geld als gedanklicher Zwilling die Zeit: die Lebenszeit, die Arbeitszeit, die Zeit pro Produkt.

Das ist die Ursuppe der heutigen Freiheitsstrafen-Idee: Zeit als allgemeines Äquivalent im Austausch zwischen freien Bürgern. Dem Hindu-Heiligen ist Zeit vollständig gleichgültig, so wie dem Mönch, der nach Regeln lebt, die das Zeitbewusstsein zerstören sollen, oder wie dem mittelalterlichen Altarschnitzer. Wer im Takt der Ewigkeit lebt, für den hat Zeit keine Bedeutung.

So aber lebt der Mensch als Bürger nicht. Für ihn ist das Leben pure Zeit, als Quantum von Arbeitskraft und Geld: Was kostet eine Stunde Leben? Ihr höchstes, nicht mehr steigerbares Maß erlangt eine solche Zergliederung des Lebens in Zeitquanten im Gedanken der Freiheitsstrafe. Für die Insassen der Justizvollzugsanstalt ist Zeit das Universum, die Grundeinheit des Lebens, der alles beherrschende, zerfressende Gedanke: Wie viele Jahre, wie viele Tage, wie viele Minuten noch?

Als ich ein Kind war, gab es spannende Druckerzeugnisse wie »Lukullus« (beim Metzger) oder »Bäckerblume« (beim Bäcker). Dort fanden sich gezeichnete Witze, und immer waren Gefängniswitze darunter. Die Gefangenen trugen gestreifte Anzüge und saßen auf einem Hocker ohne Lehne. Sie taten nichts. An die weißen Wände hatten sie die Summen ihrer Wartezeit gemalt: Kerben, Striche, Fünferpacks. Jeder Strich ein Jahr. Andere Gefangene lebten ausgesetzt auf Südsee-Inseln, bloß dreißig Quadratmeter groß, mit einer einzigen Palme bestanden. Die Zeit-Striche waren bei dieser Variante der Gefangenschaft in den Stamm der Palme geritzt. Erst später erfuhr ich, dass ganz Australien so entstand. Dies wiederum ist sowohl lehrreich als auch tröstlich: lehrreich, weil es zeigt, dass das Fortschaffen der Kriminellen aus einer Gesellschaft – sei es durch Tötung, sei es durch Deportation auf ferne Inseln – rein gar nichts bewirkt. Tröstlich, weil es zeigt, dass aus Strafkolonien wunderbar funktionierende Gesellschaften entstehen können.

Einen Strafgefangenen auch nur einen Tag länger in Haft zu halten, als die Vollstreckung zuließ, ist für die Strafjustiz ein desaströser Fehler, über den, wenn es schlecht läuft, vielversprechende Karrieren ein frühes Ende nehmen können. Es mutet fast absurd an. Denn damals, als ein Gericht befand, die Taten dieses Delinquenten seien sieben Jahre vier Monate wert, und als der Bundesgerichtshof die Revision des Verurteilten mit der Begründung verwarf, das habe man so oder auch so sehen können: Sechs Jahre hätten es zwar auch getan, aber das Landgericht habe nun einmal so entschieden – da kam es aus Rechtsgründen auf ein Jahr mehr oder weniger nicht an! Um diesen Abstraktionsgrad des Gerechtigkeits-Begriffs zu erreichen (und zu verstehen), bedarf es nicht nur guten Willens, sondern auch einer etwas intensiveren Befassung mit den oben genannten Hinweisen. Es geht auch hier (und gerade hier) erneut um die Begrenzung von Gewalt.

Was uns die Rechtsdogmatik über Flüchtlinge lehrt

Nehmen wir einmal, liebe Leserinnen und Leser, folgende Fälle an:

Fall 1, Variante eins: Sie wohnen auf Straßenseite A, Hausnummer 10, sechster Stock. Ihr auf Straßenseite B, Hausnummer 11 wohnender Nachbar teilt Ihnen per E-Mail mit, er beabsichtige, bei Gelegenheit einmal zu versuchen, die Straße mit verbundenen Augen ohne Balancier-Hilfe auf einem zu Ihrem Balkon gespannten Seil zu überqueren, um berühmt und reich zu werden.

Variante zwei: Ihr Nachbar teilt Ihnen mit, er werde dies morgen Abend gegen 23.00 Uhr versuchen, das Seil zu Ihrem Balkon habe er bereits spannen lassen.

Variante drei: Wie Variante zwei, aber Sie wissen zusätzlich, dass Ihr Nachbar 72 Jahre alt, übergewichtig und ein bisschen verrückt ist. Und dass er außerdem an Höhenangst leidet.

Sie denken sich: Soll er doch! Wenn alles gut geht, hat er Glück gehabt. Am Ereignisabend begeben Sie sich frühzeitig außer Haus. Dies ist die Variante, die das Leben und die Hoffnung schreiben. Da der dicke Nachbar – wie von allen erwartet – aus dem sechsten Stock herunterfällt und dabei zu Tode kommt, geht der Schlamassel los: Wer ist schuld? Bei dieser Prüfung wird der Schatten eines

Verdachts früher oder später unweigerlich auf Sie fallen: Hätten Sie das Unglück nicht verhindern können, vielleicht müssen?

Fall 2: Wieder wohnen Sie Hausnummer 10. Eine außerirdische Alien-Macht hat in der Mitte der Straße mit intergalaktischen Laserkanonen eine zwei Kilometer tiefe Schlucht aufgeschnitten, unten kocht Schwefelsäure. Alle Brücken sind vernichtet. Seither haben die Menschen auf Seite B nichts mehr zu essen, weil sich sämtliche Supermärkte auf Seite A befinden. Am Montag, Dienstag und Mittwoch stürzen vor Ihrem Fenster jeweils 10 ausgehungerte Bewohner der Straßenseite B beim Versuch ab, den Abgrund durch Sprünge oder mit selbst gebastelten Fluggeräten zu überwinden. Sie sind nach drei Tagen schon sehr genervt von den Todesschreien und denken: Würde man denen ein Seil zuwerfen, würden sie es schaffen. Da Sie aber keine Lust haben, ein Seil zu kaufen und die hungrigen Nachbarn zu verköstigen, schließen Sie für den Rest der Woche die Jalousie.

Im Fall eins und im Fall zwei: Eine Woche später erscheinen zwei Kommissare an Ihrer Wohnungstür und teilen Ihnen mit, Sie seien des Mordes durch Unterlassen verdächtig. Was sagen Sie jetzt?

Ein Kollege ist kürzlich nach Korfu gereist: mal eine Woche ausspannen. Sehr schöne Surf-Strände im Norden. Um diese Jahreszeit auch nicht zu überlaufen! Die Griechen dort: freundlich, billig, einsichtig. Fisch gegrillt köstlich, wenn frisch. Nehmen wir zum Beispiel die Goldbrasse oder den Steinbeißer mit kalt gepresstem Olivenöl mit leichten Zitronen- und Nussaromen, optimal natürlich vom eigenen Baum. Wir bevorzugen das frisch ausgelöste Filet mit kleinen Kartoffeln, vorgegart und kurz rundum goldgelb in Meersalzbutter angebraten, mit einem Hauch von Thymian und dem Geschmack des Lichts. Ach, überhaupt: dieses Licht des Südens!

Korfu ist übrigens von Otranto ungefähr so weit entfernt wie Pantelleria von Kelibia oder Lampedusa von Monastir. Und von Albanien nach Korfu schaffen es Ironman-Absolventen im Notfall auch im Neopren-Anzug.

Man muss, liebe Leserinnen und Leser, mit dem Schlimmsten rechnen. Nehmen wir die Dorade oder den Roten Thunfisch: Was fressen diese Tiere? Sie schwimmen im Mittelmeer. Da kommen Flüsse an wie der Nil, die Rhone, der Tiber und der Ebro. Weiß man, was da drin ist? Der Ablauf unseres Lieblingsmeers bei Gibraltar funktioniert auch nicht so richtig. Und jetzt auch noch dies: 800 afrikanische Kadaver pro Woche! Das sind, selbst bei durchschnittlich 65 unterernährten Kilogramm, immerhin 52 Tonnen Menschenfleisch pro Woche. Kein Wunder, dass der Blauflossenthun triumphiert und die Dorade sich fühlt wie die Made im Speck.

Die Frage für den Gourmet ist nun: Lässt sich so ein Geschmack überhaupt noch mit den herkömmlichen Thymian-Züchtungen überdecken? Könnte Kreuzkümmel darüber hinweghelfen?

Zugleich muss Verständnis für die Doradenindustrie gefordert werden. Alles andere wäre ungerecht: Selbst der Aal, der seit Jahrhunderten im Hafenbecken unsere Fäkalien frisst, hat sich unauffällig wieder auf die Liste von Gourmet-Versendern gerettet. Da wird doch wohl der Lieblingsfisch der deutschen »Gute-Italiener«-Kunden

(»Solle ische mache eine schöne Teller mit eine bisse Fische? Eute ische abe eine superfrische Dorade …«) noch den einen oder anderen ertrunkenen Afrikaner vertilgt haben dürfen!

Vollzugsentwurf:

Erstens: Material. Für ein robustes Mandat der Bundesmarine zur Bekämpfung des Schlepperunwesens im Mittelmeer wäre vorläufig an folgendes Kontingent zu denken: drei Fregatten, sieben Schnellboote, Transportschiffe, ein Flugzeugträger. Korrektur: Flugzeugträger streichen. Ersetzen durch: Marinetaucher; zwei U-Boote. Vorläufige Dauer: fünf Jahre. Kosten geschätzt: 2000 Millionen/Jahr. Kollateralschäden: Kann derzeit nicht beziffert werden.

Zweitens: Vorfeldaufklärung Ghana, Zentralafrikanische Republik, Sudan, Libyen, Syrien. Großflächige Überwachung Trecks, Busrouten, Autostraßen, ab ca. Küstenlinie minus 500 km. Unbemannte Aufklärungsflugkörper. Freunde bei NSA fragen. Einsatz verdeckte Ermittler in Flüchtlingslagern (Sonderzulage!). Ziel: Kontaktaufnahme mit Schlepperbanden. Erstellen von Listen für Drohneneinsatz.

Soweit Flüchtlingstrecks in Süd-Nord-Richtung aufgeklärt, wenn möglich Routenänderung veranlassen: kreisförmige Umleitung zurück ins Sahara-Gebiet. Soweit Durchbruch zur Küste nicht verhindert: Überwachen Einschiffen. Sicherstellen Fotodokumentation. Verdeckte Ermittler: Einzelnen Flüchtlingen kleine Hilfeleistungen überreichen (Trockenobst, Wasserflaschen, Hygienesets; Achtung: Verpackungen nur ohne Hoheitszeichen verwenden! Fotodokumentation durch Selfie im Hinblick auf mögliche Strafverteidigung angeraten).

Phase drei und vier: Alle Schiffe und Boote an der afrikanischen Mittelmeerküste (ca. 4000 km) zählen. Kategorisierung nach Anlage A. Schleppertaugliche zerstören (geschätzt: 250 000): Haftminen oder Bordgeschütze.

Fünftens: Soweit Schiffe aufzubringen, abgestufte Maßnahmen. Verhältnismäßigkeitsgrundsatz beachten! Geschützeinsatz nur nach zweifacher (dokumentierter!) Aufforderung zum Abdrehen unter Angebot von Hilfesets. Fußnote: Verhandlungen über Sponsoring noch nicht abgeschlossen. Verpflegungssets mit Info zur Corporate Identity (Aufkleber-Fläche 20 mal 20 Zentimeter) möglich: Hersteller Babynahrung, Saatgut, Soja, Düngemittel. Falls Versenken der Schlepperbanden samt Geschleppten erforderlich: schonender Waffeneinsatz! Frauen und Kinder vorrangig retten. Videodokumentation von dankbaren Geretteten. Schlepperbande festnehmen, belehren, Haftrichter vorführen.

Wir hörten, die Zurückdrängung der Flüchtlingswelle durch Bekämpfung der Schlepperbanden sei rechtlich vielleicht gar nicht einfach. Warum?

Fragen wir einmal so: Wenn die Notaufnahme eines Krankenhauses erführe, es seien nach einer verheerenden Explosion 1000 Opfer auf dem Weg in die Ambulanz, und sich herausstellte, dass dort leider nur zwei Assistenzärzte und vier Krankenschwestern Dienst tun: Man könnte erwägen, das Problem durch Bekämpfung des Rettungstransportwesens zu lösen und den Betreibern des örtlichen Krankentransports durch Schüsse in die Reifen das Handwerk zu legen.

Übermäßige Sentimentalität hat in Katastrophensituationen, die andere betreffen, noch nie viel genutzt. Und es gibt ja auch durchaus gute Gründe für ein solches Vorgehen: Erstens könnte unter den gegebenen Voraussetzungen sowieso nicht allen geholfen werden (so sagt die in der Strafrechtswissenschaft so genannte »Zurechnungslehre«). Zweitens ist es daher besser, das Problem weiträumig zu dezentralisieren als an einem Punkt mit unabsehbaren Folgen zu konzentrieren (so sagt die »Lehre von der Positiven Generalprävention«). Drittens lässt sich absolute Sicherheit sowieso nicht erreichen (so sagt die strafrechtskritische Frankfurter Schule).

Das Strafgesetzbuch sagt: Wer einen anderen Menschen vorsätzlich tötet, wird mit Freiheitsstrafe von fünf bis fünfzehn Jahren bestraft. Wenn er die Tat aus Habgier oder aus niedrigen Beweggründen begeht, heißt der Täter Mörder und wird mit lebenslanger Freiheitsstrafe bestraft. Begeht er die Tat durch Unterlassen, kann die Strafe nach dem Ermessen des Gerichts gemildert werden.

Moment mal! Warum soll man strafbar sein, obwohl man doch gar nichts getan hat? Nun wird es wieder juristisch, also schwierig. Aber keine Angst: nicht schwieriger als die Zubereitung eines Doraden-Filets auf Risotto.

Eine Tat »begehen« kann man zum einen durch aktives Handeln: A stößt B ins tiefe Wasser, obwohl er weiß, dass B nicht schwimmen kann. Zum anderen kann man eine Tat auch durch »Unterlassen« begehen, also durch Nichtstun (A sieht, dass B ins Wasser fällt, unternimmt aber nichts). Wenn beide Varianten des Verhaltens von A gleich behandelt werden sollen, ist das erklärungsbedürftig: Warum sollen Bürger für irgendein Ereignis verantwortlich und dazu auch noch Straftäter sein, obwohl sie nicht das Geringste getan haben? Jeder von uns könnte doch, wenn er wollte, jeden Tag hundert Schäden verhindern, die irgendwo auf der Welt eintreten, und tut es doch nicht. Kann es sein, dass wir bei Androhung schwerer Strafe verpflichtet sein können, auf das Eigentum oder die Gesundheit oder das Leben unserer Mitmenschen aufzupassen und es vor Unbill zu schützen? Eine solche Pflicht mag sich aus moralischen Prinzipien ergeben – die wir gern mit erhobenem Zeigefinger der ganzen Welt mitteilen, selbst aber täglich zehnmal brechen – oder aus göttlichen Geboten, für deren Übertretung sich ein jeder in seiner eigenen Hölle braten lassen mag. Aber was hat das mit einer vollständig desillusionierten, entschlossen asozialen Gesellschaft wie der unseren zu tun?

Stimmt genau. Kein Gesetz, noch nicht einmal eine untergesetzliche Moral, verlangt eine so weitgehende Solidarität. Der Grund dafür ist nicht, dass es von vornherein unmöglich wäre, sie zu verlangen. Aber nur altmodische Moralgemeinschaften postulieren noch eine solch umfassende Verantwortung. Wenn wir sie näher betrachten, stellen wir fest: Das funktioniert nur in sehr überschaubaren Zirkeln, in denen enge persönliche Beziehungen bestehen, fantasiert oder zumindest gefordert werden. In Kreisen von 100 oder 500 Menschen mag sich jeder noch für das Handeln und das Schicksal jedes anderen verantwortlich fühlen. Bei zehn Millionen Menschen klappt das sicher nicht mehr.

Also muss die Verantwortung nach Kriterien zugemessen werden, die dem wirklichen Leben und der Natur des Menschen einigermaßen entsprechen. Zwischen dem aktiven Tun und dem passiven Unterlassen besteht insofern ein gewisser Unterschied: Das aktive Handeln greift unmittelbar verändernd in einen Kausalverlauf ein; es setzt voraus, dass das Individuum sich entscheidet, sich buchstäblich »in Bewegung« zu setzen und außerhalb seiner selbst etwas zu verändern.

Das »Unterlassen« hingegen mögen wir uns nicht ohne Weiteres zurechnen, weil das dann doch ein bisschen zu viel Verantwortung wäre. Wir schließen eine solche Verantwortlichkeit aber auch nicht ganz aus. Vielmehr geht das deutsche Strafrecht einen im Einzelnen nur mühsam begründbaren Mittelweg: Bei einzelnen bestimmten Gefahrenlagen werden alle – oder fast alle – Bürger von Gesetz wegen verpflichtet, einzuschreiten und die Verwirklichung des »Erfolgs« (also die Realisierung der Gefahr) zu verhindern. Sie kennen das aus dem Tatbestand der »unterlassenen Hilfeleistung« (Paragraf 323c Strafgesetzbuch): Wer bei einem Unglücksfall oder bei gemeiner Not nicht Hilfe leistet, obwohl er es könnte, wird bestraft (mit Freiheitsstrafe bis zu höchstens fünf Jahren).

Konkret: Wenn Sie beobachten, wie eine Person von einem Schiff ins Meer fällt, und Sie nichts unternehmen, obwohl Sie Schwimmer sind und neben Ihnen ein Rettungsring hängt, machen Sie sich der Unterlassenen Hilfeleistung schuldig. Dafür, dass das Opfer ertrinkt, sind (maximal) fünf Jahre wenig.

Anders ist es, wenn die Rechtsordnung Ihnen eine besondere, auf das konkrete Rechtsgut bezogene Verantwortung auferlegt: Wenn Sie also der Schwimmlehrer des Ertrinkenden sind oder sein Vorgesetzter, der das Springen befohlen hat, oder wenn Sie heimlich die Sicherheitsleine gekappt hatten, die ein Über-Bord-Gehen verhindern sollte. Damit haben Sie – gewollt oder nicht gewollt – eine besondere Verantwortung für das bedrohte Rechtsgut übernommen. Wenn Sie trotzdem nicht handeln, werden

Sie daher so bestraft, als hätten Sie die Person eigenhändig und *aktiv* ins Wasser gestoßen: nicht wegen »Unterlassener Hilfeleistung«, sondern wegen »Totschlag durch Unterlassen«. Die Strafe ist (mindestens) dreimal so hoch.

Die erste Variante, also eine allgemeine, unspezifische Verantwortung für fremde Rechtsgüter beim Nichtstun, nennt die Strafrechtswissenschaft »echtes Unterlassen«, weil es nur in den vom Gesetz ausdrücklich geregelten Fällen strafbar ist (»Unterlassene Hilfeleistung«, »Nichtanzeige von Straftaten« und dergleichen). Die zweite Variante heißt »unechtes Unterlassen« – ein Begriff, den Laien nicht verstehen, der aber längst nicht so schwierig ist, wie er daherkommt. »Unecht« heißen diejenigen Unterlassungsdelikte, bei denen die Handlungsform »Nichts tun« (Unterlassen) nicht schon im gesetzlichen Tatbestand steht, die also eigentlich ein aktives Handeln voraussetzen.

Eine Gleichstellung von aktivem Tun und passivem Unterlassen hält unser Recht aber – zu Recht – nur dann für gerecht und angemessen, wenn die unterlassende Person eine spezielle *Rechtspflicht* zum Schutz eines Rechtsguts hat. Das ist eine komplizierte Überlegung, die den meisten Laien unbekannt ist, obwohl sie sie doch unmittelbar betrifft. Sie bedeutet: Jede und jeder kann, auch ohne irgendetwas aktiv zu tun, zur Täterin oder zum Täter jedes beliebigen Straftatbestands werden. Voraussetzung ist: Sie oder er muss eine Pflicht haben, die Verletzung des Rechtsguts zu verhindern, die eingetreten ist (oder eintreten soll), und sie oder er muss eine auf dem eigenen Nichthandeln beruhende Rechtsgutsverletzung wollen oder in Kauf nehmen.

Die Rechtspflicht kann ganz verschiedene Quellen haben. Sie kann aus einem Gesetz folgen (Fürsorgepflicht von Eltern), aus einem Vertrag (Bodyguard), aus enger persönlicher Beziehung (Lebensgemeinschaft), aus Gefahrengemeinschaft (Bergsteiger) und schließlich auch aus einem rechtswidrigen vorangegangenen Handeln: Wer das Opfer A zusammengeschlagen hat und dann auf der Straße liegen lässt, um nicht erwischt zu werden, ist auch verantwortlich dafür, dass A später stirbt oder überfahren wird.

Was haben das Mittelmeer, die Dorade und die Strafrechtsdogmatik miteinander zu tun? In jedem Jahr schreiben dreißig begabte Juristen Doktorarbeiten über das Handeln und das Unterlassen und die Rechtspflicht zum Handeln. Und bedeutende Kongresse der bedeutendsten Strafrechtswissenschaftler treffen sich, um sich drei Tage lang über Probleme des »Rechtsguts« im Strafrecht und über die Geltung des rechtsstaatlichen Schuld-Prinzips auszutauschen.

Da fragen der syrische und der libysche und der schwarzafrikanische Passagier, allesamt des Schwimmens und unserer Dogmatik unkundig: Sagt mir, verehrte Ordinarien, wer daran schuld ist, dass meine Kinder und ich ersaufen müssen im *Mare Nostrum*, im Meer vor Malta, in euren Kloaken. Haben ich und die Meinen nicht zweihundert Jahre lang alles getan, um uns ein Stück von eurer Rechtspflicht zu verdienen? Und der Schlepperkapitän fragt: Wovon soll ich leben, wenn vor meiner Küste eure Fabrikschiffe die See durchsieben?

Da schüttelt sich der deutsche Strafrechtsprofessor und spricht: Wir wollen erst einmal gründlich prüfen, was uns das internationale Recht über die Rechtspflichten im Mittelmeer vorschreibt. Gleich nächste Woche werde ich das als Dissertationsthema vergeben.

Nun gut, erwidern die Schiffbrüchigen: Es eilt ein wenig. Jemand sagte uns, die Rettung von Menschen in Todesnot sei eine internationale Pflicht. Jemand sagte: Wer seine Schnellboote abzieht, obwohl er damit billigend in Kauf nimmt, dass wir und unseresgleichen elendig sterben, der verletzt eine Rechtspflicht aus gefahrbegründendem Tun. Vielleicht sogar aus der Unterzeichnung all jener Abkommen und Verpflichtungen, die ihr dahingekritzelt habt in der Erwartung, dass sie euch nichts kosten. Was halten Sie von Art. 2 Abs. 1, 3, 14 und 25 der Charta der Menschenrechte?

Erstens, lächelt der Strafrechtsprofessor, entspringen aus der Charta keine subjektiven Ansprüche. Zweitens habe ich schon 1983 in Goltdammer's Archiv für Strafrecht geschrieben, dass die Unterlassungsdogmatik neu überdacht werden müsse. Drittens würde, falls Sie recht haben, lieber Freund, keinesfalls ich, sondern allenfalls die eine oder andere europäische Regierung sich des Totschlags durch Unterlassen strafbar gemacht haben. Ich aber, Ordinarius Supremus, werde den Teufel tun und mich in Einsätze von Kriegsschiffen gegen Flüchtlingsboote einmischen. Dafür werde ich nun wirklich nicht bezahlt.

Ich finde, gibt der Ertrinkende zurück, dass die weltberühmte deutsche Strafrechtsdogmatik, die ehrendoktorbesoffene Weltdogmatik des Unterlassens, ruhig einmal ein Auge auf mich und meine Familie werfen sollte und auf die Pflicht zur Rettung auch derjenigen, die angeblich selbst verschuldet in Not geraten, in Wahrheit aber nur tun, was jeder Vernünftige täte und jeder hergelaufene

Strafrechtsprofessor für sich und seine Familie als selbstverständlich ansähe. Das würden wir gern einmal hören, ihr Rechtsgelehrten, welche Theorien euch von den Lippen sprudelten im Wasser vor Lampedusa!

Wer das Boot zerschießt, auf dem ich schwimme, fährt der schwarze Nichtschwimmer fort, ist des versuchten Mordes schuldig. Mordmerkmale: Habgier, Grausamkeit, niedrige Beweggründe. Redet mir nicht vom Vorsatz! Ihr wisst, dass wir da sind. Und wir haben euch lange und immer wieder angekündigt, dass wir kommen!

Dies ist, versetzt der Strafrechtslehrer, ein Ansatz, den ich »extensiv rechtsgutszentriert« nennen möchte. Er trägt freilich das Urteil über sein Schicksal schon in sich. Würde er jemals zur herrschenden Meinung, so stellte sich eine Frage, die sich aber nicht stellt: Könnten sich Mitglieder europäischer Regierungen strafbar gemacht haben, als sie nach dem Auslaufen der Aktion *Mare Nostrum* ihre Schiffe abzogen oder keine eigenen Schiffe schickten und unter dem schönen Titel *Triton* mindestens bedingt, wahrscheinlich eher direkt vorsätzlich Tausende von Menschen ertrinken ließen? Das kann nicht sein. Denn sonst wäre längst ein Aufschrei der Empörung durch die rechtstreue deutsche Bevölkerung, ihre hochmoralischen und hochempfindlichen Medien, die edle Strafrechtswissenschaft und die nichts und niemandem als dem Recht verpflichteten deutschen Staatsanwaltschaften gegangen.

Lieber Leser, jetzt bleibt Ihnen nur noch die kleine Mühe, die Fall-Gestaltung vom Anfang des Kapitels mit der Dogmatik vom Ende zusammenzubringen. Das schaffen Sie. Auch allein!

II.
Recht und Freiheit

Der schmale Grat zwischen Zufall und Schuld

Die Welt ist voll überraschender Unglücksfälle: Manche nennen wir Zufall, manche Verbrechen. Wo ist der Unterschied?

Fünf Fälle

1. Der Sturm bläst. Ein Baum fällt um. Er trifft ein vorüberfahrendes Auto. Die Fahrerin A, die 20 km/h schneller als erlaubt fuhr, wird leicht verletzt, ihre auf dem Beifahrersitz sitzende Mutter stirbt.
2. Herr B leidet an einer Wahnerkrankung. Während eines akuten Schubs panischer Angst vor unsichtbaren Verfolgern greift er auf der Straße wahllos einen Passanten an und ersticht ihn.
3. Autofahrer C fährt zu schnell durch die Wohnstraße mit 30er-Limit. Zwischen zwei geparkten Autos springt ein Kind hervor. C reagiert zu spät und überfährt es: Das Kind ist tot. Bei Einhaltung der erlaubten Höchstgeschwindigkeit hätte C vielleicht rechtzeitig stoppen können.
4. Autofahrer D fährt nachts von der Betriebsfeier nach Hause. Er hat 1,5 Promille Blutalkohol. Er übersieht den Radfahrer R, der ohne Licht unterwegs ist, und verletzt ihn tödlich.

5. Flugzeugmechaniker E ist unausgeschlafen. Er übersieht eine Fehler-Anzeige. Das von ihm gewartete Flugzeug muss notlanden, sechs Passagiere kommen dabei ums Leben.

Das waren ein paar – recht wahllos gebildete – Fälle, wie sie jeden Tag, so oder so, vorkommen und von deutschen (Straf-)Gerichten entschieden werden (müssen). Was meinen Sie: Sollte man die Beteiligten A bis E bestrafen? Und wenn ja: Warum, und wie? Ich löse die Fälle hier nicht, sondern fordere Sie auf, selbst darüber nachzudenken.

In allen Fällen geht es (auch) um den Begriff und die Vorstellung vom Zufall. Was meinen wir damit? Das Wort beschreibt einen Zusammenhang zwischen Ereignissen und anderen Ereignissen oder Zuständen. Genauer gesagt: Es geht um einen kausalen Zusammenhang, also eine Beziehung von Ursache und Wirkung, um »weil« und »deshalb«. Darin enthalten ist stets auch eine Vorstellung von Entwicklung, also Bewegung: Etwas »kommt von« etwas; ein Umstand »führt zu« einem anderen. Der Zufall ist also – mindestens – ein Kind der Bewegung und der Zeit, wenn nicht gar deren Deckname. Im Stillstand, im schwarzen Loch, endet er. An all diesen Begriffen arbeitet sich die Philosophie seit 2000 Jahren ab. Ich mache es heute ein bisschen kürzer.

Vergleichen wir uns, ausnahmsweise einmal, mit dem Wildschwein, einem nahen Verwandten. Es liegt im Dickicht, wenn die Sonne scheint. Es bewegt sich in der Dämmerung. Es tut überhaupt meistens, was Wildschweine tun müssen, manchmal aber auch genau das Gegenteil, schon um des Gedenkens an Charles Darwin willen. Gewiss spürt es in sich den Geruch der Finsternis oder die Verheißung des Windes, die Kühle des Regens und die reißende Gewalt des großen Raubtiers. Es träumt. Es macht sich aber, so glauben wir, keine Gedanken über die Zusammenhänge. Es geht in Deckung, wenn am Himmel ein Gewitter aufzieht oder ein Waidmann samt Kleinem Münsterländer noch vor der Frühschicht im Operationssaal die Pacht durchstreift. Es hat auch eine ziemlich genaue Vorstellung davon, was passiert, wenn man lange und tief genug den Waldboden unter den Eichen umpflügt: leckeres Essen! Trotzdem meint der Wildschweinforscher: Das Schwein denkt nicht, denn es kann nicht zwischen Zufall und Kausalität unterscheiden.

Dagegen wir: Vom ersten Augenblick nach dem Erwachen bis zum letzten verlorenen Gedanken vor dem Schlaf konstruieren wir Kausalität: Ursächlichkeit, Abhängigkeit, Bedingungen. Im Schlaf überwältigen sie uns: Wie die Erde aufspringt, weil wir nicht rechtzeitig mit einer Aufgabe fertig geworden sind; wie eine Stimme das Haus zum Einsturz bringt; wie unser verstorbener Vater uns lobt, weil wir über einen Berg gesprungen sind; wie alle Wunder und Träume der Welt in eins münden, wenn wir sie nur verstehen. Die Gründe für solch somnambule Verknüpfungen halten wir, je nach Temperament und Bildung, für dummes Zeug oder eine Offenbarung unseres Selbst. Die meisten von uns sind bereit, jenen traumhaften Kausalitätskonstruktionen großes reales Gewicht beizumessen: als Enthüllung des Übersinnlichen, als Manifestationen unserer Seele, als Erinnerungen an die feuchte Erde oder die engeldurchflogene Ewigkeit.

Immerzu also geht es uns um Ursachen. Warum? Die Antwort ist leicht: allein und ausschließlich, weil es uns um *Folgen* geht. Die wahren Gründe für irgendetwas sind uns, wie dem Wildschwein im Gebüsch, letztlich gleichgültig, wenn wir den Eindruck haben, die Sache habe sich erledigt: Wenn Gerhard Polt in seinem genialen Stück *Bad Hausen* als Bürgermeister vor den »lieben Kurgästen« über die Gründe referiert, aus welchen das gegenständliche Kaff erstens »Hausen« heißt und zweitens »Bad« ist, ersteht eine überwältigende Komik der Darstellung allein aus der vollständigen Sinnlosigkeit behaupteter Kausalität – unabhängig davon, ob sie zutrifft. Mit anderen Worten: Die Kausalität ist ein vertracktes Ding. Ob sie in der Wirklichkeit so funktioniert, wie wir uns das vorstellen, weiß man jedenfalls seit Max Planck und Albert Einstein nicht mehr wirklich. Heute reicht es zur Erlangung des Nobelpreises absolut aus, ein spieltheoretisches Modell von Kausalität zu entwerfen (falls nicht die Jungs aus dem anderen Sandkasten dazwischenfunken und alles mit ihren hirnzerforschenden Feuerungskausalitäten in Klump schießen).

Zufall ist, wenn ein Ereignis *keine Ursache* hat. Ja, Sie haben richtig gelesen. Diese Erkenntnis liegt knapp über dem Wildschwein und gilt als nicht Small-Talk-kompatibel. Menschen, die annehmen, die Ereignisse dieser Welt seien unverbundene, ursachenlose Zusammenstöße von kognitiven Systemen, gelten als (möglicherweise) hochintelligent, aber nur bis auf Weiteres in Freiheit: Es könnte sein, dass sie demnächst schlimmere Auffälligkeiten zeigen.

Ein absolutes Minimum an sozialem Engagement verlangt also zu behaupten, Zufall sei, wenn ein Ereignis geschehe, ohne dass eine Ursache *erkennbar* sei, oder dass man zwar die Einflussfaktoren kenne, sie aber nicht voraussehen oder beeinflussen könne.

Wir nähern uns der Wirklichkeit: Bayern München ist nicht Champions-League-Gewinner 2015. Die Vorstandsvorsitzenden der Deutschen Bank möchten zurücktreten. Zwei Ereignisse: Wo ist die Verbindung? Es gibt zweifellos Menschen, die eine solche erkennen. Sie gelten (vorerst) als »verrückt«. Wer weiß schon, was morgen herauskommt? Vielleicht hat das eine mit dem anderen zu tun – wir wissen es bloß nicht.

Nach solch schwankenden Maßstäben kann man im Strafrecht – einem mit Ewigkeits-Anspruch und immerwährender Garantie ausgestatteten Regelungskonzept – nicht operieren. Das ganze Strafrecht, wie wir es kennen, funktioniert seit Anbeginn unserer Zeit nur, allein, ausschließlich und exklusiv auf der Basis von Kausalitätsbehauptungen, welche die Richter – also alle – gleichzeitig wieder mit aller Kraft infrage stellen müssen.

Um diese Kunststücke des Denkens zu vollbringen, haben wir uns Namen für Gedanken und Kommunikationen ausgedacht: »Schuld«, »Verantwortung«, »Zurechnung«! Die Worte kommen daher, als fielen sie aus den steinernen Tafeln des Berges Sinai. Aber das täuscht! Sie sind nicht mehr als die Bezeichnungen von Konzepten: Diese heißen »Schuldprinzip« oder »objektive Zurechnung«; »Verantwortungsprinzip« oder »Regressverbot«. Studenten, die das Fach Rechtswissenschaft studieren, lernen solche Worte auswendig. Manche von ihnen verstehen sie irgendwann – wenn sie Glück haben (lange nach Abschluss ihres Studiums). Viele verstehen sie nie und werden trotzdem Bundesrichter oder Millionär.

Ein Grund dafür ist, dass die Herren und Damen Professoren den einzigen Sinn ihrer Wissenschaft oft selbst nicht verstehen oder in einem langen Berufsleben erst mühsam erleiden müssen. Sie sind gefangen in einem System von Vorstellungen und einer bemitleidenswerten Struktur zur Förderung von Anpassung und Unterwürfigkeit.

Es gab eine Zeit, in der hätten wir die oben beschriebenen Verursacher B, C, D und E ohne Zweifel bestraft: wegen Tötung; vielleicht sogar mit dem Tod. Dagegen wäre Fall 1 schon immer zweifelhaft gewesen: Die bloße Ursächlichkeit des Verhaltens von A ist offenkundig (wäre sie langsamer gefahren, hätte der Baum sie nicht getroffen), aber der Zusammenhang mit dem Unglück ist so fernliegend, dass sich alles sträubt, ihr das Schadensereignis als Schuld zuzuschreiben. Selbst bei den alten Germanen wäre A freigesprochen worden.

Deutlich komplizierter ist es im Fall 3. Hier fragt man: Warum eigentlich soll C in der 30er-Zone nur 30 km/h fahren? Welchen Sinn hat das? Die Antwort liegt auf der Hand: Die Beschränkung dient nicht der Schikane, sondern dem Schutz von fremden Rechtsgütern, unter anderem von Leib und Leben der Fußgänger. Wer also hier zu schnell fährt, hat bei Eintritt eines Schadenfalls alle Indizien gegen sich.

Was wäre, wenn sich herausstellte, dass es auf die Geschwindigkeit des C gar nicht ankam? Dass er also das Kind selbst dann überfahren hätte, wenn er die Stelle mit der vorschriftsmäßigen Höchstgeschwindigkeit (30 km/h) passiert hätte? Das sind Fall-Konstellationen, über die sich die (Straf-)Rechtswissenschaft jahrzehntelang streitet. Kommt es wirklich auf die zulässige Höchstgeschwindigkeit an? Zeigt nicht das Ergebnis, dass C sich auf jeden Fall pflichtwidrig verhalten hat? Denn die eigentliche Pflicht besteht ja nicht darin, 30 km/h zu fahren. Diese Grenze ist vielmehr nur ein äußerer Anhaltspunkt zur Steuerung des Verhaltens. Die Pflicht lautet: Keine Kinder überfahren!

Ähnlich ist die Lage im Fall 4. Hier kommt allerdings hinzu, dass auch der Radfahrer R sich falsch (vorschriftswidrig, also unter Verstoß gegen eine Vorschrift, die seiner eigenen Sicherheit dient) verhalten hat. Wird dadurch die Schuld des D gemindert?

Und schließlich Fall 5: Sechs Menschen sind gestorben, weil E einen Fehler gemacht hat. Sie haben keinerlei Mitschuld an ihrem Tod. Es gibt auch keine vernünftige Erklärung für das Versagen des E. Vielleicht hatte er Kummer oder Bauchweh, konnte deshalb nicht schlafen und war anderntags übermüdet. Er hat so viel Handlungsunrecht begangen wie Sie, wenn Sie morgens das Badezimmerfenster nicht ganz schließen oder ihrer zwölfjährigen Tochter sagen, sie möge heute einmal mit dem Bus von der Ballett-Stunde nach Hause fahren. Also nichts. Eintausendmal nichts. Und dann kommt irgendeine ungeahnte andere Ursache hinzu: ein fremder Mensch, eine technische Panne, eine theoretische Möglichkeit. Und aus beidem und/oder weiteren Ursachen entsteht ein großer Schaden, ein großes Unglück. Es gibt viele Tausend Spielfilme, die sich auf immer neue Weise mit dem Zufall befassen: *Match Point* von Woody Allen oder *Misery* (nach Stephen King) oder *U-Turn* (mit Jennifer Lopez) fallen mir gerade ein. Das ganze Genre des Westerns versuchte hundert Jahre lang zu klären, was dieser verfluchte Zufall des Augenblicks mit dem Schicksal der Stadt und ihrem

Grund zu tun hat. Wildweststädte sind, von oben betrachtet, immer Plätze des Chaos und des Spiels, Haufen von unerklärlich getriebenen Menschen und Tieren. An ihrem Grunde bildet sich ein Bodensatz von Ablagerungen: die braven Bürger, die Geschäftsinhaber, die anständigen Menschen. Sie kommen im Western durchweg ziemlich schlecht weg: opportunistisches Gesindel. Der Fremde aber ist der Zufall, jederzeit, Verheißung oder Fluch.

Heute stellen viele sich (und anderen) die Entwicklung des Strafrechts als eine Fortentwicklung vom Zufall zur personalen Zurechnung dar. Daran ist viel Wahres, wie überhaupt an der Verfeinerung der Welt: vom Bakterium zum Individuum. Heute, da das ganze Universum aus Dollarscheinen besteht, die irgendjemandem gehören müssen, weil sie sonst keinen Sinn hätten, muss ein jeder Mensch verantwortlich sein. Die Verschmutzung des Flusses Ganges ist die Schuld der dreckigen Pilger, und der Untergang der Deutschen Bank ist die Schuld von Anshu Jain.

Der ewige Fremde ist uns trotzdem geblieben. Er kommt nicht aus Arizona, sondern aus der Ukraine oder Syrien und reitet auf einem wilden Yak aus den Flanken des Himalaya direkt bis Lampedusa. Der Zufall hat sein Gesicht und seinen Namen geändert. Er heißt jetzt »Fukushima« oder »Deepwater Horizon« oder »MERS«. Wir fürchten uns sehr.

Gerichte, gerade Strafgerichte, haben ziemlich oft mit Konstellationen zu tun, wie sie in den Eingangsfällen geschildert sind. Sie verhandeln und entscheiden darüber meist unter dem Gesichtspunkt der »Fahrlässigkeit«. Das ist ein Begriff, der im Gegensatz zum »Vorsatz« verwendet wird. Die Abgrenzung können Sie sich anhand eines Beispiels klarmachen:

Sie standen auf dem Balkon Ihrer Wohnung im 8. Stockwerk. Sie warfen einen Ziegelstein hinunter. Dieser traf den Passanten X und verletzte ihn tödlich. Die Strafe, die auf Sie wartet, liegt irgendwo zwischen einer Verwarnung und einer lebenslangen Freiheitsstrafe. Den Unterschied macht allein ihre subjektive Einstellung, das Ausmaß Ihres bösen Willens:

Vorsatz ersten Grades: Wenn Sie den Ziegelstein auf die Straße warfen, weil dort ihr Feind X spazieren ging und sie ihn treffen und töten wollten, heißt das »Absicht«, und die Tat heißt »Totschlag«.

Vorsatz zweiten Grades: Wenn Sie den Stein auf eine Gruppe von Menschen hinabwarfen und sicher waren, dass irgendeiner von ihnen tödlich getroffen wird, heißt das »direkter Vorsatz«.

Vorsatz dritten Grades: Wenn Sie den Stein warfen und dachten: »Ich könnte jemanden tödlich treffen. Der hat dann halt Pech gehabt«, nennt man das »bedingter Vorsatz« (Für-möglich-Halten des »Erfolgs« und billigendes In-Kauf-Nehmen).

In allen drei Fällen würde eine vorsätzliche Tötung vorliegen (der sogenannte Totschlag), bei Hinzutreten weiterer Merkmale (im Beispiel naheliegend: Heimtücke) vielleicht auch der sogenannte »Mord«.

Wenn Sie den Stein warfen und dachten: »Es könnte jemand tödlich getroffen werden. Hoffentlich passiert das nicht«, nennt man das »bewusste Fahrlässigkeit«. Bewusst, weil die Möglichkeit eines Schadens erkannt wird, fahrlässig, weil der Schaden eben nicht gewollt und auch nicht in Kauf genommen wird, sondern der Handelnde darauf vertraut und wünscht, es werde schon gut gehen.

Und wenn Sie den Stein warfen und dachten: »Da kann gar nichts passieren; da geht doch nie jemand«, ist das »unbewusste Fahrlässigkeit«. Es muss also schon die Möglichkeit des Schadenseintritts nicht erkannt werden. Wer also den Stein einfach beiseitelegt und gar nichts denkt, ist »unbewusst fahrlässig«, wenn der Stein abrutscht und hinunterfällt.

Wenn Sie sich, Leserinnen und Leser, die Mühe machen und ein bisschen hineindenken in unsere Beispieltäter, werden Sie schnell feststellen, dass die Strafe von den Beweggründen abhängt und die besonderen Schwierigkeiten des Nachweises im Bereich zwischen »bedingtem Vorsatz« und »bewusster Fahrlässigkeit« liegen. In diesem Bereich ist ein unergründlicher Ozean menschlicher Emotionen verborgen. Die Gerichte müssen versuchen, im Nachhinein, oft viele Monate nach dem Ereignis, herauszufinden, was jemand beim Werfen des Ziegels, beim Schnellfahren oder Alkoholtrinken wohl gedacht und gebilligt haben mag.

Manchmal ist das einfach: Der Lückenspringer T, der im Kolonnenverkehr ständig halsbrecherisch überholt, wird nach aller Wahrscheinlichkeit eine frontale Kollision mit einem entgegenkommenden PKW nicht billigen – schon um der Heiligkeit des eigenen Blechles willen. Das Unrecht seines Handelns ist kein bisschen höher, wenn in dem (»zufällig«) entgegenkommenden Fahrzeug zwei Menschen sitzen und getötet werden. Und es erscheint uns, selbst als Außenstehende, schwer erträglich, dass Herr T – der gedacht hat: »Sollen die doch ausweichen!« – nicht wegen Totschlags bestraft wird, sondern nur wegen fahrlässiger Tötung: also mit einer Freiheitsstrafe von vielleicht zwei Jahren statt zwölf. Die Angehörigen der Umgekommenen werden das Urteil sicher als ungerecht und unerträglich empfinden. Die Eltern des Kindes im Eingangsfall 3 haben kein Verständnis für die zu erwartende milde Strafe wegen fahrlässiger Tötung: ein Jahr auf Bewährung und zwei Jahre Fahrerlaubnissperre.

Wie abgebrüht und gnadenlos muss eine Gesellschaft sein, die die Empörung gegen solche Ergebnisse als »querulatorisch« diffamiert und das Ergebnis als »dogmatisch einwandfrei«?

Aber natürlich gilt auch das Gegenteil: Wie blind muss eine Kritik sein, die eine gnadenlose Bestrafung für das bloße Verursachen (oder was wir dafür halten) von Schäden verlangt – gleichgültig, wie viel persönliche Vorwerfbarkeit den Verursacher trifft?

Heute ist unsere (Rechts-)Gemeinschaft in hohem Maß unsicher und durcheinander, wie man solche Verantwortungen überhaupt noch zumessen kann. Wer ist kausal für die Finanzkrise, hat also möglicherweise Schuld? Und was ist purer Zufall? Müssen wir vielleicht unsere Vorstellungen davon ändern, was wir als Ursache eines Schadens ansehen?

Eine Exkulpation (Entschuldigung) durch biografische Besonderheiten wird von der herrschenden Meinung und dem Volksempfinden meist als abwegig und albern abgetan: Soll ein Mörder oder Räuber weniger Schuld haben, bloß weil er als Kleinkind vernachlässigt wurde oder als Erwachsener Demütigungen erlitten hat? Die herrschende Meinung ist gewohnt, solche Kausalitäts-Behauptungen als Unsinn abzutun: Jeder hat die Chance, sich anders zu entscheiden!

Aber was ist dann mit den Zockern, den Derivate-Händlern, den korrupten Politikern, die in fünf Jahren 3000 Milliarden Euro von fremden Konten auf ihre eigenen umverteilt haben und dazu bis heute nur behaupten, das sei alles ein schrecklicher Zufall gewesen? Was ist mit Unternehmen, also sogenannten »juristischen Personen«, die nur aus der Fiktion einer Persönlichkeit bestehen? Müssen oder sollen sie Folgen verantworten wie wir »natürlichen« Menschen? Wie konstruieren wir und bis auf welche Ebene verfolgen wir die Ursächlichkeiten ihres formalisierten oder kriminellen Eigenlebens?

Viele sehr schlaue Menschen haben sich viele schlaue Gedanken gemacht, seit die Germanen und Wildschweine durch das Unterholz brachen. Die Zusammenhänge der Welt können wir uns als extrem nahe konstruieren oder als extrem fern. Wir können jeden für alles oder niemanden für nichts verantwortlich machen. Wir können glauben, aller Schrecken sei vom Teufel gesandt oder von der Hexe oder von der Hirnstruktur oder einem Magnesiummangel im Gehirn.

Das ist aber nur der erste Schritt. Wir arbeiten an ihm ohne Unterlass und sind regelmäßig entzückt über unsere Ergebnisse. Das Wildschwein, mit anderen Worten, arbeitet an sich.

Der zweite Schritt ist – verzeiht, Philosophen! – einmal wieder ganz und gar soziologischer Natur: Das Wildschwein im Dickicht kann nicht warten, bis seinem Rudel ein Kant oder ein Sloterdijk entspringen. Es rennt los, grunzt und greift an. Es hat immer recht und nie.

Ein Vater hat ein Gewehr. Er hat einen Waffenschein und einen Gewehrschrank. Den schließt er tausendmal zu und einmal nicht. Da nimmt der Sohn das Gewehr und erschießt damit fünf Menschen. Was ist das? Niemand käme (hoffentlich) auf die Idee, den Vater wegen vorsätzlichen Mordes in fünf Fällen zu bestrafen. Möglich oder wahrscheinlich ist aber eine Verurteilung wegen fahrlässiger Tötung. Aber wie nah ist das an unser aller alltäglichem Verhalten? Wie unermesslich vieles machen wir täglich falsch und sind anschließend wieder einmal froh, dass nichts passiert ist? Mit anderen Worten: Wir müssen sehen, dass die Grenze, die wir zwischen Zufall und Verantwortung ziehen, hauchfein ist und sich zudem ständig verschiebt: in einem Fall so, im nächsten so, bei dem Gericht in diese, beim nächsten Gericht in die andere Richtung.

Es ist eine außerordentlich harte Grenze. Wir sollten uns klarmachen, wie unbarmherzig sie ist. Und wie viel Nachdenken und Gefühl sie von Richtern fordert, die darüber zu entscheiden haben, ob ein Ereignis Zufall gewesen ist oder Schuld, Unglück oder Versagen. Selbstverständlich gibt es stets einen großen Druck der Gesellschaft, Verantwortlichkeit zu individualisieren und jedem Unglück den Namen eines Schuldigen zu geben. Das hat viele Gründe, gute und schlechte. Oft stimmen sie. Aber nicht immer hat recht, wer auf der Seite der herrschenden Meinung steht oder sich mit den Opfern furchtbarer Ereignisse identifiziert.

Es ist unbedingt erforderlich, dass wir uns stets und immer wieder vergegenwärtigen, dass alles auch ganz anders gehen könnte: dass es andere Begründungen gibt, andere Schlussfolgerungen, andere Zuweisungen. Daraus folgt nicht die Forderung nach einer albernen Exkulpationskultur für alle und alles, aber die Forderung nach einer rationalen Kommunikation über das Unerwartete.

Das Wildschwein, liebe Leser, wird heute Nacht wieder tun, was es will. Ganz in unserer Nähe und sogar in uns selbst.

Blasphemie kann kein Straftatbestand sein

Im Jahr 1982 veröffentlichte der deutsche Dichter und Regisseur Herbert Achternbusch einen Film mit dem Titel *Das Gespenst*. Er handelt davon, dass eine am Kreuz befestigte Christus-Figur zu (irdischem) Leben erwacht, vom Kreuz steigt und sich mit einer Nonne (»Oberin«) zusammentut. Der Herrgott nennt sich fortan »Ober« und versucht, den Lebensunterhalt für sich und die Oberin als Kellner in bayerischen Wirtshäusern zu verdienen. Einzelheiten seines Leidens an der modernen Welt will ich hier nicht verraten, nur so viel: In einer Szene des Films wird ein Frosch – in ökologisch einwandfreier, nicht tierquälerischer Weise – an ein aus kleinen Ästen gefertigtes Kreuz gebunden, sodass er – sehr, sehr kurz! – die ikonografische Stellung Christi einnimmt.

(Verzeihung, Tierfreunde! Es war so! Bitte jetzt keine Kommentare über Frösche und Kreuze! Einige Hunderttausend dieser Geschöpfe werden von Ihnen jährlich auf den Landstraßen zermatscht. Weitere Zehntausende opfern Sie der Wiederansiedlung des Storchs im Feuchtgebiet nahe Ihrem Villenviertel. Vom Sterne-Restaurant will ich hier gar nicht erst sprechen. Begnadigen Sie also, bitte, den Dichter Achternbusch!)

Der Film wurde alsbald nach seinem Erscheinen zum »Skandal« erklärt, da es sich um eine gotteslästerliche, von der Garantie der Kunst- und Meinungsfreiheit in Artikel 5 des Grundgesetzes nicht geschützte Provokation handele. Die Freiwillige Selbstkontrolle sperrte ihn zeitweise, der Bundesinnenminister Zimmermann (vulgo »Old Schwurhand«) kürzte die Filmförderung, die katholische Kirche verlangte Bestrafung. Sie alle, ach, begriffen nicht, dass der Frosch nichts anderes war als die Seele des Dichters.

Die Regierung des Freistaats Bayern, von Oberammergau bis Gundremmingen stets auf der Fährte des Volkswillens, brachte als Folge in jeder Legislaturperiode immer wieder denselben Gesetzesantrag ein, wonach die Strafvorschrift gegen die »Religionsbeschimpfung« in Paragraf 166 des Strafgesetzbuchs verschärft werden sollte. Bislang vergebens.

Von Achternbuschs Frosch einmal abgesehen – die Kinogeschichte ist voll von religiösen Riten und deren Darstellung: Ich erinnere mich, in meiner Kindheit oft mit schwarzer oder brauner Schminke beschmierte Statisten aus Hollywood oder Babelsberg auf der Leinwand betrachtet zu haben, die angeblich »Neger« oder »Indianer« darstellten und sich in den Intervallen zwischen ihren überaus einfältigen Kriegszügen (so lang im Kreis um eine Wagenburg herumreiten, bis alle Krieger erschossen sind) immer einmal wieder zu sogenannten »religiösen Feiern« trafen: bekifftes Herumspringen um Götzenbilder, zappelnd erotische Tänze zu dumpfem Trommelwirbel. Gern im Kral bei loderndem Feuer, wahlweise auch im Harem. Die Sache klärte sich cineastisch, wenn entweder John Wayne (zur Abrechnung) oder Liz Taylor (zum Schleiertanz) auftauchten.

Was hat das mit Religion und ihrer Beschimpfung zu tun? Das Strafgesetzbuch 1871, das erste des (neuen) Deutschen Reichs, bestrafte denjenigen, der »in beschimpfenden Äußerungen Gott lästert« und »dadurch ein Ärgernis gibt«, mit Gefängnis bis zu drei Jahren. Seit der Neufassung 1969 bedroht Absatz 1 das öffentliche Beschimpfen des Inhalts eines religiösen oder weltanschaulichen Bekenntnisses mit Strafe (bis zu drei Jahren), wenn die Tat »geeignet ist, den öffentlichen Frieden zu stören«. Absatz 2 bestraft unter derselben Voraussetzung das öffentliche Beschimpfen von inländischen Kirchen, Religions- oder Weltanschauungsgemeinschaften, ihrer »Einrichtungen oder Gebräuche«. Eine merkwürdige Regelung. Sie steht im Abschnitt »Straftaten, welche sich auf Religion und Weltanschauung beziehen«. Dahinter stecken ein Geheimnis und eine Erkenntnis.

Geht man einmal von den Göttern aus, die die monotheistischen Religionen ins Zentrum ihres Glaubens stellen, wäre eine maximale Freiheitsstrafe von drei Jahren für seine Lästerung eine ziemlich schwache Verteidigungslinie für den Herrn des Kosmos. 250 Jahre früher hätte man das noch ganz anders geregelt: Der Tod war damals bloß der Auftakt all jener ewigen Strafen, welche den Lästerer und Häretiker hier und im Jenseits erwarteten.

Dazwischen ist also etwas passiert. Strafrechtler nennen es: Das Rechtsgut hat sich geändert. Sagen wir: Die Aufklärung ist passiert. Der Mensch ist selbst groß geworden. Er hat den Kosmos erobert oder jedenfalls angefangen, sich das einzubilden. Er hat die höheren Mächte, die kosmischen Schachspieler, die Schicksalsgeister und Allesbeherrscher, mit all jener Höflichkeit und Freundlichkeit, deren er fähig ist, in kleinen Schritten an den Rand ihrer Existenz gedrängt und sich selbst ins Zentrum gerückt. Wer heute mit einem Theologen darüber streitet, ob der Mensch eine Erfindung Gottes oder Gott eine Erfindung des Menschen sei, wird in Europa nicht gekreuzigt, sondern freudig zur Podiumsdiskussion eingeladen.

Gott – jeglicher denkbare Gott – mag alles Mögliche benötigen, aber gewiss keinen Straftatbestand im deutschen Strafgesetzbuch, der seine »Lästerung« verbietet. Wenn er auch nur halbwegs der wäre, den wir aus dem Alten Testament kennen und schätzen, würde er angesichts seiner jahrtausendelang fortgesetzten Lästerung und Missachtung dieses staubkorngroße Sonnensystem gewiss in einem Ozean aus chlorierten Kohlenwasserstoffen ertränken, ohne mit der Wimper zu zucken. Stattdessen lässt er uns – angeblich – unter ständiger freundlicher Anteilnahme unsere kleine Welt selbst in die Luft blasen und Milliarden seiner mit Würde und Verantwortung ausgestatteten Ebenbilder im Elend verderben. Das ist, so hofft jeder wahrhaft Gläubige, das Geheimnis des Glaubens: Je weiter weg Gott erscheint, desto näher ist er dem Verlassenen. Dies kann man so sehen, muss es aber nicht. Ein Viertel der deutschen Bevölkerung bezeichnet sich als Atheisten. Sie möchten nicht mit den Träumen des Papstes oder den Weissagungen des Propheten behelligt werden. Und sie haben dasselbe Recht wie jeder andere Bürger, vom Staat und seinem angeblich christlichen Weltbild in Ruhe gelassen zu werden.

Im irdischen Strafrecht geht es nicht um Gott, sondern um die Menschen. Diese Erkenntnis sollte, so denkt der Mitteleuropäer, eigentlich allen Personen zugänglich sein, die sich um ihre Welt und ihren Gott sorgen. Auf den

Umstand, dass ein paar Millionen Menschen annehmen, der Kosmos sei genau 8000 und ein paar Jahre alt oder der Herr des Universums richte sein Hauptaugenmerk darauf, dass auf den Alleen dieser Welt das Haupthaar seiner Töchter verhüllt sei, kann die Weltgeschichte keine Rücksicht nehmen. Sie bewegt sich nach anderen Maßstäben.

Dem Strafrecht unseres Staates geht es nicht um Gottgefälligkeit, sondern um den »öffentlichen Frieden«. Er steckt schon in der zitierten Strafbestimmung von 1871: »Ein Ärgernis bereiten« ist dort die Tathandlung. Damit ist natürlich nicht gemeint, dass sich Gott oder der Heilige Geist ärgern. Das Ärgernis ist ein ganz und gar irdisches, und Gott hat damit nicht das Geringste zu tun. Wer an Gott glaubt, der sollte nicht annehmen, dieser ließe sich von gekreuzigten Fröschen beleidigen.

Der Paragraf 166 des Strafgesetzbuchs setzt voraus: eine Äußerung »in einer Weise, die geeignet ist, den öffentlichen Frieden zu stören«.

Lasset alle Hoffnung fahren, ihr Salafisten, Jesuiten und Calvinisten, dies sei der Einstieg in die Rache Gottes auf Erden! Der öffentliche Friede ist ein durch und durch menschliches, soziales Rechtsgut. Er ist, wenn man es recht versteht, sogar ein Gut, welches die Absolutheit des Göttlichen in eine brutale Relativität des Sozialen auflöst: eine begriffliche Quintessenz der Aufklärung.

Öffentlicher Friede ist, so sagt die herrschende Meinung: Gesichertheit der rechtlichen Ordnung im Staat, Sicherheit der Rechtsgüter der Bürger und vor allem auch das Gefühl der Bürger, dass solche Umstände gegeben seien. Also: das friedliche Zusammenleben in einer fairen, menschenwürdigen Rechtsordnung und zugleich das Bewusstsein davon.

Das kann man so sehen. Man kann auch Zweifel daran haben, dass diese sogenannten Zustände wirklich empirische sind, also in unserer Lebenswirklichkeit festgestellt werden können und müssen. Denn immerhin hat seit 1871 noch kein Gericht, das einen Fall des Paragrafen 166 StGB zu verhandeln hatte, zunächst eine sozialwissenschaftliche Umfrage darüber durchgeführt, wie sich die Bevölkerung fühle. Und es gibt in solchen Verfahren auch keine Beweisanträge, die auf eine derartige Beweiserhebung abzielen.

Vielmehr fühlt sich jeder Richter berufen und in der Lage, die Frage, ob der öffentliche Friede bedroht ist, selbst zu entscheiden – aus der Fülle seiner Weisheit, Bildung oder Weltanschauung. Das widerspricht zwar der herrschenden Meinung, die den genannten Frieden für einen empirischen Umstand hält, trifft aber den Kern der Sache, wenn man den Begriff des öffentlichen Friedens als wertenden Begriff versteht: Er beschreibt nicht das, was alle (wirklich) wollen, sondern das, was alle wollen sollen. Denn jede (!) Rechtsordnung ist ja stets auch ein Spiegelbild einer Machtordnung und formuliert daher das, was sie als »Frieden im Recht« bezeichnen will, immer nach dem Ebenbild ihrer selbst. Das ist eine normative, das heißt in vollem Umfang von Wertungen, Macht und Interessen bestimmte Vorstellung.

Der »öffentliche Friede« kommt als sogenanntes Rechtsgut (Schutzgut) in mehreren Straftatbeständen vor: Neben der Religionsbeschimpfung in der Tatbeständen der Volksverhetzung (§ 130), der öffentlichen Aufforderung zu (§ 126) und der Befürwortung von Straftaten

(§ 140). Es geht also um Stimmungen im Volk, und zwar im Hinblick auf die Vermeidung von gewaltsamen Auseinandersetzungen zwischen Bevölkerungsgruppen, die aus irgendwelchen Gründen voneinander unterschieden sind. Religion ist nur eines unter vielen möglichen Unterscheidungskriterien. Andere können sein: ethnische Zugehörigkeit, Beruf, physische und medizinische Besonderheiten, bestimmte Anschauungen über die Welt, das Leben und so fort.

Stets geht es darum, dass bestimmte Gruppen der im Staat zusammenlebenden Gesellschaft nicht als Feinde oder Fremde ausgrenzt werden sollen, weil dies die Gefahr von Gewalt und der Auflösung staatlich-rechtlicher Ordnung in sich birgt. Dahinter stecken die jahrhundertelange Angst und Erfahrung aus zahllosen Kriegen und Leiden, aus Verfolgungen und Pogromen, aus Ausgrenzungen und dem Scheitern friedlicher Ordnungsvorstellungen. Man darf daher den Ansatz eines öffentlichen Friedensschutzes keinesfalls gering schätzen. Freilich: In der Form eines Religionsschutzes ist er kaum mehr verständlich und aus der Zeit gefallen.

Das wird von denjenigen, die eine Verschärfung fordern, verkannt. Sie wollen nicht allein den bestehenden Tatbestand öfter anwenden, sondern ihn noch hinter die Fassung von 1871 zurückbugsieren: Seit Jahrzehnten wird von Kirchenvertretern und manchen Politikern die Forderung erhoben, der Gesetzgeber möge aus dem Tatbestand des § 166 StGB die tatbestandliche Voraussetzung der »Gefährdung des öffentlichen Friedens« (früher: »ein Ärgernis«) streichen, damit die »Beleidigung Gottes« selbst wieder strafbar sei. Das ließe sich, wie die meisten der Protagonisten vermutlich wissen, in einem säkularen

Rechtsstaat überhaupt nicht legitimieren. Die Bundesrepublik Deutschland ist kein Gottesstaat und hat auch nicht die (absurde) Aufgabe, irgendeinen Gott mittels Geldstrafen vor Beleidigung zu schützen. Die Umsetzung wäre der von vornherein verfehlte Versuch, die geschichtliche Uhr um 300 Jahre zurückzudrehen und sich mit Fanatikern unserer Zeit auf eine Stufe zu stellen, nach deren Ansicht Gott angeblich durch Strichmännchen oder die Lebensentscheidungen junger Frauen beleidigt werden kann.

Würde man den Tatbestand des Paragrafen 166 des Strafgesetzbuchs ernst nehmen, müssten ständig Prozesse wegen Beschimpfung der Botschaften von fünfzig Religionen oder ihrer Einrichtungen und Gebräuche geführt werden. Durch Streichung des Erfordernisses der Friedensstörung würde das noch ausgeweitet, denn dann käme es bloß noch auf eine ganz abstrakte Gefahr an. Jeder durchreisende Hindu könnte mit Aussicht auf Erfolg Strafanzeige wegen Derwisch- oder Sadhu-Witzen erstatten.

Wenn man sogenannte Religionsbeschimpfung auf ihren rationalen (und für uns daher überhaupt nur akzeptablen) Kern zurückführt, so handelt es sich um nicht mehr als eine spezielle Art der sogenannten »Volksverhetzung«.

Nach dem Paragrafen 130 des Strafgesetzbuchs (»Volksverhetzung«) wird unter anderem bestraft, wer zu Hass oder Gewalt gegen »Teile der Bevölkerung« aufruft. Das kann jede abgrenzbare, durch bestimmte Eigenschaften verbundene Gruppe der inländischen Bevölkerung sein, wenn sie ausreichend bestimmt ist: »die Juden in Deutschland«, »die Schwulen«, »die Asylbewerber« und zahllose andere. Selbstverständlich auch »die Katholiken«, »die Muslime«, »die Buddhisten« in Deutschland. Religionszugehörigkeit, Berufszugehörigkeit, Wohnort und vieles andere sind im Sinn von Paragraf 130 StGB Eigenschaften, die »Teile der Bevölkerung« kennzeichnen können. Wenn religiöse Gruppen und Weltanschauungsgemeinschaften aber in diesem Umfang vom Strafrecht ohnehin geschützt sind, bedarf es keines privilegierten Religionsschutzes mehr.

Denn eines ist frappierend und deprimierend zugleich: In der Theorie wurde der Straftatbestand der Religionsbeschimpfung zwar stets als menschenfreundliche Regelung zum Schutz von Minderheiten hingestellt. In Wahrheit war er aber, wenn man die Rechtsprechung der letzten 130 Jahre betrachtet, ganz überwiegend ein Schutz der Mehrheit vor der Minderheit und daher geradezu eine Pervertierung des Schutzgedankens. Wegen Beschimpfung anderer Religionen wird praktisch nie ein Anhänger der Mehrheitsreligion verurteilt; vielmehr geht es in der Praxis durchweg um die Provokation der Mehrheit durch randständige Einzeltäter oder kleine Minderheiten.

Erstaunlich an den Forderungen nach Verschärfung ist die Behauptung, in Deutschland sei es insbesondere der christliche Glaube (und, rätselhafterweise, vor allem dessen katholische Variante), dessen Anhänger durch Beschimpfung verletzt würden. Vertreter dieser Ansicht können sich offenbar nicht vorstellen, welches Maß an öffentlicher Lächerlichkeit Angehörige anderer, fremder Religionen ertragen müssen: Kaum ein Mensch macht sich Sorgen über die Beschimpfung von Naturreligionen oder religiösen Vorstellungen aus fernen Ländern. Im Gegenteil: Von grob verzerrenden, absurden Darstellungen in der Abenteuer- und Horrorfilm-Industrie (siehe oben) bis hin zu verächtlichen Scherzen über Buddhisten oder polytheistische, »rückständige« Welterklärungen reichen die Abwehrmechanismen unserer Gesellschaft. Aus dem Blickwinkel der großen Mehrheit kommt ihnen keine Heiligkeit zu, sondern allenfalls ein folkloristischer Wert. Naturreligionen oder die Glaubenssätze weit entfernter oder indigener Kulturen rangieren in unserer Wahrnehmung bestenfalls an der Grenze zur Archäologie: Wir graben die Knochen ihrer Heiligen aus und schleppen sie mitsamt ihren Göttern in unsere Museen. Es stört all dies den öffentlichen Frieden ersichtlich nicht.

Eine Ausnahme bilden (inzwischen) die in Deutschland lebenden Muslime. Sie sind erstens zahlreich, zweitens, was gewisse Einrichtungen und Gebräuche ihres Glaubens betrifft, öffentlich sichtbar, drittens wehrhaft und – zurückhaltend ausgedrückt – nach »vorne verteidigend«. Man kann den Ruf des Muezzins schlecht lächerlich machen, wenn gleichzeitig aus allen Türmen die Glocken süßer nie klingen.

Die wichtigste Ausnahme sind die in Deutschland lebenden Juden. Freilich überschneiden sich hier die Anwendungsbereiche der Paragrafen 166 und 130 StGB in merkwürdiger, im Grunde abwegiger Weise: Juden werden häufig noch immer als ethnische Minderheit definiert. Und da selbst der moralfreieste Karikaturist sich – zum Glück! – nicht traut, einen Miethai oder Bankier mit großer Hakennase zu malen, überträgt sich dieser Rest von Anstand auf die Religion selbst.

Die Liste dessen, was in den vergangenen 150 Jahren als beschimpfungsfähige Einrichtung angesehen wurde, ist lang und überraschend, vor allem aber: unglaublich christenlastig. Noch die abwegigsten Volksbräuche der christlichen Heiligenverehrung sind, wie man in jedem Gesetzeskommentar nachlesen kann, von Gerichten als taugliche Objekte strafwürdiger Beschimpfungen angesehen worden. Heute versucht man sich auf Riten im engsten Umfeld der sogenannten Sakramente zu beschränken; eine sichere Abgrenzung gibt es nicht.

Das Papsttum etwa gilt vielen als heilig. 95 Prozent davon aber ist Einbildung: Bekenntnisinhalt mag vielleicht die Stellvertreterstellung des Bischofs von Rom sein. Gewiss aber nicht die Unfehlbarkeit des Amtes oder die (fiktive) Inkontinenz eines armseligen Menschen, der es erfüllt. Bei den Strafanzeigen, die in großer Zahl von den Verteidigern des guten Geschmacks – gegen allerlei Satire und Verhöhnung – erstattet werden, kommt regelmäßig nichts heraus. Das ärgert diejenigen natürlich, die die Ingredienzien ihrer höchstpersönlichen Lebenseinstellung zum universal-göttlichen Prinzip erhoben wissen möchten. Aber so einfach geht es nicht, liebe Gläubige, mit der Heiligkeit!

Ob die vielen Gesetzesanträge des Freistaats Bayern überhaupt jemals ernst gemeint waren, darf man – angesichts der exzellenten Qualität der dortigen Ministerialbürokratie – durchaus bezweifeln. Eine Rückkehr zum Gottesstaat, von der einzelne Kleriker womöglich ernstlich träumen, ist für Europa derzeit keine Option. Keine Bischofskonferenz und keine Landeskirche möchte einen Gottesstaat: Die Entbehrungen wären unermesslich, die Belohnung betrüblich unkonkret. Den Schritt vom lebenslangen Renten- zu einem postmortalen Jungfrauenanspruch würde kein deutscher Bischof gehen, selbst wenn er christlichen Würdenträgern zustünde: Diese Wette ginge keiner mehr ein, der sich auf das Gehalt eines Ministerialdirektors hochgearbeitet hat. Statt auf den Knien rutscht man dann lieber first class zu den Armen nach Indien.

Daher sind die sich wiederholenden Empörungen über die Achternbuschs und Pasolinis und Karikaturisten unserer (eigenen) Welt eher politische Äußerungen von Interessenvertretern als Wahrsprüche von Gotteserkennern.

»Volksverhetzung« ist ein merkwürdiger, aus der Vergangenheit heraufscheinender Begriff. Er beschreibt (negativ, als Straftatbestand) aber recht anschaulich, was das durch Strafdrohung geschützte Interesse unserer Gesellschaft sein kann: das friedliche, von Angst, Gewalt, Selbstjustiz freie Zusammenleben von Gruppen der Bevölkerung, die sich gleichberechtigt und in demokratischem Diskurs begegnen.

Wer neben diesem Schutz von »Teilen der Bevölkerung« – also allen – noch einen privilegierten Sonderschutz für solche »Teile« fordert, die sich, sei es inhaltlich oder nur organisatorisch, auf religiösen Glauben beziehen, unterläuft im Grunde genommen den demokratischen Konsens. Er setzt nämlich neben das Rechtsprinzip der Gleichberechtigung noch ein System der bevorzugten Berechtigung, der besonderen Schutzbedürftigkeit. Das sind Reste einer Lebenswirklichkeit, die schon lange nicht mehr unsere ist. Wir können darauf ohne jede Einbuße an Sicherheit und Frieden verzichten. Die Religiösen in unserer Gesellschaft könnten sich daran gewöhnen, dass ihr Glaube Privatsache und kein öffentliches Schutzgut und dass die Beleidigung von religiösen Gefühlen und Überzeugungen zwar eine Unverschämtheit ist, in einer freien

Gesellschaft aber bis an die Grenze zur Volksverhetzung oder der individuellen Beleidigung hingenommen werden kann und muss – wie jede andere Gefühlsverletzung auch.

Es gilt also nicht etwa, die »Friedensschutzklausel« in § 166 StGB zu streichen. Vielmehr sollte § 166 StGB ganz gestrichen werden. Ersatzlos.

Habe die Ehre!

Der geniale Helmut Qualtinger schildert – in der Rolle eines aggressiv-kriecherischen Kleinbürgers und Nazi-Mitläufers –, wie er einen von ihm früher schikanierten Überlebenden des Holocaust nach dem Krieg wiedertrifft: »Ich sage: ›D' Ehre!‹ – Keine Antwort. Ich noch amol: ›Die Ehre!‹« Der so Gegrüßte reagiert nicht. Der Erzähler nimmt dieses Unterlassen zum Anlass, seine früheren Schikanen gegen den Juden zu rechtfertigen und das Überleben des Opfers als Provokation zu deuten.

Was geschieht hier? »Die Ehre!« ist ein verstümmelter Gruß im Österreichischen wie das dahingemurmelte »'ß Gott!« in Süddeutschland oder das »Tach!« des Nordens. »Habe die Ehre!« wäre die längere Version, freilich immer noch unverständlich für Bewohner der norddeutschen Tiefebene. »Es ist mir eine Ehre, Sie grüßen zu dürfen!«, wäre die Langfassung. Selbst diese spielt noch mit Ambivalenzen der Sprache. Denn das Haben der Ehre ist zugleich Angebot wie Aufforderung, Bitte wie Unterstellung:

Qualtinger betont das im zweiten Satz, fordernd und bedrohlich, mit der kaum verhüllten Gewaltandrohung eines Menschen, der seine Selbstbehauptung auf ein letztes Bollwerk zurückgezogen hat, das er bis zur Grenze der Selbst-Vernichtung, jedenfalls aber über die Grenze der Fremd-Vernichtung hinaus, zu verteidigen sucht. In der Ehre, um die es da geht, liegt etwas Bedrohliches, Verlorenes. Wir kennen es aus den Texten und Subtexten von Menschen, die große innere Furcht nach außen kehren: Deutsche Ehre! Arische Ehre! Ehre der Kompanie! Männerehre! Ehre des Propheten! Solche Zuschreibungen von Ehre enthalten starke Elemente des Fordernden, Verlangenden, Schwachen: Gib mir die Ehre! Erkenne mich an! Verachte mich nicht! Und zugleich Elemente der Behauptung, der Überwältigung: Gib mir, was mir zusteht! Erkenne mich als Herrn meiner (und deiner) Welt! In diesen beiden Flügeln des Ehr-Anspruchs steckt schon viel von seiner erstaunlichen Substanz und Wirkkraft.

Über die Ehre und ihren strafrechtlichen Schutz gibt es außerordentlich viel Literatur. Dabei erwähnt die zentrale Vorschrift, der Paragraf 185 des Strafgesetzbuchs, den Begriff erstaunlicherweise gar nicht: »Die Beleidigung wird mit Freiheitsstrafe bis zu zwei Jahren oder mit Geldstrafe bestraft«, heißt es dort. In Paragraf 186 ist die »üble Nachrede« mit Strafe bedroht: »Wer in Beziehung auf einen anderen eine Tatsache behauptet oder verbreitet, welche denselben verächtlich zu machen oder in der öffentlichen Meinung herabzuwürdigen geeignet ist …« In Paragraf 187 schließlich folgt die »Verleumdung«; das ist eine üble Nachrede, bei der der Täter die Unrichtigkeit der von ihm behaupteten Tatsache sicher kennt. Paragraf 188 bestraft die üble Nachrede und die Verleumdung gegen »Personen des politischen Lebens«; Paragraf 189 stellt das »Verunglimpfen des Andenkens von Verstorbenen« unter Strafe. Die angedrohten Strafen liegen im Mindestmaß bei einem Monat, im Höchstmaß bei zwei Jahren (§§ 185, 186, 187), jeweils wahlweise mit Geldstrafe. Bei öffentlicher Begehung drohen erhöhte Strafen bis zu fünf Jahren. Die weitaus meisten Fälle werden in der Praxis mit Geldstrafen geahndet, wenn die Verfahren nicht schon gegen Erfüllung von Auflagen eingestellt werden. Freiheitsstrafen ohne Bewährung kommen praktisch kaum vor.

Die etwas altertümlich wirkenden Formulierungen bergen allerhand diffizile Einzelheiten, die hier keine Rolle spielen. Wichtig ist aber die Unterscheidung zwischen Paragraf 185 und den Paragrafen 186/187: »Beleidigung« meint eine (eigene) Wertung des Täters, »üble Nachrede/Verleumdung« betreffen Behauptungen von (nachprüfbaren) Tatsachen, die zu abwertenden Wertungen von Dritten führen können. In dieser Unterscheidung offenbart sich schon recht viel vom Sinn des Gesetzes.

Sie ist aber nicht immer leicht zu treffen: »Herr X ist wegen Betrugs vorbestraft« ist sicher eine Tatsachenbehauptung, würde also unter die Paragrafen 186/187 fallen. Bei der Aussage »Herr X ist ein Betrüger« wird es schon schwieriger – sie kann beides sein. »Herr X hat einen betrügerischen Charakter« ist eher Wertung als überprüfbare Tatsachenbehauptung, gehört also zu Paragraf 185. Das gilt auch für die üblichen Beschimpfungen anderer als »geisteskrank«, »irre«, »dumm« und so weiter. Beleidigungen kann man sowohl gegenüber dem Geschädigten selbst als auch gegenüber Dritten äußern, üble Nachreden, wie sich aus dem Wortlaut (»in Beziehung auf einen anderen«) ergibt, nur gegenüber Dritten. Daher sind ehrverletzende Tatsachenbehauptungen, die nur zum Betroffenen geäußert werden, als Beleidigungen (§ 185) anzusehen. In allen Fällen setzt die Strafverfolgung einen ausdrücklichen Strafantrag des Berechtigten voraus, Beleidigungsdelikte werden also nicht von Amts wegen verfolgt. Auch sonst gelten Besonderheiten, auf die ich noch zu sprechen komme.

Die Ehre einer Person ist etwas, das vom Recht der physischen und psychischen Existenz und Integrität dieser Person gleichgestellt wird: Nach Paragraf 253 des Bürgerlichen Gesetzbuchs kann Schmerzensgeld verlangen, wer an Körper, Gesundheit, Freiheit oder sexueller Selbstbestimmung verletzt ist. Dem ist die »Ehre« – obwohl nicht ausdrücklich genannt – gleichgestellt. Über den pekuniären Wert des »Schmerzes«, den eine Beschimpfung mit Tiernamen oder Ausdrücken der Verachtung verursacht, streiten jährlich Tausende vor den Gerichten, und Leitfäden finden ihre Abnehmer, in denen der Schmerzenswert aller denkbaren Anreden von »Arschloch« und »Behinderter« bis »Winkeladvokat« und »Zugereister« aufgelistet ist.

Der Regelungsaufwand in insgesamt 11 Paragrafen (§§ 185 bis 200) erscheint erstaunlich, da doch die Strafdrohungen für Ehrverletzungsdelikte durchweg so gering sind, dass der Eindruck naheliegt, das Rechtsgut sei dem Gesetz nicht besonders viel wert: Diebstahl oder Betrug, Körperverletzung oder Nötigung sind meist mit höherer Strafe bedroht.

Das war nicht immer so. Im Gegenteil: Lange Zeit galt die Ehre als das neben dem Leben wichtigste Gut, ihre Verletzung infamer als Raub, Betrug, Diebstahl oder Körperverletzung. Wo Ehre nicht dem Individuum, sondern der Person als Vertreter von Sippen, Kasten, Klassen galt, wurde mit der Ehre vor allem dieser Status, mithin die ganze soziale Existenz angegriffen. Umgekehrt formulierte dieses Verständnis von Ehre einen hohen Anspruch an die Innengeleitetheit des Verhaltens: Der in engen, praktisch unveränderbaren Schubladen gefangene Mensch muss sich zu jeder Zeit ehrenhaft erweisen, also sein Verhalten am normativen Kontext seiner Gruppe ausrichten. Die Weltliteratur ist ein einziges Gewimmel von solchen Ehr-Konflikten (Effi Briest, Anna Karenina und überhaupt die russische Literatur des 19. Jahrhunderts, aber auch Don Quijote), und im Korpsgeist, wie wir ihn aus geschlossenen Gruppen mit rigiden Innenregeln kennen (Armee- oder Polizeieinheiten, Absolventen von Elite-Schulen, privilegierte Gruppen), lebt dieser alte Ehrbegriff weiter – heute oft zur verständnislosen Belustigung der Umgebung.

In unserer Gesellschaft herrscht heute eine merkwürdige Ambivalenz: Von Ehre und ihren Ablegern ist zwar oft die Rede. Die eigene Ehre gilt den meisten noch immer als Inbegriff eines zu verteidigenden Persönlichkeitskerns. Zugleich aber werden Menschen, die nachdrücklicher als andere um ihre Ehre streiten, als kleingeistig, unsouverän, ja querulatorisch dargestellt und nicht selten verlacht. Der sprichwörtliche Nachbarstreit um längst vergangene Beleidigungen ist bei Unbeteiligten immer wieder Gegenstand der Schadenfreude.

Dieses Bild setzt sich fort, betrachtet man die Praxis der (Straf-)Verfolgung: Wer bei Polizei oder Staatsanwaltschaft Strafanzeige wegen Beleidigung oder übler Nachrede stellt, erlebt alles Mögliche, mit hoher Wahrscheinlichkeit aber keine verständnisvoll opferorientierte Behandlung, wie sie Kennzeichen und Ziel des Strafverfahrens neuer Art sein soll. Vielmehr wird der Anzeigeerstatter von genervten Polizeibeamten nach Hause geschickt und zur Zurücknahme der Anzeige gedrängt. »Da kommt sowieso nichts raus«, weiß der diensttuende Polizeibeamte meist, der andernfalls eine einstündige Anzeigenaufnahme zu schreiben hätte.

Man nennt eine solche Verhaltensweise »Herunterdefinieren«. Sie ist in der polizeilichen Arbeit sehr verbreitet und hat, etwa im Zusammenhang mit der Deeskalation von aggressiven Situationen, durchaus Sinn. Die Grenzen zur Rechtsverweigerung sind aber fließend und sie verlaufen oft auch nicht nach sachlichen Gesichtspunkten, sondern nach Vorurteilen und Interessen. Während also etwa im Bereich der Eigentumskriminalität (Diebstahl, Raub) kaum ein Polizist auf die Idee kommt, dem Anzeigeerstatter zu raten, erst noch ein einmal drüber zu schlafen oder nachzudenken, ob er die Sache nicht vielleicht nur verlegt hat, werden etwa häusliche Gewalttaten sehr oft zum Beziehungsstreit unter Alkohol herunterdefiniert. Und so ist es auch mit Beleidigungen.

Wenn der Anzeigeerstatter aber auf Protokollierung besteht oder gleich an die Staatsanwaltschaft schreibt, wird er in den allermeisten Fällen auf den Privatklageweg verwiesen. Dies ist eine besondere Erledigungsform der Strafprozessordnung, die für solche Bagatelldelikte im höchstpersönlichen Bereich vorgesehen ist, an deren Verfolgung kein öffentliches Interesse besteht. Das Verfahren wird damit (grundsätzlich endgültig) eingestellt. Die Staatsanwaltschaft hält sich heraus, der Privatkläger muss deren Aufgaben selbst und auf eigene Kosten wahrnehmen. Bis zum Urteil kann das Gericht die Sache jederzeit wegen geringer Schuld einstellen. In den meisten Fällen erweist sich die Privatklage als kostenintensiver, wenig erfreulicher und selten erfolgreicher Weg, sein Recht zu suchen. Der Kläger wird von vornherein eher als uneinsichtiger Rechthaber denn als Opfer angesehen. Die Verfahren enden fast immer in der Enttäuschung.

Merkwürdig! Warum sind wir so tief verletzt, wenn uns ein anderer verachtungsvoll behandelt, und verachten zugleich diejenigen, die sich auf formellem Weg, also über eine Strafanzeige, Genugtuung verschaffen wollen?

Das »Rechtsgut«, also der Schutzgegenstand der Beleidigungsdelikte ist – jedenfalls im Kern – die »Ehre«. Dieser Gegenstand erschließt sich aus dem Gesetz selbst nicht, seine Bedeutung wird vielmehr schon vorausgesetzt. Für die meisten Menschen ist das kein Problem, denn fast jeder ist sich sicher zu wissen, was »Ehre« ist – jedenfalls was der eigenen, persönlichen Ehre unterfällt. Schwieriger wird es in Randbereichen, wie etwa der »Ehre Verstorbener« oder gar der »Ehre juristischer Personen«.

Ehre ist eine »Zuschreibung«, sagt die Rechtslehre, manche formulieren, sie sei ein »Anerkennungsverhältnis«. Beide Begriffe weisen darauf hin, dass es um eine soziale Eigenschaft geht, also um eine Bewertung, die nur zwischen (verschiedenen) Menschen Sinn hat, dem Einzelnen aber nicht von Natur aus zukommt. Der fiktive Robinson auf seiner Insel also hat Ehre nur deshalb, weil er die Vorstellung davon, dass er sich im Anspruch auf Achtung von seinem Diener und den Kannibalen unterscheide, aus England mitgebracht hat. Auch eine Ehre des isoliert gedachten Bürgers als Partner eines Gesellschaftsvertrags, wie ihn die Philosophen der Neuzeit konstruiert haben, existiert nur aufgrund von wertenden Vor-Annahmen. Denn der Mensch ist von Anfang an ein soziales Wesen, und von Anfang an ist diese Sozialität normativ geprägt, stützt sich also auf Verhältnisse von Erwartungen und Zumutungen, von Erwartens-Erwartungen, auf Erwägungen des Dürfens, Verlangens, Forderns, also der Legitimität von Herrschaft.

Die Vertreibung aus dem Paradies, die sich so oder so in allen Weltentstehungsmythen findet, bezeichnet mit der Formulierung einer Norm (nicht vom Baum der Erkenntnis essen! und dergleichen) den Moment, in welchem der Mensch sich selbst gegenübertritt: normativ, reflektierend. Im Paradies (also im imaginierten Zustand der Natur) gibt es keine Ehre, ebenso, wie es dort keine Feindschaft und keine Vorschriften gibt – nur Ursachen und Wirkungen.

Das Tier also hat keine Ehre. Das klingt provokativ, da wir uns angewöhnt haben, von der »Würde« des Tieres zu sprechen. Aber solche Sprachregelungen sind ja nur Reflexe auf komplizierte Ableitungen: Zum einen hat jene Würde die Menschen nie interessiert, wenn es um die Nutzung von Tieren als Ressource geht. Zum anderen unterscheiden wir feinsinnig zwischen den angeblichen Würde-Stufen: Primaten und Delfine haben viel, Ratten, Heringe und Stubenfliegen ziemlich wenig Würde. Da es der Ratte aber egal sein kann, wie der Delfin behandelt wird, muss sich der Maßstab außerhalb von beiden befinden. Dieser Maßstab sind: wir selbst.

Je menschenähnlicher ein Lebewesen ist, desto mehr sind wir geneigt, ihm Rechte zuzuschreiben und es mit Attributen wie Würde auszustatten. Die Ehre von Regenwürmern und Kakerlaken hat selbst unter sehr naturverbundenen Menschen nur wenige Verfechter. Die Beleidigung von Rosen oder Erdbeeren schließlich trifft nicht diese, sondern ihre Züchter, und Lebewesen wie Giersch, Fadenwurm und Bakterie können sanktionslos unbegrenzt beschimpft werden.

Diese Sicht der Dinge ist, das muss man erwähnen, nicht konkurrenzlos. Wer etwa religiös ist und an einen oder mehrere Götter glaubt, die als subjektive Bewusstheiten zwischen dem Menschen und der Unendlichkeit vermitteln, der behauptet oft einen Wert des Menschen und/oder anderer Lebewesen auf einer scheinbar absoluten Ebene, da er seine Relation und Zuschreibung eben aus der sozialen Beziehungsebene in eine göttliche verlagert: Er denkt sich Gott sozusagen als neutralen Zeugen für die (eigene) Ehre. Da er freilich trotzdem – jedenfalls in sogenannten modernen Religionen – den Menschen nicht mit dem Regenwurm gleichsetzt, wird die Sache kompliziert. Der unter einer (gedacht göttlichen) Normativität lebende Mensch verhandelt sozusagen mit seinen Göttern über Würde und Ehre der Welt und seiner selbst. Das ist die Geschichte von Odysseus, dem Listenreichen.

Dasselbe vollbringt, wer jene Beziehung in eine metaphysische Betrachtung der »Natur« hineinliest: »Ehre« ist danach ein anderer Ausdruck für »Würde«, und diese kommt dem Menschen – lässt man Gott aus dem Spiel – allein deshalb zu, weil er sich diese Frage stellt. Das ist leider ein ziemlich schwacher Ersatz: Dass Ehre letztlich nichts anderes sei als eine Funktion der (Neuro-)Biologie, ist ein armseliges Placebo für die schöne Vorstellung, (ein interessierter) Gott kümmere sich höchstpersönlich darum, dass jedem Einzelnen an Achtung zukommt, was er nach dem Ratschluss ewiger Gerechtigkeit verdient habe. Diese Vorstellung leidet daran, dass die Ewigkeit jener Bewertung seit jeher und ganz offensichtlich über die soziale Struktur der jeweiligen Gesellschaft nicht hinausreicht: Das wäre denn doch ein merkwürdiger Gott, der durch alle Zeit immer nur dasselbe weiß wie die, die ihn anbeten.

Wie auch immer: Beleidigung ist Verletzung der Ehre. Diese ist ein soziales Konstrukt. Sie ist deswegen aber nicht fiktiv, überflüssig oder irrational, sondern ein überaus wichtiger Teil des normativen Kitts, der Gesellschaften zusammenhält. Sie ist Selbst- und Fremdzuschreibung von Verdiensten, Wert, Herrschaft. Daher kann der Inhalt der Ehre nicht von der (jeweiligen) Form der Herrschaft getrennt werden. Wenn dies ein wenig nach dem Marx'schen Verständnis vom Überbau klingt: Genau so ist es gemeint.

Beleidigung ist ein Äußerungsdelikt, setzt also voraus, dass ein Mensch (der Täter) einen »ehrverletzenden« Gedankeninhalt über einen anderen Menschen (das Opfer) gegenüber diesem selbst oder einer dritten Person äußert. Beleidigung setzt gemeinsame Sprache voraus. Hunde und Katzen mögen einander bedrohen, sie beleidigen sich nicht.

Voraussetzung ist also stets ein kommunikativer Akt. Dass eine Person ihre eigene Ehre verletzen könne, ist nur ein sprachliches Bild, das eine Bewertung durch Dritte widerspiegelt. Zu den expressiv-phonetischen kommen unendliche Möglichkeiten der gestisch-konkludenten Beleidigung. Sie beginnen mit winzigen, für Außenstehende kaum wahrnehmbaren Abweichungen von einer Ordnung des Handelns oder Sprechens. Solche als ehrverletzend empfundenen Abweichungen erschließen sich nur aus genauer Kenntnis der kommunikativen Strukturen einer jeweiligen Gesellschaft und ihrer Schichten. Allgemein deutlich werden sie insbesondere in der (zeitlichen und sozialen) Entfernung. Je undifferenzierter die Herrschaft in Gesellschaften verteilt wird, desto offensichtlicher und öffentlicher sind Strukturen einer Ehre als normatives Privileg: etwa in kastenmäßigen, höfischen und religiösen Hierarchien.

Mit den Worten: »Als ich noch Leutnant im … Regiment war«, soll Winston Churchill, ein Angehöriger des englischen Hochadels und gewiss mit allen Feinheiten der Etikette vertraut, einst seinen König beleidigt haben, da er nicht – wie erwartet – formulierte: »Als ich noch die Ehre hatte, als Leutnant im … Regiment Eurer Majestät zu dienen.« Wie rührend!, denkt der aufgeklärte Leser der Gesellschaftsgazette. Aber hundert Jahre früher konnte sogar ein abgespreizter kleiner Finger zum Duell auf Leben und Tod führen. Heutzutage gelten »Bitch«, »Freak« oder »Gangster« vielen als Ehrentitel, die Eigentümer der längsten Jachten der Welt sind froh, wenn sie als »Oligarchen« tituliert werden, und die Polizei macht Werbung für »Bullen«. Die Ehren-Frage, wer bei der Begegnung im öffentlichen Raum den Hut als Erster und wer als Zweiter zu lüpfen habe, scheint in Zeiten der Basecaps Lichtjahre von der Wirklichkeit entfernt, und selbst das Unterbieten sämtlicher Erwartungen an menschenwürdige Kleidung bei hochoffiziellen Anlässen veranlasst schlimmstenfalls noch ein Geschmacks-Bashing in People-Zeitschriften.

Angesichts solcher Beispiele könnte man fast denken, die Ehre habe als soziales Differenzierungsmedium ausgedient. Das stimmt aber nicht. Dagegen spricht nicht nur – theoretisch – ihre Bedeutung als sozialer Sachverhalt. Dagegen spricht auch – praktisch – die ununterbrochene gesellschaftliche Diskussion um Sachverhalte der Ehre. Sie laufen an der Oberfläche, viel mehr aber noch unterhalb dieser Ebene, über Bilder, Identifikationen, Bewertungen.

Ehre ist noch immer verbunden mit zufälligen Gesichtspunkten: Herkunft (im Sinn der Zugehörigkeit zu bestimmten Familien, Clans und dergleichen); sie ist geschlechtsspezifisch, rassenspezifisch, herrschaftsspezifisch orientiert. Im angeblichen Mainstream der westlichen Konsumgesellschaften wird sie nach außen gern verbunden mit Gesichtspunkten wie Konsumkraft (Reichtum), Prominenz, formaler Stellung in Hierarchien, weil dies eine Gleichberechtigung vor dem Schicksal imaginiert. Der Nachteil solch egalitärer Modelle liegt in der Kurzlebigkeit ihrer Maßstäbe, wenn sie keine inhaltliche Orientierung haben: Ob der 80-jährige Milliardär oder seine 25-jährige Gattin mehr Ehre haben, wird öffentlich verhandelt. Propheten und Präsidenten gleichermaßen finden sich im Eintopf ehrverachtender Modernität.

Die Ehre und ihre Bedeutungsformen begegnen uns täglich hundertmal: in endlos wiederholten filmischen Darstellungen von der Ehre des Kriegers über die des Außenseiters bis zur Ehre des geistig Behinderten; von der Ehre der Opfer bis zur Ehre der Täter und der Ehre der Kinder von beiden. Im Knast und bei den Hell's Angels schwadroniert man, wenn es sich ergibt, sogar noch über die Ehre von Harakiri-Suizidenten.

Will sagen: Die Bedeutungsebenen der Ehre scheinen sich im selben Maß aufgelöst zu haben, in dem die normativen Strukturen unserer Gesellschaft erodiert sind. Das ist richtig und falsch zugleich. Vor einhundert Jahren war die Ehre des deutschen Offiziers, des Gutbesitzers, des Fabrikanten oder des königlichen Beamten etwas qualitativ anderes als die Arbeiter- oder Handwerkerehre, die Ganovenehre oder die Ehrbarkeit der allenthalben verschacherten Frauenzimmer. (Wer mag, lese einmal wieder den *Untertan* von Heinrich Mann oder sehe den kongenialen Film von Wolfgang Staudte.)

Und diese Differenzierung betrifft nur die uns vertraute bürgerliche Gesellschaft in der Mitte Europas! Noch hundert Jahre vor deren Triumph war die Ehre eines Adligen von der eines Bauern so unterschieden wie die Natur von Mensch und Ochse, und noch der zwielichtigste Sprössling aus altem Adel hatte mehr Ehre als jeder steinreiche Kaufmann. Heute haben viele vergessen, was meine Urgroßeltern noch als Alltag kannten. Dabei ist es für außerordentlich viele noch heute Alltag: Ihre Ehre bestimmt sich nach Kaste, Stand, Rasse, Geschlecht.

Weil uns die Ehre so unglaublich wichtig ist, weil sie die Bewertung der Person innerhalb der Gesellschaft transportiert, achten wir auf geringste Anzeichen der Ent-Ehrung: Wer uns nicht grüßt, dem schwören wir innerlich Vergeltung. Wer uns in jener Gesellschaft herabsetzt, auf deren Wohlwollen es uns ankommt, ist unser Feind. In Formen, die sich ständig verändern, ist dies alltägliches Geschäft. Aber da unsere Gesellschaft sich in ihren äußeren Formen stetig wandelt und in mancher Hinsicht normativ und sozial unberechenbarer geworden ist, reicht es nicht, alle zwei Jahre einmal nachzuschauen, ob die Parameter noch stimmen: Heute reden wir von zwei Wochen. Das erzeugt Unsicherheiten.

Ein schönes Beispiel ist der Mittelfinger: Schockierend sei, so meint eine durch alberne Kampagnen aufgestachelte Öffentlichkeit, der Beleidigungsgehalt jener Geste, die wahlweise als »Leck mich am Arsch«, »Fick dich selbst«, »Lass mich in Ruhe« oder »Du mich auch« gedeutet werden darf – mit Aussicht auf dreißig weitere Verbalisierungen der Missachtung. Um den Stinkefinger wird eine symbolische Schlacht geschlagen über die Geltung oder Nichtgeltung von verbindlichen Strukturen der Ehre und über die Formen der Verletzung. Diese Schlacht ist an der Oberfläche längst verloren. Auch das Schauspiel ist, wie groß auch die Schlagzeilen sein mögen, verlorene Mühe: Im Grunde weiß jede(r), dass zwischen dem Stinkefinger des Mannschaftsführers Effenberg, des Kandidaten Steinbrück und des griechischen Finanzministers (falls nicht gefälscht) kein sinnhafter Zusammenhang besteht.

Noch lustiger ist die Diskussion darüber, ob die Verweigerung des aus dem 18. Jahrhundert herübergeretteten Langbinders (vulgo: Krawatte) im Jahr 2015 ernstlich als konkludent beleidigende Geste zu verstehen sei. Staatsmänner und Kundenberater von Sparkassen bevorzugen den dreifachen Windsor; Outlaws (Kim Jong-Un, Fidel Castro, Yanis Varoufakis) und Künstler (Karl Lagerfeld, Keith Richards) folgen anderen Inspirationen.

Vom Wolkenreich zurück in die Gosse: Von allen Menschen sind gegen den albernen Stinkefinger erfahrungsgemäß am meisten empfindlich: latent schwule oder sexuell desorientierte junge männliche Einwanderer aus südlichen Ländern sowie deutsche Polizisten mit und ohne Fachhochschulausbildung.

Die Ersteren haben, wie wir wissen, ohnehin große Ehr-Probleme. »Ich ficke deine Mutter/Schwester/Tante

Waltraud« zählt, wie der Strafrichter weiß, zu den absolut bevorzugten Triggern für Gewalttaten aller Art und Schwere. Das Maß der Beschränktheit, mit welcher sich Angehörige einer verachteten Unterschicht auf genau die Mechanismen einlassen, welche sie ausgrenzen, ist immer wieder bemerkenswert.

Die beleidigten Polizisten sind ein Phänomen eigener Art. Sie können das, liebe Leser, ausprobieren, indem Sie im Vorbeigehen oder -fahren Ihren rechten Mittelfinger gegen ein beliebiges Polizeifahrzeug recken. Sie werden eine gemeinhin als kafkaesk bezeichnete Episode Ihres Lebens erleben, die Ihnen einen bleibenden Eindruck von der Wehrhaftigkeit des Rechtsstaats verschafft.

Sie endet, wie sie enden muss: mit 20 bis 40 Tagessätzen Geldstrafe. Aber vielleicht ist es das wert: Am eigenen Leib zu erleben, wie sich Zeichen und Bedeutungen wahllos verselbstständigen können. Wie in einer Kultur des permanenten Herabwürdigens jeder wertvollen menschlichen Eigenschaft, des ununterbrochenen überdimensionierten Verrats, der Erfindung ganzer Industriezweige der Entwürdigung und Verhöhnung sich ein paar Polizeiobermeister und eine Amtsrichterin aufmachen, die Ehre der Polizei, der Ämter und des Staates selbst zu verteidigen gegen die Missachtung der durch sie beschützten Bürger.

NS-Verbrecher und die Beihilfe

Im Juli 2014 ist in Lüneburg der 94-jährige Angeklagte Oskar Gröning wegen Beihilfe zum Mord in mindestens 300 000 Fällen zu einer Freiheitsstrafe von vier Jahren verurteilt worden. Die Zeitung *Die Welt* fand, dies sei ein »unmenschlich (!) hartes« Urteil. Andere fanden, der Angeklagte sei, insgesamt, recht günstig davon gekommen. Das Urteil ist noch nicht rechtskräftig. In den Leserbriefspalten und sozialen Netzwerken tobt der Kampf der Giganten um die Gerechtigkeit des Urteilsspruchs. Unter dieser schützenden Kuppel meldeten sich erneut Weltenblinde zu Wort, die zur Kenntnis gaben, ihrer Ansicht nach habe in Auschwitz überhaupt keine »Tat« stattgefunden, zu der Herr Gröning Beihilfe geleistet haben könnte.

Nun gut: Über die Berechtigung der Strafbarkeit dessen, was die öffentliche Meinung bedauerlicherweise – und zwar aufgrund jahrelanger journalistischer Verdrehung und Einfalt – »Auschwitzlüge« nennt, obwohl doch die Täter und ihre Apologeten dieses Wort selbst erfunden hatten, um Verwirrung zu stiften und die Opfer zu verhöhnen, mag man streiten. Aber natürlich nicht über die Wirklichkeit des Offenkundigen: Dass die Behauptung, die Erde sei eine Scheibe, nicht strafbar ist, ändert an ihrem geistigen Null-Gehalt nicht das Mindeste.

»Wer vorsätzlich einem anderen zu dessen vorsätzlich begangener rechtswidriger Tat Hilfe geleistet hat«, so sagt es Paragraf 27 des Strafgesetzbuchs, ist ein »Gehilfe«. Er wird »wegen Beihilfe« bestraft: »nach der Strafdrohung für den Täter«. Seine Strafe muss aber zwingend gemildert werden. Daran hat sich seit 1871 wenig geändert (Paragraf 49 Reichsstrafgesetzbuch 1871); es wurde nur das frühere Erfordernis der »Wissentlichkeit« gestrichen, also die Strafbarkeitsschwelle von »direktem Vorsatz« (Wissen) auf »bedingten Vorsatz« (Für-möglich-Halten und billigend In-Kauf-Nehmen) gesenkt.

Das beschäftigt die Juristen, spielt aber in der Praxis keine besonders große Rolle. Hier geht es vielmehr darum, wo die Grenze verläuft zwischen dem Täter und demjenigen, der ihm Hilfe geleistet hat. Eine ganz besondere Duftnote erlangte das Recht der Beihilfe im Jahr 1968 im Zusammenhang mit der Verjährung von NS-Taten. Wir kommen unten darauf zurück.

Zunächst ist zu klären, was »Beihilfe« überhaupt ist: Sie setzt »die Tat eines anderen«, also eine fremde strafbare Tat voraus; man kann also nicht sich selbst Beihilfe leisten. Die fremde Tat muss »vorsätzlich« begangen werden. Fahrlässigkeit reicht nicht aus. Der Gehilfe muss ebenfalls vorsätzlich handeln: Er muss die fremde Tat kennen (oder für möglich halten), und er muss wissen (oder für möglich halten), dass seine eigene Handlung (Tun oder Unterlassen) diese fremde Tat fördert. Das Motiv des Gehilfen ist gleichgültig; ebenso, ob der Täter der Haupttat von der Beihilfe weiß.

Nach Ansicht der Rechtsprechung und der herrschenden Meinung ist es auch nicht erforderlich, dass die Beihilfe für die Vollendung der Haupttat kausal ist; es reicht aus, dass sie sie irgendwie fördert, sei es durch objektive Unterstützung, sei es durch psychische Bestätigung des Haupttäters. Ein Fallbespiel: Die Drogenkuriere A und B sind mit fünf Kilogramm Heroin von Kanada auf dem Luftweg nach Frankfurt. Der Gehilfe C, der sie abholen soll, wird plötzlich krank und ruft X, den Chef, in Chicago an. X fragt bei Herrn Y an, ob er statt C die Kuriere abholen könne; Y sagt zu und fährt zum Flughafen, wo er festgenommen wird. In Wahrheit war die Sache nämlich schon lange aufgedeckt und das Heroin beschlagnahmt. Frage: Ist Y wegen Beihilfe zur Einfuhr zu bestrafen? Wegen Beihilfe zum Handeltreiben? Oder gar nicht? Hat er ein Wahndelikt begangen, also sich nur eingebildet, dass er etwas Verbotenes tue? Oder einen Versuch der Beihilfe (der straflos wäre)?

Der Fall ist, das gebe ich zu, nichts für Laien. Aber er zeigt, über was der Bundesgerichtshof nachdenkt, wenn es heute um »Beihilfe« geht.

Damit sind die groben Umrisse beschrieben. Noch nicht geklärt ist aber, wie man die Haupttat und die Beihilfe überhaupt voneinander abgrenzt. Wenn A und B gemeinsam einen Diebstahl begehen, indem A in eine Wohnung einsteigt und B Schmiere steht: Sind dann beide Mittäter? Ist B also ein Täter des Diebstahls oder doch nur Gehilfe des Täters A? Diese Unterscheidung beschäftigt die Strafrechtswissenschaft seit vielen Jahrzehnten. Aus der unendlichen Reihe von höchstrichterlichen Urteilen will ich zwei besonders spektakuläre zitieren.

Das Reichsgericht, Vorgänger und Erblasser des Bundesgerichtshofs, hatte im Jahr 1940 folgenden Fall zu entscheiden: Eine Frau A gebar ein uneheliches Kind. Die

Angeklagte B, Schwester der Kindsmutter, tötete dieses Kind auf Bitten ihrer Schwester, indem sie es unmittelbar nach der Geburt im Nebenzimmer in eine Badewanne legte und ertränkte.

Die Rechtslage war damals so: Die Tötung eines lebend geborenen Kindes war »Totschlag« (Strafe: lebenslang). Eine Tötung mit Vorbedacht und Überlegung war »Mord« (Strafe: Todesstrafe). Die Tötung eines neugeborenen Kindes durch die Kindsmutter im Zusammenhang mit der emotionalen Belastung durch die Geburt war (übrigens bis 1998!) aber ein minder schwerer Fall des Totschlags (Strafe: zwei bis fünfzehn Jahre). Für die im wahrsten Sinne des Wortes lebensentscheidende Unterscheidung zwischen zwei Jahren (bei psychischer Beeinträchtigung noch ein bisschen weniger) und Todesstrafe kam es also darauf an, ob die Kindsmutter A die Täterin war und wie man die Handlung der Schwester B einordnete.

Spontan werden Sie vermutlich sagen: Dass jedenfalls die Schwester B Täterin ist, ist selbstverständlich, denn sie hat das Kind ja eigenhändig getötet. Die Kindsmutter A mag Mittäterin oder Anstifterin sein. Anders sah es das Reichsgericht: Voll Mitgefühl für die Schwestern (vielleicht), aber in voller Übereinstimmung mit der Nazi-Strafdoktrin, der der »böse Wille« alles, die tatsächlichen Umstände wenig bedeuteten, entschied es die Frage nach einer extrem subjektiven Formel: Täter ist, wer die Tat »als eigene will« und ein Interesse daran hat; Gehilfe, wer die Tat »nicht als eigene, sondern als fremde will« und nur diese fremde Tat unterstützt.

Damit kam man im konkreten Fall auf folgende als gerecht angesehene Lösung: Die Mutter A ist Täterin (obwohl sie nur angestiftet hat!). Weil sie aber die Kindsmutter war, wurde sie bevorzugt behandelt. Schwester B, obgleich sie den Tatbestand der Tötung mit eigenen Händen vollständig erfüllt hatte, war dagegen nur Gehilfin: Ihre Strafe richtete sich nach der gemilderten Strafe der Mutter und war darüber hinaus noch einmal zu mildern.

Im Staschinsky-Fall (ein Urteil des Bundesgerichtshofs vom 9. Oktober 1962) ging es um einen Agenten der UdSSR, der in Berlin in den Jahren 1957 und 1959 im Auftrag des KGB zwei unliebsame Exilpolitiker ermordete. Das Landgericht Berlin und ihm folgend der Bundesgerichtshof entschieden, Täter der Morde sei allein der in Moskau residierende Chef des KGB, denn »Täter ist, wer die Tat als eigene will«. Dagegen sei Herr Staschinsky nur dessen Gehilfe gewesen; er wurde mit acht Jahren Freiheitsstrafe bestraft.

Beide Urteile werden heute als unvertretbar und falsch angesehen. Sie ergingen im Namen und zur Erreichung einer Gerechtigkeit, die im ersten Fall von menschlichem Mitempfinden, im zweiten Fall von den politischen Zweckmäßigkeiten des Kalten Kriegs bestimmt war. Mit Strafrechtsdogmatik hatten sie auch zu tun. Sie entsprachen aber insoweit in ihrem Kern einem Strafrechtsdenken, das zunächst seit Beginn des 20. Jahrhunderts immer mehr Anhänger gefunden und schließlich 1933 an die Macht gekommen war: ein extrem subjektives, auf Absichten und Gesinnung abstellendes Recht, das als Kern der Schuld nicht die Verletzung von Rechtsgütern oder die Auflehnung gegen die staatliche (Gesetzes-)Ordnung ansah, sondern die »sozialschädliche Gesinnung«. In der extremen Umsetzung dieser Auffassung war ein kaltblütiger Mörder bloß als »untergeordneter Gehilfe« mit einer Bagatellstrafe zu belegen, umgekehrt der bloße Teilnehmer an einer »volksschädlichen« Tat mit dem Tod zu bestrafen.

Dieses »Gesinnungsstrafrecht«, von dem sich die Justiz der Bundesrepublik – auf Anweisung der Alliierten – in Sonntagsreden ab 1949 empört distanzierte, bildete eine überaus erfreuliche Grundlage für die sogenannte Aufarbeitung des nationalsozialistischen staatlichen Unrechts: Ermordung von Angehörigen von Minderheiten; völkerrechtswidrige Verbrechen in eroberten Ländern; Tötungen und Folterungen von Oppositionellen; Morde und Freiheitsberaubungen durch Scheinjustiz und so weiter.

Bei all diesen zahllosen Taten stellte sich – ganz ähnlich wie später in anderen Fällen – die Frage, wer eigentlich Täter und wer Gehilfe gewesen sei. Hatten die Herren Hitler, Himmler und Heydrich all die Verbrechen als Täter ganz allein vollbracht oder vielleicht umgekehrt sich am Ende gar nicht – oder nur als Gehilfen ihrer eigenen Untergebenen schuldig gemacht, da sie selbst doch niemanden erschossen oder gequält, sondern nur in Wannsee und sonstwo herumgesessen und Reden geschwungen oder Unterschriften geleistet hatten? Oder waren umgekehrt die vielen Zehntausenden von Grönings, die Angehörigen der Einsatzgruppen, die KZ-Wärter, die stolzen Buben der Totenkopf-Verbände, die Angehörigen der Geheimen Staatspolizei, die Journalisten und Einpeitscher, die Blockwarte und Denunzianten, die Karrieristen und Theoretiker, Claqueure und Nutznießer, allesamt nur winzig kleine Rädchen im Getriebe gewesen, wie ihnen nach 1945 plötzlich einfiel, nachdem sie doch zwölf

Jahre lang eine ganz andere Meinung von sich gehabt hatten?

In den Jahren 1945 fortfolgende besah sich der Deutsche selbst, nicht heimgekehrt, sondern zusammengekehrt auf dem Boden seines Schweinestalls: weinerlich und erbärmlich, selbstmitleidig und chauvinistisch wie eh und je. Die SA-Uniformen waren kaum im Ofen verbrannt, da war der Deutsche schon wieder das Opfer der Geschichte: des Russen, der Vertreibung, der Bombennächte. Die deutsche Frau vergewaltigt! Der deutsche Gutsbesitzer vom Ostseestrand und aus dem schönen Böhmen vertrieben!

Gut, dass es Günther Pfitzmann gab und Curd Jürgens, Hanns Lothar und Heinz Rühmann! Sie haben dem deutschen Volk in der Gnade ihrer Kunst gezeigt, dass es eine Ehre war, seine Pflicht zu tun vor Leningrad und in den Ardennen. Ganz wichtig dabei: bis zum Schluss! Bis zum Tod! Bis zur Leberzirrhose. Si fractus illabatur orbis, impavidum ferient ruinae: Und wenn auch die ganze Welt zusammenstürzte, so träfen die Trümmer doch einen Ungerührten.

So ging es an die Aufarbeitung, die ein einziger Versuch eines krakeligen Schlussstrichs war: ächzend, endlos, verlogen. Nürnberg war Siegerjustiz – notwendig, unverständlich, egal. Hinweg mit den paar Tempelhelden! Nur einer verfaulte noch vierzig Jahre lang bis zu seinem Suizid im Resozialisierungsknast der Bundesrepublik: Rudolf Heß. Zur Sühne und zur Abschreckung; ein symbolisches Opfer für die Opfer und das internationale Gewissen.

Die Masse der Verbrecher war auf diese Weise fein raus: Man nahm einfach den Badewannenfall und den

Staschinsky-Fall und die subjektive Theorie. Die deutsche Justiz, bis zum Bundesgerichtshof durchseucht von Nazis, hielt das Strafrecht aus der Aufarbeitung heraus, indem sie die überwältigende Anzahl der eigenhändigen Mörder kurzerhand zu Gehilfen der Haupttäter erklärte. Diese waren bedauerlicherweise alle gefallen oder hatten sich selbst gerichtet, wie man erfuhr (nun gut: Eichmann, Barbie, Mengele und Tausende andere – ein paar Ausrutscher kommen überall vor; wer wollte da rechten?).

Wollten die KZ-Mörder oder die Einsatzgruppen-Mitglieder ihre mit eigenen Händen vollbrachten Taten als eigene Taten bewertet wissen? Sie erforschten, höflich befragt, ihre Gewissen und gaben dem deutschen Volk ihr Ehrenwort: Nein! Natürlich nicht! Die Organisation war rational und bürokratisch, wie es halt zugeht in einer Fabrik. Will der Arbeiter bei Dunlop den Reifen als eigenen zugerechnet haben? Ich hoffe: Nein. So ähnlich ging's, wie man erfahren durfte, auch im KZ zu: mal fröhlich, mal besinnlich, mal peinlich. 20 Uhr war Schichtende und jeden zweiten Sonntag frei. Sonderzulage und Eisernes Kreuz soundsoviel und nebenbei ein paar krumme Geschäfte und kostenlose Vergewaltigung von Jüdinnen. Das hat doch nichts mit Mordmerkmalen zu tun!

Einer, der sich um die Aufarbeitung der Beihilfe in besonderer Weise verdient gemacht hat, war der Ministerialdirigent Eduard Dreher, ein tüchtiger Jurist und berühmter Strafrechtskommentator. Er war seit 1937 NSDAP-Mitglied und ab 1940 Erster Staatsanwalt beim Sondergericht Innsbruck. Karoline Hauser, Josef Knoflach und Anton Rathgeber sind die Namen dreier seiner Opfer. Rathgeber, früher mehrfach ausgezeichneter und verwundeter Frontsoldat, wurde am 27. April 1944 zum Tode verurteilt, weil er nach Bombenangriffen »geplündert« hatte. Seine Beute bestand aus verschmutzten Kleidungsstücken, einem leeren Koffer und einem Segeltuchsack. Er war wegen Diebstahls vorbestraft: Sechs Jahre zuvor hatte er seinem Arbeitgeber dreieinhalb Pfund Kaffee zum Eigenverbrauch gestohlen. Staatsanwalt Dreher beantragte die Todesstrafe. Die Verteidigung, das Gericht (!) und der Arbeitgeber stellten Gnadengesuche. Dreher, Vertreter des Generalstaatsanwalts, lehnte diese ab und beantragte erfolgreich erneut die Todesstrafe.

Er wurde 1947 entnazifiziert, arbeitete kurz als Rechtsanwalt und dann von 1951 bis 1969 an zentralen Stellen im Bundesministerium der Justiz, zuletzt als Unterabteilungsleiter. Bis zu seinem Tod 1989 beharrte er darauf, stets nur das Notwendige und Pflichtgemäße getan zu haben.

Im Jahr 1968 widerfuhr ihm eine gar wundersame Panne: Anlässlich der Einführung des Ordnungswidrigkeitengesetzes wurde unter Leitung von Dreher eine Vorschrift des Strafgesetzbuchs geändert, die das Verhältnis der Strafen von Haupttätern und Gehilfen regelt(e): Wenn einem Gehilfen ein »besonderes persönliches Merkmal« fehlt, dessen Vorliegen beim Haupttäter die Strafe begründet, dann muss die Gehilfenstrafe gemindert werden.

Klingt schwierig, ist aber einfach. Nehmen wir den Mord: Das ist ein Totschlag, der durch besonders erschwerende Merkmale gekennzeichnet ist, beispielsweise Heimtücke, niedrige Beweggründe, Habgier, Grausamkeit. Es traf sich gut, dass die Rechtsprechung – damals wie heute – annimmt, diese Merkmale seien nicht straferhöhend, sondern strafbegründend, der Mord sei also ein völlig anderer Tatbestand als der Totschlag. Das ist zwar ersichtlicher Unsinn, gilt aber bis heute. Weil das so war, waren die Mord-Taten der Nazi-Haupttäter (siehe oben: Himmler, Heydrich …) durch »strafbegründende persönliche Merkmale« geprägt. Eine Vielzahl von Gehilfen – darunter Schreibtischtäter, aber auch KZ-Wärter, Einsatzgruppen-Mitglieder, Soldaten – hatten solche Merkmale nicht (bzw. bestritten sie und konnten – angeblich – nicht überführt werden): Sie handelten nicht etwa aus niedrigen Beweggründen (Rassenhass), sondern allesamt allein auf Befehl und in Ausübung ihrer Pflicht.

Schwupps: Schon war der Strafrahmen für einen großen Teil der Gehilfen gemindert. Das allein hätte für einen Skandal schon ausgereicht, der die ganze damalige Regierung Kiesinger hätte hinwegfegen müssen. Seine wahre Leuchtkraft als Panne des Jahrhunderts erhielt es aber erst durch die Vorschriften über die Verjährung: Die Verjährungsfrist richtet sich nach der (abstrakten) Strafdrohung der Delikte. »Besondere Milderungen« sind dabei nach heutigem Recht nicht zu berücksichtigen – wohl aber nach dem Recht des Jahres 1968.

Und so kam es, dass in einer sagenumwobenen Sitzung des Jahres 1968 in der Unterabteilung des Herrn Doktor Dreher im Bundesministerium der Justiz irrtümlich ein Gesetz konzipiert wurde, das dazu führte, dass am 1. Oktober 1968 schlagartig alle Beihilfe-Taten von NS-Verbrechern verjährt waren. Die Akten gegen die Sondereinsatzgruppen und Tausende von Mördern konnten in den Müll wandern. Eduard Dreher, unübertrefflicher Kenner der Strafrechtsdogmatik, hat die Panne natürlich sehr bedauert. Er konnte sich gar nicht erklären, wie so etwas passieren konnte. Die Akte über die entscheidende Sitzung – mit der Anwesenheitsliste der Beteiligten – ist tragischerweise seither verschwunden.

Meine eigenen »Spätgeborenen«-Erfahrungen mit den Gehilfen lassen sich in zwei Bemerkungen zusammenfassen: Einer meiner drei amtlichen Vornamen ist Günther. Er wurde mir, ohne meine Einwilligung, verliehen im Gedenken an Günther H., den Lieblingsneffen meiner Mutter, Mitglied der Division Totenkopf der Waffen-SS, in Russland geblieben, wie es hieß. Sein Foto stand auf dem Klavier.

In Vertretung des verstorbenen Vaters ließ 1967, zwecks Motivation zu Ordnung und Fleiß, ein Freund der Familie, vom Iwan seiner ostpreußischen Existenz beraubt, mich fünfzig Liegestütze machen überm aufgeklappten Taschenmesser, rief »Ein kleiner Hitler muss her!« und musste manchen Cognac trinken, um die Aufregung zu verdauen. Die Gattin hieß Viola und spielte entzückend irgendein Instrument.

Dann aber 1989! Zusammenbruch eines Unrechtsstaats auf deutschem Boden! Verbrechen waren aufzuarbeiten: politisch motivierte Morde, willkürliche Inhaftierungen, Folter, Geheimnisverrat. Der deutsche Rechtsstaat entsandte 5000 Juristen in den Osten, um mit dem Unrecht aufzuräumen. Und stieß auf ein seltsam vertrautes Problem: Wer waren eigentlich die Täter der Erschießungen an der Mauer, der Hinrichtungen in Bautzen II und der Psychiatriesierungen von Oppositionellen? Und wer waren die Gehilfen?

Dann kam, vierzig Jahre nach der Schmach seiner Nachkriegsrechtsprechung, endlich der Bundesgerichtshof und räumte auf mit den Schatten der Vergangenheit: Versagt hätten die Richter-Kollegen vor vierzig Jahren vor den Anforderungen der Gerechtigkeit, entschied er, sodass die ganze erste Aufarbeitung ein einziges bedauerliches, beschämendes Scheitern gewesen sei.

Jetzt also die richtige Dogmatik: »Zurechnung in organisatorischen Machtapparaten« nannte man das oder »Täter hinter dem Täter«. Rechtsfolge: Mauerschützen = Täter, aber auch Politbüro-Hintermänner = Täter! Wer die staatliche Struktur so organisiert, dass in einer strikten Hierarchie ein unmittelbarer Weg vom politischen Willen bis zum heimtückischen Mord führt, ist Täter des Mordes und nicht etwa nur sein Anstifter oder Gehilfe. Und wer mit eigenen Händen Menschen tötet oder foltert, ist kein Gehilfe.

Das ist ein Wort! Aus lauter Freude darüber nehmen wir die weltgeschichtliche Peinlichkeit seiner Verspätung in Kauf.

Die Dogmatik der Beihilfe ist für Laien schwer verständlich. Von der »subjektiven Theorie« der Nazis und ihrer Verschleierer haben wir uns getrennt. Heute heißt das Zauberwort »Tatherrschaft«. An diesem Begriff differenziert die Strafjustiz und die Strafrechtswissenschaft (in ihrer Mehrheit) die Abgrenzung zwischen »Tätern« und »Teilnehmern«.

Unstreitig ist heute: Wer alle Merkmale einer Straftat selbst verwirklicht, kann nur Täter, nie aber Gehilfe sein. Das bloße »Wollen der Tat als fremde« nützt also gar nichts. Darüber hinaus ist fast alles streitig. Die Kriterien der Täter-Stellung sollen sein: Herrschaft über den Tatablauf, Interesse am Taterfolg, Kenntnis der Einzelheiten der Tat. Alle drei Kriterien sind im Einzelfall unterschiedlich verteilt. Ist der Drogenkurier, der als letzter Handlanger einer Bande für ein Trinkgeld ein Kilogramm Kokain im Körper von Kolumbien nach Deutschland schmuggelt, Täter der unerlaubten Einfuhr? Ist er auch Täter des unerlaubten Handeltreibens mit Kokain? Wie ist es mit Täterschaft und Gehilfenschaft in großen Unternehmen? Über solche Fälle hat der BGH jede Woche vielfach zu entscheiden; die Entscheidung ist nicht immer leicht, weil jeder Fall ein wenig anders liegt.

Das Landgericht Lüneburg hat entschieden, der Angeklagte Gröning sei nicht Täter der KZ-Morde gewesen, sondern nur Gehilfe. Die Frage ist streitig, das Urteil nicht rechtskräftig. Deshalb will ich zu dieser Rechtsfrage nichts sagen. Dasselbe gilt für die nun gelegentlich diskutierte Frage, ob die konkrete Tätigkeit des Angeklagten überhaupt die Schwelle zur Beihilfe überschritten habe oder als bloße (straflose) »Mitwisserschaft« einzuordnen war.

Auf der Grundlage der Feststellungen und Bewertungen des Landgerichts ist der Rest eine ziemlich einfache Frage der Strafzumessung. Diese hat nach den allgemeinen Regeln zu verlaufen. Gesichtspunkte wie Zeitablauf, früheres Justizversagen, hohes Alter sind selbstverständlich zu berücksichtigen, wenn sie gegeben sind; Verhältnismäßigkeit als übergeordneter Gesichtspunkt – was immer sie im Einzelfall bedeuten mag – ist bei jeder staatlichen (Straf-)Entscheidung zu prüfen.

Abwegig erscheint mir daher die Ansicht, der Angeklagte habe wegen seines hohen Alters freigesprochen werden müssen. Was soll denn das für ein Schuldgesichtspunkt sein? Aus dem Honecker-Verfahren wissen wir, dass im Extremfall, wenn die Lebenserwartung eines Angeklagten so gering ist, dass die Fortführung eines Strafprozesses nur noch eine bloße Form wäre, eine Verfahrenseinstellung – aber natürlich kein Freispruch – in Betracht kommt. Im Münchener Fall des KZ-Helfers Demjanjuk war dies nicht der Fall: Der Angeklagte war alt und krank, lag aber nicht im Sterben.

Hohes Alter macht nicht unschuldig. Ob es haftfähig macht, ist eine andere Frage, die mit dem Schuldspruch nichts und mit dem Strafausspruch nur mittelbar zu tun hat. Gelegentlich – selten – fügen alte Männer als Sexualstraftäter kleinen Kindern schwerste Verletzungen und Schäden zu. Würde Volkes Stimme hier dafür plädieren, solche Täter freizusprechen, wenn sie älter sind als 80 oder 85 Jahre?

Was allemal übrig bleibt, ist die Schande für die deutsche Justiz, mit einer strafrechtlichen Aufarbeitung der NS-Verbrechen (und ihres eigenen Anteils daran!) ernsthaft erst begonnen zu haben, als die aus jener Zeit in Würden und an der Macht Gebliebenen verschwunden waren und es ohne Gefahr (für das eigene Fortkommen) möglich war, die alten Akten hervorzuholen. Trotzdem sollte man nicht den Fehler machen, dies als belanglosen – weil kostenlosen – Pseudo-Mut abzutun. Die deutsche Gesellschaft und die deutsche Justiz haben sich in Jahrzehnten mühsam (und noch immer unvollendet) von den Schatten der Vergangenheit befreit. Von einem Schlussstrich kann heute so wenig die Rede sein wie vor fünfzig Jahren. Er ist erst gezogen, wenn unsere Nachkommen nicht mehr an ihn denken.

Beate Klarsfeld, die den Alt-Nazi und Bundeskanzler Kurt Georg Kiesinger, Leitender Beamter im Reichsaußenministerium, am 7. November 1968, einen Monat nach Inkrafttreten von Drehers »kalter Amnestie« für die Mord-Gehilfen, öffentlich ohrfeigte, wurde noch am selben Tag in einem beschleunigten Verfahren zu einer Freiheitsstrafe von einem Jahr (ohne Bewährung) verurteilt.

Am 20. Juli 2015 wurde ihr das Bundesverdienstkreuz 1. Klasse verliehen.

Im Zweifel gegen die Freiheit?

Wollte man eine Ranking-Liste all jener Themen aufstellen, bei denen die Meinung der Mehrheit im Volk von der ihrer Politiker signifikant abweicht, so stünde die sogenannte Sterbehilfe sicherlich auf einer der ersten Plätze: Mindestens drei Viertel der Bürger meinen, die Verfügung über den eigenen Tod solle in weitem Umfang freigegeben werden; die Politiker dagegen beschwören angebliche Bedrohungen der zivilisatorischen Grundlagen und verschanzen sich hinter hohen Mauern des Expertenwissens. Kulminationspunkte eingeschränkten gegenseitigen Verständnisses bilden dann oft Aussprachen im Deutschen Bundestag, in denen – was schon wochenlang zuvor aufgeregt angekündigt wird – »der Fraktionszwang aufgehoben« ist. Das bedeutet bekanntlich, dass die Abgeordneten sagen dürfen, was sie tatsächlich denken. Das Grundgesetz meint hierzu, Abgeordnete seien *stets* »Vertreter des ganzen Volkes, an Aufträge und Weisungen nicht gebunden und nur ihrem Gewissen unterworfen« (Art. 38 Abs. 1 GG). Der »Fraktionszwang« kommt in unserer Verfassung nicht vor, auch nicht ein bisschen oder auch nur sinngemäß.

Holla!, denkt sich der Demokratie-erfahrene Bürger bei solchen Ankündigungen: Da wird es wohl wieder einmal um die allerletzten Dinge gehen! Das sind dann natürlich nicht Fragen nach Krieg oder Nichtkrieg, nach Atomkraft oder Ausstieg, auch nicht nach der Zukunft der Weltwirtschaft, nach der Generierung von Billionen Euro an Spielgeld, die ganz bestimmt schon bald zur Vollbeschäftigung in Südeuropa führen wird. Bei Abstimmungen über diese Fragen ist der Fraktionszwang nicht aufgehoben.

Der Moment des Menschseins, des Bekenntnisses, gelegentlich selbst ein Moment tränenbekränzter Rührung über die eigene Tiefgründigkeit ist vielmehr immer dann gekommen, wenn es um Beginn und Ende des Lebens geht – also beim Thema Abtreibung oder Sterbehilfe. Tremolo ist erlaubt, wenn nicht gar im Drehbuch vorgesehen. Denn siehe: Wir alle müssen sterben. Am Anfang wie am Ende der Debatte stehen Entwürfe »jenseits der Fraktionsgrenzen«, in jedem Fall aber die feierliche Feststellung, heute habe man einmal »ernsthaft und mit gegenseitigem Respekt« diskutiert. Da freut sich der repräsentativ vertretene Bürger: Immerhin.

Für die Bildredaktionen der Presse ist die Bebilderung des Themas Sterbehilfe eine Routineaufgabe. Eine Hand, wächsern, bleich, fleckig, die Finger gekrümmt und fragil. Gern eine Kanüle in die Vene des Handrückens eingestochen und mit weißem Pflaster verklebt. Der Arm, der diese Hand führt, ragt aus einem Gitterbett. Im Hintergrund, unscharf, blinken die Lichter der Apparatemedizin. Die Hand hat ein Ziel gesucht und gefunden und ruht in einer anderen. Diese ist jung, aber erfahren; stark, aber sensibel; lebenstüchtig, aber zugewandt.

So weit, so albern. Als Nächstes stellt sich die Frage: Welche der beiden Hände ist eigentlich die Ihre, Leserinnen und Leser? Ich bin mir ziemlich sicher, dass wir uns rasch einig werden: Sie und ich sind selbstverständlich die junge Hand, die »helfende«. Die andere, die »sterbende«, gehört einem namenlosen alten Menschen in der letzten Phase des Welkens. Beides kombiniert, ergibt die Antwort auf die Frage, wonach der Sterbende wohl sucht: nach Verständnis, Trost und Liebe. Nach uns!

In diesem Moment wollen wir ihn auffangen im letzten Vollzug seines Lebens. Kurz sind wir ihm nah. Ein paar Stunden lang können wir den Gestank ertragen, die Windeln, die Einsamkeit, die Langeweile, die Angst, die Idiotie. Wir empfinden Mitgefühl angesichts der Urinflaschen, der beigen Linoleum-Böden, der Stuhlkreise beim endlosen Warten zwischen Mittagessen und Kaffeetrinken!

Unangenehm ist das Hereingrätschen der Erkenntnis, dass wir uns in diesen Bildern immerzu, unausweichlich und auf furchtbar banale Weise selbst begegnen. Wir wissen das natürlich in den Tiefen unserer Seele und betrügen uns trotzdem. Und das kommt daher, dass wir große Angst haben. Sehr, sehr, sehr große Angst. Erleichtert verlassen wir das Pflegeheim und wenden uns dem Leben zu; an der nächsten Ampel haben wir den Tod schon fast wieder vergessen. Und aus dieser Entfernung gönnen wir den Alten und Todgeweihten ihre letzten Liederkränze, das finale Basteln und die kleinen Zärtlichkeiten aus den Händen thailändischer Bauerntöchter oder polnischer Zauberfeen, die für 13 Euro brutto die Stunde – also nun wirklich teuer genug! – unsere Lieben Tag und Nacht durchs Sterben führen, bis dahin, wo wieder unsere ganze deutsche ärztliche Kunstfertigkeit zum zwanzigfachen Preis gefordert ist: zur Palliativmedizin!

In Wahrheit sollten wir daher, solange wir die Zeit und

die Kraft dazu haben, wohl mehr über das eigene Sterben nachdenken als über das der anderen. Vermutlich käme das auch diesen sehr zustatten.

Das also ist der Umkreis dessen, was wir meinen, wenn wir über »Sterbehilfe« sprechen: jede Art von Unterstützung, Hilfe und Zuwendung *beim* Sterben, aber auch *zum* Sterben, also eine Erleichterung oder Beschleunigung des Sterbeprozesses. Diese Sichtweise ist gemeinhin beschränkt auf den Tod derjenigen, die an schweren Krankheiten sterben. Damit ist aber nur ein – wenngleich sehr großer – Teil beschrieben. Denn unter den etwa 800 000 Menschen, die in jedem Jahr in Deutschland sterben, sind auch etwa 10 000, die sich selbst das Leben nehmen; weitere 100 000 versuchen dies. Die Gründe dafür sind vielfältig: Es können Erkrankungen sein, auch psychische Erkrankungen, die den Todeswunsch hervorrufen; schwere Enttäuschungen oder Erschütterungen; Suchterkrankungen; soziale Hoffnungslosigkeit. Wer Menschen, die sich selbst töten, dabei hilft, vollzieht auch eine Art Sterbehilfe.

Beide Gruppen muss man unterscheiden. Beim Nachdenken fällt aber auf, dass Kriterien einer vernünftigen Unterscheidung nicht leicht zu finden sind. Warum eigentlich soll Sterbehilfe erst dann in den Bereich des menschlich Verständlichen oder weithin Tolerierten rücken, wenn die betroffene Person bereits die Kraft und Gelegenheit verloren hat, den eigenen Tod selbst herbeizuführen, um den Sterbeprozess abzukürzen? Warum sollte jemand gezwungen sein, an einer unheilbaren Krankheit so lange zu leiden, bis ihm jede Möglichkeit sich aufzuraffen verbraucht ist und er sich nur noch hilflos in die Hände irgendeines fremden Vertragsarztes eines Pflegeheims begeben kann?

Um das Gesamtproblem verständlich zu machen, muss man einige rechtliche Rahmenbedingungen erwähnen. Diese sind freilich, wie sich zeigen wird, ihrerseits von einer solchen Unklarheit und begrifflichen Verquastheit, dass sie leider mehr zur Verwirrung als zur Klärung taugen.

Der Begriff »Sterbehilfe« wird meist verbunden mit den Attributen »passiv«, »indirekt« oder »aktiv«. Als »passive Sterbehilfe« wird es bezeichnet, wenn der Tod einer unheilbar kranken, im Sterbeprozess angekommenen Person durch (bloßes) Unterlassen weiterer Behandlung akzeptiert und hingenommen wird: Wenn es nichts mehr zu heilen gibt, verkehren sich die wissenschaftlichen Gründe, aus denen man einzelne Funktionskreise des Menschen noch behandeln soll, von Hilfe in Qual. Leider lernen Ärzte in ihrer Ausbildung hierüber fast nichts. Die kalte Wichtigtuerei von menschlich überforderten 40-jährigen Schnöseln mit dicken Kugelschreiber-Taschen, 0,7-er Abitur und panischer Angst vor Nähe zu Menschen muss jeden erschüttern, der einen Tag in einem unserer Krankenhäuser verbringen darf, einem Ort also, an dem wir alles dürfen (warten, uns hinlegen, warten, die Socken ausziehen, schon mal freimachen, schon mal hinlegen, weggucken, warten, warten, warten …), nur nicht Schwierigkeiten machen.

»Indirekte Sterbehilfe« soll es sein, wenn eine Behandlung (Therapie) der Symptome einer (voraussichtlich) tödlichen Krankheit (also Schmerzen, Luftnot, Versagen wichtiger Teile des Stoffwechsels, Angst) mit Mitteln erfolgt, die erfahrungsgemäß zur Beschleunigung des Sterbens führen (also hochdosierte Opiate oder Narkosemittel, die Schmerzen lindern, aber das Versagen zentraler Steuerungen zur Folge haben). »Aktive Sterbehilfe« schließlich soll eine »Tötung auf Verlangen« sein; hier bestehen begrifflich fließende Grenzen zur »Mitleidstötung« (auch ohne Willen des Betroffenen).

Die Zuordnung zu diesen Gruppen entscheidet nach dem Ratschluss von Juristen über Wohl und Wehe – mittelbar über das der Sterbenden, unmittelbar über das derjenigen, die ihnen dabei helfen. Umso schlimmer ist es, dass die genannten Begriffe allesamt vor allem falsch sind. Sie sind nichts weiter als politisch korrekte Umschreibungen von Tabuzonen.

Wäre passive Sterbehilfe nur das Unterlassen nicht erwünschter Behandlung, so wäre die Lage einfach: Denn eine nicht erwünschte Behandlung ist ohne Zweifel verboten. Ein Arzt, der gegen den Willen seines Patienten irgendwelche Eingriffe unternimmt oder Medikamente verabreicht, macht sich wegen Körperverletzung strafbar. Behandlungs- oder Pflegekräfte, die Patienten zu nicht gewollten Behandlungen zwingen, können wegen Nötigung bestraft werden.

Dieser Grundsatz ist gesichert, er beruht auf der Anerkennung der grundrechtlichen Selbstbestimmungsfreiheit des Menschen. Niemand muss eine Behandlung erdulden, die er nicht will. Das gilt auch, wenn das Unterlassen der Behandlung zum Tod führt. Daher darf zum Beispiel ein Altenheim einen Patienten nicht mit Gewalt (z. B. durch Anlegen einer Magensonde) ernähren, wenn er nicht mehr essen, sondern durch Verhungern sterben will; das muss ihm durch angemessene Flüssigkeitszufuhr und Medikation ermöglicht werden.

Schwierig war es lange Zeit, wenn die betroffene Person sich in einem Zustand befand, die eine eigenverantwortliche Entscheidung nicht (mehr) möglich macht(e). Hier haben das Patientenverfügungsgesetz und die Entscheidungsbefugnis von Betreuer und Arzt (bei Widersprüchen: des Betreuungsgerichts) für erfreuliche Klärung gesorgt.

Die sogenannte »passive« Sterbehilfe war schon immer (und ist erst recht seit der grundlegenden Entscheidung des 2. Strafsenats des Bundesgerichtshofs im Jahr 2010) aber auch »aktiv«: Das Geschehenlassen des Todes kann auch durch das Ausschalten eines Beatmungsapparats oder durch das Durchschneiden einer Ernährungssonde oder andere Handlungen erfolgen, die aktiv in das Geschehen eingreifen. Trotzdem sind diese Handlungen straffrei und müssen (!) auf Weisung des Patienten oder seines Betreuers durchgeführt werden. Es ist offensichtlich, dass es sich dabei um ein aktives, täterschaftliches »Töten auf Verlangen« handelt. Die Abgrenzung zur (angeblich) verbotenen aktiven Sterbehilfe ist rein fiktiv; sie beruht auf terminologischen Tabuisierungen und dem puren Wollen, dass die Welt so sei, wie die Begriffe es vorschreiben.

Dasselbe gilt für die sogenannte »indirekte« Sterbehilfe. Sie ist kein bisschen indirekt, sondern in kaum überbietbarer Weise direkt. Die Methode sagt dem Arzt oder Sterbehelfer: Gib dem Patienten so viel Morphium, bis er nichts mehr spürt (wenn er Glück hat), auch wenn er daran stirbt.

Was daran »indirekt« sein soll, vermag kein Mensch zu sagen, der dies nicht als Dogma im zweiten Semester Jura auswendig gelernt hat. Indirekt (ein Begriff, der dem

Strafrecht sonst ganz fremd ist) ist hier nämlich allenfalls der Tötungsvorsatz: Während einer Handlung, von welcher der Arzt genau weiß, dass sie das Leben des Patienten entscheidend verkürzen kann, denkt er, es wäre schön, wenn der Patient diese angesichts seines Zustands eigentlich letale Morphium-Dosis überlebt und schon bald wieder wohlauf ist. Für den Fall, dass das nicht klappt, nimmt der Arzt den forcierten Tod billigend in Kauf. Das nennt man in der Dogmatik der Tötungsdelikte: Totschlag durch aktives Handeln mit bedingtem Vorsatz. In der entrückten Welt der Sterbehilfe-Begriffe darf man es nicht so nennen. Hier gilt es als dermaßen noble ärztliche Handlung, dass noch nicht einmal eine ausdrückliche Einwilligung des Patienten erforderlich ist, falls dieser nicht mehr gefragt werden kann.

In der Wirklichkeit geht es natürlich noch viel weniger indirekt zu. Die Ärzte sind nämlich nicht so dumm, dass sie nicht wüssten, welche Folgen eine bestimmte Medikation mit Sicherheit hat: Jeder der Beteiligten weiß, dass die entscheidende Spritze nicht eine Therapiechance, sondern eine gezielte Erlösung ist. Es handelt sich also um eine direkt vorsätzliche Tötung. Auch das darf man aber nicht sagen, weil dann angeblich der Vorstand der Bundesärztekammer und der selige Hippokrates in Unruhe geraten. Beiden sei gesagt: Und sie bewegt sich doch.

Und schließlich die angebliche Grenze zur Finsternis: »Die aktive Sterbehilfe ist verboten«, so steht es in jedem Lehrbuch und jeder Broschüre. Zur Begründung wird auf Paragraf 216 Strafgesetzbuch verwiesen: Danach wird mit Freiheitsstrafe bis zu fünf Jahren bestraft, wer eine andere Person auf deren ausdrückliches, eigenverantwortlich geäußertes Verlangen hin tötet. Diese aktive Sterbehilfe kann übrigens – ein weiterer Witz – unstreitig auch durch Unterlassen, also rein passiv (!), ausgeübt werden.

Um die Vorschrift zu verstehen, muss gleich wieder eine äußerst feinsinnige Unterscheidung vollzogen werden: Bestraft wird nämlich nur der Täter des § 216 StGB (und dessen Gehilfe oder Anstifter). Wenn aber ein Mensch sich selbst tötet (früher nannte man das »Selbstmord« und brachte damit eine moralische Abwertung der Handlung zum Ausdruck; andere sprechen von »Freitod« und suggerieren damit den Charakter einer intellektuell ausgereiften, bilanzierenden Entscheidung, zu welcher nur die Intelligentesten von uns fähig seien), dann ist das straflos – wer den Suizidversuch überlebt, wird nicht wegen versuchter (Selbst-)Tötung bestraft. Und weil Anstiftung und Beihilfe Formen der »Beteiligung an einer *fremden* Straftat« sind, eine »Haupttat« also voraussetzen, sind Anstiftung und Beihilfe zum Suizid nicht strafbar, denn es gibt ja keine strafbare Haupttat.

Das führt dazu, dass die Beihilfe zur Selbsttötung seit 140 Jahren straflos ist. Hier überschneiden sich Suizid und Sterbehilfe, denn auch ein Arzt, der seinem Patienten ein tödliches Medikament verschreibt oder überlässt, damit dieser sich selbst töten kann, begeht nur eine straflose Beihilfe zum Suizid; dass dies zugleich »Sterbehilfe« heißen kann, ist ganz unerheblich.

Und das gilt nicht nur für Ärzte, sondern für alle Menschen: Wir alle dürfen straflos anderen Menschen bei deren Suizid Hilfe leisten, und umgekehrt darf jeder beliebige Mensch diese Beihilfe uns selbst leisten – bisher. Voraussetzung ist nur, dass der Wunsch zur Selbsttötung eigenverantwortlich und ernsthaft gefasst wurde. Wer einem 17-jährigen Mädchen, das aus Liebeskummer aus dem Leben zu scheiden wünscht, wortlos den Revolver reicht, kann schwerlich straflos sein. Über solche Beispiele muss man nicht ernstlich reden.

Die Grenze der Straflosigkeit ist erreicht, wenn der Gehilfe zum Suizid in Wahrheit der Täter (jener Tötung auf Verlangen) wird. Diese Unterscheidung ist im Grenzbereich (und auf den kommt es ja an) derart feinsinnig und bis in die Einzelheiten unklar, dass man sich davor nicht nur fürchten, sondern erkennen muss, dass die Auswirkung auf die Praxis vielfach zu menschenunwürdigen, absurden Lagen führt: Der Arzt darf dem Patienten das Glas mit Gift hinstellen, ihm aber nicht beim Trinken helfen. Er darf eine Spritze hinlegen, sie aber nicht selbst setzen. Patienten, die zu krank oder zu gelähmt oder zu dement sind, um die Tötungshandlung selbst auszuführen, haben halt Pech gehabt: Sie müssen bis zum bitteren Ende leiden, weil die herrschende Meinung sich einer Täterschaftstheorie angeschlossen hat, die dies angeblich fordert. So wird aus dem Lebensschutz durch das Strafrecht der Schutz sinnloser Qual und die Verachtung der Selbstbestimmung.

In diesem für Fachleute schwer, für Laien gar nicht überschaubaren Dschungel von Verdrehungen, Beschönigungen und Verleugnungen kann nichts Gutes gedeihen. Die bloße Existenz eines solchen Zustands der Verwirrung, Angst und Tabuisierung ist ein gesellschaftlicher Skandal, vor dem die Polittheater des Tagesgeschäfts wie Witz-Veranstaltungen wirken: Wenn es schon dringend der Klärung bedarf, ob, seit wann und auf wen das Schnellfeuergewehr G36 (erhitzt!) daneben schoss und wie viele deutsche Soldaten von welchen wichtigen Personen dieser Republik mit dieser Waffe – trotz Kenntnis – mit den besten Wünschen in die Kriege im Kosovo und in Afghanistan gesandt wurden, dann müsste es wohl um ein Vielfaches dringlicher sein, zu klären, auf welche Weise hilfsbedürftige Menschen in großer Zahl auf elendige Weise zugrunde gehen, obgleich ihnen geholfen werden könnte.

Wenn die Begriffe, die das Thema Sterbehilfe angeblich in den Griff kriegen und die Emotionen kanalisieren sollen, ihrerseits aus lauter Tabuisierungen und Euphemismen, ja aus Lügen bestehen: Woran soll man sich dann halten?

Suizide und Sterbehilfe scheinen weit auseinander zu liegen. In Wahrheit sind sie verschiedene Blickwinkel desselben Problems. Nehmen wir einen Grund, den heute beinahe jeder als Auslöser eines Sterbewunsches akzeptieren kann: die Diagnose Alzheimer. Gibt es irgendeinen sinnvollen Grund, eine menschlich vertretbare Kategorie, die vor der Kulisse dieser Wirklichkeit zwischen Sterbehilfe und Suizid-Beihilfe unterscheiden kann? Soll man sich ernsthaft von Ärztekammer-Funktionären dazu zwingen lassen, die unaufhaltsam das Ich zersetzende Krankheit so lange zu erdulden, bis der Vertragsarzt eines Pflegeheims einmal Zeit, Gelegenheit und eine GOÄ-Nummer findet, um einen »indirekten« Tod zu genehmigen?

Wer so denkt, verfolgt ein paternalistisches, obrigkeitshöriges Modell, und er hat eine sehr geringe Meinung von seinen Mitmenschen. Der Mensch ist aber weder dem Staat noch der Bundesärztekammer (BÄK) zum Leben verpflichtet. Ob er sich einem übermenschlichen Prinzip oder gar einer moralischen Macht verpflichtet fühlt, die ihm – angeblich – verbietet, über sein Leben selbst zu bestimmen, ist, schlicht und ergreifend, Privatsache. Das mag jeder halten, wie er will, und wir können einander nichts Besseres tun, als uns in dieser Freiheit gegenseitig zu respektieren.

Ärzte sind in ihrem Auftrag nicht ihrer Landes- oder der Bundesärztekammer verpflichtet, sondern ihren Patienten. Die drohende Regelung in den Grundsätzen der BÄK zur Sterbehilfe »Die Mitwirkung des Arztes bei der Selbsttötung ist keine ärztliche Aufgabe«, die ebenso der Deutsche Ethikrat vertritt, ist ein hilfloser Versuch, Grenzen zu ziehen, wo der Natur der Sache nach keine sein können. Sie ist im Übrigen eine unerträgliche Bevormundung verantwortungsvoller Gewissensentscheidung der einzelnen Ärzte und eine zynische Absage an die Hilfsbedürftigkeit unzähliger Menschen.

Die sogenannte »christlich-abendländische« Kultur ist – bei allem Kult um den Tod, den sie treibt – eine der Todesverleugnung und der Tabuisierung. Die christliche Ideologie hat im Mittelalter den Begriff des Lebens als »Geschenk« eingeführt, das der einzelne Mensch (gefälligst) dankbar anzunehmen und zu bewahren habe; hieraus entsteht eine Pflichtenstellung des Einzelnen vor Gott zur Hinnahme von Leiden. Ein solches Denken ist anderen und früheren Kulturen fremd; es kann in einem säkularen Rechtsstaat auch nicht als verbindliche Richtschnur moralischen Verhaltens angesehen werden. Die Lehrmeinungen und Dogmen der christlichen Kirchen sind auch bei ihren Mitgliedern weithin relativiert; die Menschen basteln sich in weitem Umfang ihre privaten Religionen als praktische Wohlfühl-Philosophie für den Alltag. Nur eine kleine Minderheit ist noch davon überzeugt, das Ertragen schrecklichen Leidens bis zum Tod sei eine Pflicht, deren Erfüllung ihnen ein liebender Gott aufgetragen habe, um sie alsdann vor ein abschließendes »Jüngstes Gericht« zu führen, in welchem er Ankläger, Verteidiger, Richter und Vollstrecker in einem ist und vor dem dieses Leiden dann als Verdienst gewürdigt werde.

Eine ähnliche Pflicht zum Leben kennen sonst nur Staaten, die in totalitärer Weise auf die Existenz ihrer Bürger zugreifen und die das Leben ihrer Einwohner als bloßes Mittel zu einem (höheren) Zweck behandeln.

Unterhalb dieses allgemeinen Rahmens geht es mir um einen bescheideneren, alltäglichen Begriff der Kultur: Um den Alltag des Wissens, Fühlens und Umgangs mit Leben und Tod. Und hier zeigt gerade die christlich-kapitalistische Welt ganz erstaunliche – aber durchaus erwartbare – Züge. Es wird nämlich der Tod vollständig ausgegliedert aus dem Leben, das zugleich als ewig dahingeträumt wird: als ewige Bewegung des Konsums, des Wachstums, der Überwältigung des Fremden, als ein stetes Vorwärts. Eine solche Kultur kann mit dem Tod nicht umgehen. Sie entwirft ein Zerrbild des Lebens als Traum von ewiger Jugend und Stärke. In ihren Auswüchsen behandelt sie die Menschen (und diese sich selbst) ab dem 40. Lebensjahr als vom Verfall Gezeichnete – ein vollkommen absurdes, aus den Fugen geratenes Beschleunigungsmodell, ein einziger kollektiver Selbstmord aus Angst vor dem Tod.

Der Tod selbst wird in dieser Gesellschaft nicht behandelt wie der Hunger oder die Malaria, also nicht als Teil des Lebens, sondern stilisiert und verunstaltet als Symbol seiner selbst: Staatsakte finden statt für 150 Opfer eines Mitnahmesuizids, eine beiläufige Gedenkminute muss ausreichen für 800 ertrunkene Schwarzafrikaner, die in ihrem egoistischen Wunsch nach einem glücklichen Leben an ihrem Tod irgendwie selbst schuld sind (merke: fahre nicht mit Schlauchbooten auf dem Ozean).

Wir brauchen eine positive Kultur des Sterbens. Eine Alltagskultur also, die den individuellen Tod und den Tod als gemeinsames, das Menschsein von Anfang an prägendes Schicksal wieder zurückholt in die Wirklichkeit des (gemeinsamen) Lebens. Damit ist keine Kultur der Finsternis und der depressiven Verstimmung gemeint, sondern eine der Lebensbejahung, der Freude und der Selbstbestimmung. Eine Kultur also, in der die Bestimmung über das eigene Leben dem Staat und allen Ideologien entzogen ist – von Anfang an.

Die oben beschriebene Rechtslage bei der Beihilfe zum Suizid war seit 140 Jahren bekannt. Man kann nicht behaupten, dass sie zu Massen-Selbsttötungen geführt oder die große Mehrzahl der Suizide und Suizidversuche auch nur merklich erleichtert hat. In 99 Prozent der Fälle sind die Betroffenen mit sich und ihrer Angst allein. Gehen sie zum Arzt, erkennt dieser – mit Glück – eine depressive Erkrankung und weist den Weg zur Hilfe. Haben sie Pech, werden sie »wegen akuter Suizidalität« erst einmal ein paar Wochen weggesperrt und chemisch auf einen Level heruntergebracht, der ihnen später nur mehr als Gedächtnislücke in Erinnerung bleiben wird. In Tausenden von Fällen versuchen Menschen, aus welchen Gründen auch immer, sich auf brutale, gewalttätige, erschreckende Weise das Leben zu nehmen.

Nun hat man kürzlich eine weitere der angeblich dringend zu schließenden Strafbarkeitslücken entdeckt. Es geht dabei aber nicht etwa um eine Regelung, die das Elend mindert. Sondern um eine, die es für alle Zeiten festschreibt.

In der inzwischen vielfältigen Landschaft der Sterbehilfe Europas sind nämlich einzelne Gruppen oder Organisationen aufgetaucht, die in »dubioser« Weise aus der Tötung von Menschen eine kommerzielle Geschäftsidee machen. Das geht natürlich nicht, weil es die große Gefahr birgt, dass bei geneigten Personen um einen Tötungsauftrag regelrecht geworben werden könnte, anstatt ihnen die Hilfe anzubieten, die sie erst in die Lage zur verantwortlichen Abschätzung versetzen würde.

Im Deutschen Bundestag werden derzeit mehrere Entwürfe zur Regelung diskutiert, die – angeblich – diesem Anliegen Rechnung tragen sollen. Sie beruhen sämtlich auf der Parole, es »müsse etwas geschehen«. Wenn es im Feld der Politik einmal so weit gekommen ist, gibt es meist kein Halten mehr: Es wird nicht mehr geprüft, ob eine Regelung überhaupt sinnvoll ist, sondern nur noch darum gestritten, welche Regelung die schönste und beste sei.

So ist es derzeit auch mit der Sterbehilfe. Dabei werden alle Vorschläge den Bürgern mit dem Argument verkauft, es sei wichtig, den »nicht strafbaren Bereich« der Sterbehilfe endlich positiv zu regeln. Dieses Argument ist eine Frechheit, denn es geht davon aus, dass die Bürger nicht wissen, dass in einem Rechtsstaat alles erlaubt ist, was nicht verboten ist. Um Sterbehilfe und Beihilfe zum Suizid zu erlauben, braucht es daher keine neuen Strafgesetze. Die Entwürfe unterscheiden sich denn auch wesentlich nur in einem: wie weit sie das straflose Verhalten in Zukunft strafbar machen wollen.

Die Empörung über Einzelfälle einer unseriösen Sterbehilfe in Hamburg wird für einen Rollback genutzt, der das bisschen Liberalität, das im Laufe von Jahrzehnten erreicht worden ist, zurücknehmen will. So wird etwa von einer Gruppe von Parlamentariern vorgeschlagen, jede (!) Beihilfe zum Suizid unter Strafe zu stellen. Dagegen schlägt eine andere Gruppe vor, nur die Beihilfe durch Nicht-Ärzte strafbar zu machen (also Angehörige; Pflegepersonal; Sterbehelfer) und im Gesetz klarzustellen, dass Ärzte im Einzelfall Beihilfe zum Suizid leisten dürfen. Vielen Dank für diese »Klarstellung«, die schon jetzt gilt und nichts Neues regelt außer dem Verbot des gesamten anderen Verhaltens! Ein Politiker, der es als liberalen Regelungsvorschlag ausgibt, das Essen von Kartoffeln ausdrücklich zu erlauben, indem er das Essen von Reis, Nudeln und Brot verbietet, muss seine lieben Wählerinnen und Wähler schon für wirklich ungewöhnlich dumm halten.

Keiner der Vorschläge erfasst das Thema in seinem Umfang. Der moralisch verwerflichen Kommerzialisierung der Beihilfe zum Suizid kann man ohne Weiteres mit Mitteln des Polizei- und Verwaltungsrechts beikommen (wie es ja in Hamburg auch bereits geschieht). Es bedarf dazu keiner Änderung des Strafgesetzbuchs.

Es bleiben die Argumente des »Dammbruchs« und des »Missbrauchs«. Bei diesen Worten gerät die kriminelle Fantasie ins Schwärmen, und biedere Abgeordnete oder Chefärzte malen der Öffentlichkeit dramatisch aus, was der gemeine deutsche Bürger wohl seiner Oma einreden könnte, um sie loszuwerden, ihr Häuschen zu vermieten, ihren Nachlass zu verprassen oder ihre Pflegekosten einzusparen. Erstaunlich! Warum sorgen dieselben Menschen, die doch an den Schaltstellen des Systems sitzen, dann nicht seit Jahrzehnten dafür, dass die gnadenlose Ausbeutung der familiären Pflege weit über die Grenzen der Belastbarkeit hinaus endlich aufhört? Und wo sind die vielen Tausend Missbräuche, die angeblich notwendige Folge des gegenwärtigen Rechtszustands sind, in den vergangenen Jahrzehnten eigentlich abgeurteilt worden?

Es ist sehr zu wünschen, dass die Bürger dieses Schauspiel durchschauen. Und es stoppen!

Wir haben in den letzten fünfzehn Jahren, durch wichtige Entscheidungen der höchstrichterlichen Rechtsprechung (etwa die Entscheidung des 2. Strafsenats des Bundesgerichtshofs zur Sterbehilfe) und durch richtungsweisende Entscheidungen des Gesetzgebers (etwa das Patientenverfügungsgesetz), eine schrittweise Klärung und Öffnung jener lange tabuisierten Zonen erreicht. Einer ideologisch geprägten, schwer verständlichen Gegenströmung erscheint dies als Teufelswerk. Sie wird gestützt von der Spitze einer Ärzte-Bürokratie, die ihre Mitglieder mit berufsrechtlichen Verfahren bis hin zu Berufsverboten bedroht. In Wahrheit ist die Mehrheit der Ärzte in Deutschland keineswegs der Meinung, eine »Hilfe *zum* Tod« widerspreche dem ärztlichen Auftrag zu Hilfe, Mitgefühl und Heilung.

Die Ärzte, die einer verantwortlichen Liberalisierung der Sterbehilfe aus Erfahrung und Menschenliebe nahestehen, müssen heute fürchten, ausgegrenzt, in ihrer moralischen (»ärztlichen«) Integrität infrage gestellt und mit wirtschaftlichen Sanktionen belegt zu werden. Man kann nur hoffen, dass sich trotz dieser Hemmnisse genügend und immer mehr Ärzte finden werden, die den Umgang mit dem Tod aus den salbungsvollen Sonntagsreden der Ärztetage heraus- und ins wirkliche Leben zurückholen. Die Funktionäre und Verwalter der ganz hohen Ethik nehmen seit jeher augenzwinkernd in Kauf, dass »hinter die Türen der Intensivstationen« und »in die Zimmer der Pflegeheime« im entscheidenden Moment niemand »so ganz genau« hinschauen könne, und dass man sicher sei, der Herr Kollege und die Frau Kollegin werde dort schon das tun, was das getreue Ärzteherz als richtig erkenne. Wenn uns die Vereinigungen der Atomkraft-Ingenieure oder der Piloten oder der Richter mit solch frommen Sprüchen kämen, um uns zum Wegsehen zu bewegen, würden wir ihnen den Vogel zeigen. Man wagt es kaum zu sagen: Die Ärzte sind um der Patienten willen da, nicht umgekehrt.

Ich selbst spreche mich daher nicht allein für die Beibehaltung und den Ausbau der erlaubten Sterbehilfe aus, sondern für eine Öffnung des strafrechtlichen Verbots der Tötung auf Verlangen (Paragraf 216 Strafgesetzbuch). Selbstverständlich dürfte dies nicht voraussetzungslos und willkürlich erfolgen, sondern muss an prozedurale Regelungen geknüpft sein, wie es etwa in der Schweiz oder in den Benelux-Staaten der Fall ist. Aus dortigen Erfahrungen könnte man viel lernen, wenn man wollte.

Gäbe es Anlaufstellen für Sterbewillige (analog den Beratungsstellen für Abtreibungswillige), würde dies (erstmals) erlauben, sehr viele Suizid-geneigte Personen zu entdecken, die heute von der Gesellschaft vollkommen alleingelassen werden: 25 Prozent der depressiven Erkrankungen, so schätzt man, verlaufen tödlich (durch Suizid, häufig nach jahrzehntelangem Leiden). Viele depressive Erkrankungen sind heilbar und – bei guter Lebensqualität – therapierbar. Schon wenn es gelänge, über Sterbehilfe-Anlaufpunkte und Beratungsstellen ein paar Tausend Menschen zu erfassen, die sich heute gegen jede vernünftige Intuition, oft auf grauenvolle Weise und unter schwersten Beeinträchtigungen Dritter (Mitnahme-Suizide) das Leben nehmen, hätten wir sehr viel gewonnen.

Mit der Religion und dem Lebenssinn mag es ein jeder halten, wie er will: Ist das nicht die Grundlage unseres Gemeinwesens? Wenn es um die letzte Verfügung des Menschen über sich selbst und die eigene Existenz geht, sollte, wenn die Rede von der Selbstbestimmung überhaupt einen Sinn haben soll, wohl der Grundsatz gelten, dass auch der eigene Tod – einschließlich Zeitpunkt, Motiv und Ursache – der Einzigartigkeit des Individuums anheimgegeben ist. Was sonst soll die Würde des Menschen für den Einzelnen wert sein?

Das Volk, sehr geehrte, liebe Abgeordnete des Deutschen Bundestags, ist keine Versammlung von Kindern. Und selbst wenn Sie das bestreiten, weil Ihre herausgehobene Position einfach kein Zufall sein kann: Denken Sie daran, dass bei dem Kindergeburtstag, dessen Verlauf Sie vorübergehend mitgestalten dürfen, Sie selbst die Gäste sind! Tun Sie also mit uns nur das, was heute oder morgen mit Ihnen selbst getan werden soll.

III.
Recht und Gesetz(gebung)

Über die Schwierigkeit, einen Raub zu begehen

In in der Gesetzgebung gibt es Strukturen und Abläufe, die meist das Beste wollen, gelegentlich aber das Gegenteil schaffen. Dazu gehört stets auch die Rezeption einer Norm, also ihre Verwirklichung in der Anwendung. Nur selten misslingt eine Norm schon auf redaktioneller Ebene, viel häufiger sind Verständnisfehler aufseiten des Gesetzgebers, die durch untaugliche Reparaturversuche der Praxis verschlimmbessert werden. Hier ein Beispiel:

Im 6. Strafrechtsreformgesetz (1998) wollte der Gesetzgeber neben dem einfachen Diebstahl (§ 242 StGB; Strafe ein Monat bis fünf Jahre) und dem etwas höher bestraften »besonders schweren Fall« des Diebstahls (§ 243 StGB, z.B. bei Einbruch in einen Laden oder bei Diebstahl aus einer Kirche; Mindeststrafe sechs Monate) auch noch einen »schweren« Diebstahl (§ 244 StGB) regeln; für den letzteren ist die höchste Strafe (bis 10 Jahre) angedroht. Sprachlich ist das etwas verwirrend, weil die »schwere« Tat höher bestraft wird als die »besonders schwere«; aber das müssen Sie jetzt einmal einfach so hinnehmen; die Erklärung würde zu weit führen.

Der Paragraf 244 des Strafgesetzbuchs unterscheidet einige Fälle, in denen ein Diebstahl zum »schweren« qualifiziert wird: zum Beispiel beim Wohnungseinbruch oder bei bandenmäßiger Begehung. Wichtig war dem Gesetzgeber eine Variante, die eine erhöhte abstrakte (latente) Gefahr beinhaltet: Diebstahl unter Mitführen von Gegenständen, die zur Verletzung von Menschen geeignet oder bestimmt sind. Solche Gegenstände nannte man seit jeher »Waffen«, wenn sie ihre artgemäße, planmäßige Zweckbestimmung in der Verletzung haben. Das sind zum Beispiel Schusswaffen, Kampfmesser, Schlagstöcke, Schlagringe. Man kann mit ihnen zwar vielleicht auch Dosen öffnen, eine Schraube eindrehen oder Nägel in die Wand schlagen, aber dafür sind sie nicht gedacht. Gegenstände, die keine Waffen sind, sich aber zur Verletzung eignen, wenn sie zweckentfremdet werden, hießen »gefährliche Werkzeuge«. Das können Dosenöffner sein, Schraubendreher oder Hämmer. Sie sind nicht speziell zur Verletzung gemacht, eignen sich aber dafür recht gut.

Es ist nicht zwingend, aber jedenfalls plausibel, dass ein Diebstahl, der unter Mitführung solch gefährlicher Gegenstände begangen wird, gefährlicher ist als ein einfacher Diebstahl. Wenn der Täter auf frischer Tat erwischt wird, ist die Gefahr groß, dass er den Gegenstand zum Einsatz bringt, und sei es auch nur, um eine Fluchtmöglichkeit zu erzwingen. Deshalb formulierte der Gesetzgeber die Fallgruppe »Diebstahl unter Mitführen einer Waffe oder eines anderen gefährlichen Werkzeugs« (§ 244 Absatz 1 Nr. 1 Buchstabe a). Daraus ergibt sich nebenbei, dass eine »Waffe« eine Unterform des »gefährlichen Werkzeugs« ist.

Daneben soll es aber auch noch Gegenstände geben, die nicht an sich gefährlich sind, aber in gefährlicher Weise eingesetzt werden können: Kugelschreiber können Augen ausstechen, Gürtel können drosseln, Plastiktüten können ersticken. Hieraus folgte die zweite Fallgruppe: »Diebstahl unter Mitführen sonstiger Mittel oder Werkzeuge in der Absicht, sie bei der Tat zu verwenden« (§ 244 Abs. 1 Nr. 1 Buchstabe b). Lassen wir vorerst einmal dahinstehen, ob das begrifflich stimmig ist oder ob den Gegenständen der Welt hier differenzierende Eigenschaften angedichtet werden, die es in der Wirklichkeit gar nicht gibt. Der Gesetzgeber fand es jedenfalls richtig, zwischen mitgeführten Schraubendrehern und mitgeführten Kugelschreibern zu unterscheiden.

In der Gesetzesbegründung – die für die Rechtspraxis stets die erste Auslegungshilfe ist – musste der Gesetzgeber (in diesem Fall: der Verfasser des Gesetzentwurfs, also das Justizministerium) nun freilich noch erläutern, was der Unterschied zwischen »gefährlichen« und »sonstigen« Werkzeugen ist. Das, so meinten die Entwurfsschreiber 1998, sei aber ganz einfach, denn der Begriff des »gefährlichen Werkzeugs« existiere schon jahrzehntelang im Paragrafen 224 (früher: § 223a) des Strafgesetzbuchs, dem Tatbestand der gefährlichen Körperverletzung. Danach wird schwerer bestraft, wer eine Körperverletzung mittels eines gefährlichen Werkzeugs verursacht (statt durch bloßen Körpereinsatz). Also schrieb der Gesetzgeber: »Zur Auslegung des § 244 Abs. 1 Nr. 1 Buchst. a kann auf den herkömmlichen Begriff des gefährlichen Werkzeugs in § 224 zurückgegriffen werden.« Erläuterung erledigt!

Aber ach! Das zuständige Referat des Justizministeriums hatte zwei wirklich wichtige Umstände übersehen. Zum einen ist die Körperverletzung mittels gefährlicher Werkzeuge ein sogenanntes Erfolgsdelikt: Es muss ein »Taterfolg« – hier also eine Verletzung – eingetreten und gerade durch das Werkzeug verursacht sein. Wenn das passiert ist, ist es natürlich leicht, nachträglich festzustellen, dass das Werkzeug »gefährlich« war. Zum anderen hatte die hergebrachte Rechtsprechung bei der Körperverletzung noch nie zwischen »gefährlichen« und »sonstigen« Werkzeugen unterschieden: Schon für den alten § 223a war es nicht gelungen, eine solche Unterscheidung plausibel zu begründen. Deshalb galt für § 224 (§ 223a alt) seit jeher jeder beliebige Gegenstand als »gefährliches Werkzeug«, mit dem eine »gefährliche Verletzung« herbeigeführt wurde. Für die Rechtspraxis ergab sich nicht die Verletzung aus der Gefährlichkeit, sondern die Gefährlichkeit aus der Verletzung.

Die Qualifikation des Diebstahls in § 244 Abs. 1 Nr. 1 Buchst. a setzt aber keinen Verletzungserfolg, sondern nur ein »Mitführen« des (gefährlichen) Werkzeugs voraus. Es geht hier also unzweifelhaft nur um eine abstrakte Gefahr. Die Auslegung zu § 224, welche auf die »konkrete Art seiner Verwendung« abstellt, lässt sich daher auf das »Mitführen« in § 244 nicht übertragen, denn dort gibt es ja gerade keine »konkrete Art der Verwendung«. Die Verweisung des Gesetzgebers zur Auslegung war daher falsch und ging ins Nichts. So rächte sich die sprachliche und inhaltliche Ungenauigkeit bei der Auslegung der gefährlichen Körperverletzung noch nach Jahrzehnten, indem sie gedankenlos auf Vorschriften übertragen wurde (§§ 244, 250), bei denen es *darauf ankam*. Damit war der Keim für ein begriffliches Desaster gelegt.

Weil sich die Sache mit den gefährlichen Werkzeugen bei § 244 so scheinbar einfach regeln ließ und der Raub (§ 249 StGB) dem Diebstahl sowieso verwandt ist (Diebstahl ist Wegnahme einer fremden Sache *ohne* Nötigungsmittel, Raub ist Wegnahme *mit* Nötigungsmitteln, also Gewalt oder Drohung), übertrug man § 244 Abs. 1 einfach eins zu eins in § 250, den Tatbestand des »schweren Raubs«. Auch dort ist also seither in Absatz 1 Nr. 1 Buchstabe a vorausgesetzt: »Mitführen einer Waffe oder eines anderen gefährlichen Werkzeugs«; in Nr. 1 Buchstabe b: »Mitführen eines sonstigen Werkzeugs in der Absicht, es bei der Tat zu verwenden«. Für diese beiden Varianten beträgt die Strafdrohung drei bis fünfzehn Jahre (für den einfachen Raub, § 249, ein bis fünfzehn Jahre).

Hier, in § 250, ist der Gesetzgeber aber noch weiter gegangen als beim Diebstahl. Er hat in Absatz zwei noch einen »besonders schweren Raub« vorgesehen, für den die Strafdrohung fünf bis fünfzehn Jahre beträgt. Die erste Variante dieser Qualifikationsstufe lautet: Raub unter »Verwenden einer Waffe oder eines anderen gefährlichen Werkzeugs«. Der Gegenstand, der in Abs. 1 Nr. 1 Buchst. a nur »mitgeführt« wird, muss also hier »verwendet« werden, entweder zur Gewaltanwendung oder zur Drohung.

Die zweite Variante lautet: Raub »als Mitglied einer Bande unter Mitführen von Waffen« (Abs. 2 Nr. 2). Hier muss die Waffe nicht verwendet werden; Mitführen reicht. Dagegen reicht Mitführen von »anderen gefährlichen Werkzeugen« nicht aus. Der Unrechtsgehalt ist hier durch die bandenmäßige Begehung erhöht.

Nun haben wir die gesetzlichen Ingredienzien für einen Teufelsritt der Rechtsanwendung beisammen. Eine erste Analyse ergibt: Es gibt drei Straf-Stufen (Mindeststrafe ein, drei oder fünf Jahre), deren Voraussetzungen zur richtigen Gesetzesanwendung genau unterschieden werden müssen. Wir müssen dazu drei verschiedene Arten von Gegenständen unterscheiden: Waffen, andere gefährliche Werkzeuge und sonstige Mittel oder Werkzeuge.

Das gilt für § 244 und § 250 gleichermaßen. Waffen und gefährliche Werkzeuge sind in § 244 nicht unterschiedlich behandelt, wohl aber in § 250: Dessen Absatz 2 Nr. 3 gilt nur für Waffen, nicht für andere gefährliche Werkzeuge. »Sonstige« Werkzeuge wirken sich nur bei Einsatzabsicht strafschärfend aus; Waffen und gefährliche Werkzeuge auch beim bloßen Mitführen ohne Verwendungsabsicht.

Mit diesen Voraussetzungen gingen Rechtsprechung und Wissenschaft ab 1998 an die Auslegung und Anwendung der genannten Vorschriften. Alsbald stieß man auf den Fehler bei den »gefährlichen Werkzeugen«: Wie soll man die Gefährlichkeit eines in § 244 Abs. 1 Nr. 1 Buchst. a, § 250 Abs. 1 Nr. 1 Buchst. a nur »mitgeführten« Gegenstands »nach seinem konkreten Einsatz« bestimmen, da doch die Tatbestände einen solchen Einsatz gar nicht voraussetzen? Es ist schlicht unmöglich. Anders war es erfreulicherweise in § 250 Abs. 2 Nr. 1: »Verwenden« einer Waffe oder eines anderen gefährlichen Werkzeugs. Hier konnte man daher, wie von der Körperverletzung gewohnt, nach der konkreten Art der Verwendung schauen: Ein Kugelschreiber ist ein gefährliches Werkzeug, wenn er als Stichwerkzeug eingesetzt wurde. Hier wurde also, wie vom Gesetzgeber vorgeschlagen, die Definition aus § 224 einfach übertragen.

Aber was ist dann mit den Absätzen 1 Nr. 1 Buchst. a? Reicht hier das Mitführen eines Kugelschreibers (*ohne* Verwendung und *ohne* Verwendungsabsicht), um aus einem einfachen Diebstahl einen schweren, aus einem einfachen Raub einen schweren Raub zu machen? Zwei Jahre höhere Mindeststrafe für einen Räuber, der Schuhe mit

Schnürsenkeln trägt (weil man damit jemanden erdrosseln könnte)? Schwerer Diebstahl (sechs Monate statt ein Monat Mindeststrafe), wenn die Ladendiebin in der Handtasche eine Nagelfeile mit sich führt? Drei Jahre Mindeststrafe für das Tragen eines Gürtels oder einer Krawatte? Können Handwerker, die berufliches Werkzeug dabeihaben, überhaupt nur noch schwere Diebstähle und Raube begehen?

Solcher Unfug kann nicht im Sinn des Gesetzes sein. Er verstieße eklatant gegen Grundregeln der Gerechtigkeit und des Schuldprinzips. Er macht die Bestrafung mit schweren Strafen vom puren Zufall abhängig oder von der Willkür und dem Erfindungsreichtum der Auslegung. Denn letztlich gibt es überhaupt keinen Gegenstand auf der Welt, der nicht irgendwie »konkret gefährlich« verwendet werden kann. Auch mit einem Stück Kuchen kann man jemanden ersticken. Wenn man aber die »konkrete« Betrachtungsweise des Verwendungstatbestands auf die Mitführen-Varianten nicht übertragen konnte, dann ergab sich als Folge, dass innerhalb derselben Vorschrift ein und derselbe Begriff (»gefährliches Werkzeug«) zwei unterschiedliche Bedeutungen hätte – auch dies ein kaum verständliches Ergebnis.

Und auch auf der anderen Seite taten sich ähnliche Lücken oder Widersprüche auf: Reicht es eigentlich aus, wenn das Tatopfer glaubt, ein Gegenstand sei gefährlich? Oder ist eine objektive Gefährlichkeit gemeint? Und im ersten Fall: Was ist, wenn der Täter irrtümlich glaubt, das Opfer glaube irrtümlich, der Gegenstand sei objektiv gefährlich? Auf diese Weise lassen sich zahllose schöne Konstellationen ersinnen. Und es handelt sich dabei keineswegs um weltfremde Klausurprobleme, sondern all diese Fälle kommen in der Wirklichkeit ständig vor und müssen entschieden werden.

Der BGH tat in dieser Lage, was er in ähnlichen Situationen meistens tut: erst mal gar nichts. Vielleicht wird es ja gar nicht so schlimm. Vielleicht kommt so ein Fall ja gar nicht vor oder nicht bis zu uns oder vielleicht zu einem anderen Senat.

Aber dann geht es wie immer: Der Fall kommt hundertprozentig, und es kommen gleich noch fünf schwierigere dazu. Nun beginnt ein aufgeregtes Forschen und Judizieren. Zwei Jahre nachdem das Gesetz in Kraft getreten war, gelangten die ersten Schraubendreher-Fälle, Zigaretten-Fälle und Krawatten-Fälle zum BGH. Sie schienen lösbar, denn hier wurden diese Gegenstände konkret verwendet (also klarer Fall des § 250 Abs. 2 Nr. 1). Nicht verwendete Krawatten kamen vorerst nicht vor, denn den verschreckten Untergerichten war eine Verurteilung wegen schweren Raubs aufgrund des Tragens eines Langbinders oder Hosengürtels zu albern, und die Staatsanwaltschaften legten dagegen keine Revision ein.

Stattdessen kamen zunächst die Scheinwaffen. Sie funktionieren wie der Scheinriese in Michael Endes *Jim Knopf*, werden also immer ungefährlicher, je näher man ihnen kommt. Klassische Beispiele: die Spielzeugpistole, der Theaterdolch.

Nun kommt es darauf an: Ist die Strafe für den »besonders schweren Raub« so hoch, weil (und wenn) die verwendeten Gegenstände wirklich (objektiv) gefährlich sind? Oder deshalb, weil das Tatopfer durch sie besonders eingeschüchtert wird? Im letzteren Fall würde ja die irrtümliche Annahme ausreichen, der Gegenstand sei gefährlich. Der BGH hat diese Frage lange schwankend behandelt, sich aber dann für eine »objektive« Auslegung entschieden: Scheinwaffen sind keine »gefährlichen Werkzeuge«, auch wenn das Tatopfer sie irrtümlich dafür hält. Sie sind vielmehr stets nur »sonstige Mittel oder Werkzeuge«. Das heißt umgekehrt: »Gefährliche Werkzeuge« müssen objektiv tatsächlich gefährlich sein und dürfen nicht nur so scheinen.

Das bedeutet: Eine Spielzeugpistole ist weder eine Waffe noch ein »anderes gefährliches Werkzeug« im Sinn von § 250 Abs. 1 Nr. 1 Buchst. a. Sie ist vielmehr ein »sonstiges Werkzeug« im Sinn von Nr. 1 Buchst. b: Sie führt zur höheren Bestrafung (Mindeststrafe drei Jahre) nur dann, wenn der Täter sie mit sich führt, um sie bei der Tat (zur Drohung) zu verwenden.

Dieses Bekenntnis zur »objektiven Gefährlichkeit« (und deren Fehlen bei Scheinwaffen) stieß nun auf § 250 Absatz 2 Nr. 1: Verwenden von Waffen oder anderen gefährlichen Werkzeugen beim Raub. Was ist »Verwenden«? Man kann ein Werkzeug entweder einsetzen (einen Knüppel zum Schlagen) oder mit dem Einsatz drohen. Nächste Frage: Muss das Werkzeug, dessen Verwenden nur im Drohen besteht, ebenfalls objektiv gefährlich sein, oder muss das Opfer das nur glauben? Große Verwirrung beim BGH. Mal so, mal so. Lösung schließlich: Es kommt darauf an.

Einzelne Senate und Entscheidungen meinten: Man muss die Scheinwaffen-Rechtsprechung konsequent anwenden. Also: Wenn der Täter mit der Spielzeugpistole droht, wird sie dadurch nicht »gefährlich« im Sinn von Absatz 2 Nr. 1, sondern bleibt ein »sonstiges Werkzeug«. Ergo: drei (nicht fünf) Jahre Mindeststrafe. Was aber, wenn der Täter das Opfer mit der Spielzeugpistole auf den Kopf schlägt? Dann, so diese Meinungsgruppe, gilt wieder die allgemeine Regel: Gefährlich ist, was sich gefährlich auswirkt. Das gerade eben noch »sonstige« Werkzeug wird also zum »gefährlichen Werkzeug« – fünf Jahre Mindeststrafe. Man beachte: ein Plus von zwei Jahren Mindeststrafe für eine minimale Verletzung, die normalerweise mit einer kleinen Geldstrafe bestraft würde – die herrschende Meinung sieht hier kein Gerechtigkeitsproblem.

Eine andere Meinungs- und Entscheidungsgruppe kritisierte das: Ein Gegenstand kann nicht einerseits gefährlich und andererseits ungefährlich sein, meint sie. Sondern man muss die Sache »subjektiv«, aus Sicht des Tatopfers angehen: Wenn der Täter mit dem Einsatz eines Werkzeugs droht, der nach dem Inhalt der Drohung objektiv (!) gefährlich wäre, dann ist das Werkzeug »gefährlich verwendet«, also die Verwendung eines gefährlichen Werkzeugs gegeben. Beispiele: Wer mit einem Frühstücksmesser droht, das Opfer zu schneiden, verwendet ein gefährliches Werkzeug; ebenso, wer mit einer brennenden Zigarette droht, das Opfer zu verbrennen. Das soll – neue Ausnahme – aber nur dann gelten, wenn die Drohung auch wahr gemacht werden könnte, weil der Gegenstand, mit dessen gefährlicher Verwendung gedroht wird, sich bei Verwirklichung der Drohung tatsächlich als objektiv gefährlich erweisen würde. Wenn das Messer aus Pappe ist oder die angebliche Pistole ein Spielzeug, dann sollen wieder die Scheinwaffen-Grundsätze gelten.

Diese Regel ist, wie Sie vielleicht bemerkt haben, wenig plausibel (um nicht zu sagen: widersinnig), denn sie vertauscht mehrfach die Bezugsebenen. In der Welt des BGH ist das aber egal. Denn Hauptsache ist, was hinten rauskommt. Und das ist allemal gut, wenn es nach Regelmäßigkeit aussieht.

Die genannte Regel ist aber nicht nur schwer verständlich und unlogisch, sondern auch auf ihre Weise genial: Sie verschwurbelt nämlich »objektiv« und »subjektiv«, »einerseits« und »andererseits« in so verteufelter Weise, dass alles eins wird: Objektiv gefährlich ist ein Werkzeug, wenn es als solches glaubhaft beschrieben wird. Für Scheinwaffen gilt das Gegenteil.

Allerdings – nichts ist unmöglich – gibt es auch von dieser verdrehten Ausnahme wieder eine Ausnahme: Auftritt des Lippenpflegestifts der Marke »Labello«: Ein Täter drückte ihn einem Raubopfer in den Rücken und forderte Geld. Das Opfer hielt den Stift für einen Pistolenlauf, fürchtete sich und verzichtete auf Widerstand. Das Landgericht verurteilte den Labelloverwender wegen »schweren Raubs« in der Variante des § 250 Abs. 1 Nr. 1 Buchst. b: Zwar kein Verwenden eines »gefährlichen« Werkzeugs im Sinn von Abs. 2 Nr. 1 (obwohl ja gefährliche Verwendung angedroht, siehe oben), aber Verwenden eines »sonstigen Werkzeugs« (wegen objektiver Ungefährlichkeit) – Mindeststrafe drei Jahre (statt einem Jahr).

Der zuständige BGH-Senat hatte nun plötzlich schwere Bedenken gegen die eigene Scheinwaffen-Rechtsprechung. Statt sie aufzugeben, hielt er es für besser, die Entdeckung einer neuen Spezies von Fällen – genannt »Fallgruppe« – zu behaupten. Er hob daher die Verurteilung auf und begründete dies wie folgt: Bei der Verwendung von Scheinwaffen sei zwar – wie der Name schon sagt – stets ein Element der Täuschung (und des Irrtums) enthalten. Wenn das Opfer wüsste, dass die vorgehaltene Pistole nur ein Spielzeug ist, würde es sich ja nicht fürchten. Aber alles müsse seine Grenze haben: Zwar sei eine täuschend echt aussehende Spielzeugpistole eine Scheinwaffe, nicht aber eine hellgrüne Wasserpistole oder ein Lippenpflegestift, und ein an den Hals des Opfers gehaltener Strohhalm sei auch dann kein Scheinmesser, wenn das Opfer dies glaube. Denn bei objektiver (!) Betrachtung könne auch das dümmste Opfer solche Gegenstände nicht mehr irrtümlich als gefährliche Werkzeuge ansehen.

Deshalb wurde in die rein subjektiv auf dem Irrtum des Opfers beruhende Fallgruppe der Scheinwaffen hier eine objektiv begründete Ausnahmegruppe eingebaut: die »offensichtlich ungefährlichen Scheinwaffen«. Im (fiktiven!) Rechtshistorischen Museum des Bundesgerichtshofs – der Sage nach kann man dort Exponate besichtigen wie »die Hemmschwelle«, die »erhöhte Hemmschwelle«, den »Stempel des Außergewöhnlichen«, den »sukzessiven Täter«, den verrückten Grenzstein und das angespannte Gewissen – gibt es inzwischen eine ganze Vitrine mit absolut ungefährlichen Gegenständen, die allesamt Scheinwaffen sind, aber dann gleich so viel Schein enthalten, dass sie quasi über das Ziel hinausschießen: ein kurzes gebogenes Kupferrohr, Nahrungsmittel, diverse Kosmetika, ein Strohhalm. Schwierig wird es mit Sprengsätzen: Sie haben keine anerkannte Gestalt, sodass man, wenn der Täter eine Aktentasche oder eine Grapefruit auf den Banktresen legt, nicht weiß, ob es sich um eine echte Bombe, eine Scheinwaffe oder das Frühstück des Räubers handelt.

Das Ganze ist freilich wiederum logischer Unsinn, denn die Täuschung ist ja nichts, was dem Labello eigen wäre; sie ist Inhalt jeder Drohung mit einer Scheinwaffe. Der BGH hat die Fallgruppe einfach deshalb erfunden, weil er drei Jahre als Mindeststrafe für unangemessen hielt. Er bestraft seither diese Fälle nach dem Grund-Tatbestand des § 249 mit einem Jahr Mindeststrafe, wegen »Drohung mit gegenwärtiger Gefahr für Leib oder Leben«, also so, als habe der Täter überhaupt kein Werkzeug mitgeführt oder verwendet (was ja definitiv nicht stimmt). Ein ernsthafter sachlicher Grund, warum die Verwendung einer Wasserpistole, die das Tatopfer nicht sehen kann, mit einem Jahr Mindeststrafe bestraft wird, die Verwendung einer aus Knetmasse hergestellten Pistolenattrappe, die das Opfer nicht sehen kann, aber mit drei Jahren Mindeststrafe, ist beim besten Willen nicht erkennbar.

Noch absurder und ungerechter wird es, wenn der Täter sein kurzes gebogenes Kupferrohr nicht nur zur täuschenden Drohung einsetzt (ein Jahr Mindeststrafe), sondern dem Tatopfer damit eine blutende Kratzverletzung beibringt: Dann wird die absolut ungefährliche Scheinwaffe flugs zum gefährlichen Werkzeug, und die Mindeststrafe schnellt wegen des Kratzers von einem auf fünf Jahre (!) in die Höhe. Verfassungswidriger Auslegungsunsinn? Mitnichten, sagt der BGH: Da machen wir einfach einen »minder schweren Fall des § 250 Abs. 2 Nr. 1« draus (§ 250 Abs. 3). Das senkt die Mindeststrafe wieder auf ein Jahr. Und schon ist keiner mehr »beschwert«.

Das Ende dieser Kette von Widersprüchlichkeiten ist so deprimierend wie der Anfang: Wenn nämlich die Strafuntergrenze von drei Jahren für offensichtlich ungefährliche Scheinwaffen mithilfe der objektiven Korrektur auf den Grundtatbestand des § 249 (ein Jahr) gesenkt wurde, gilt dann dort wieder, in erneuter Kehrtwendung, uneingeschränkt das subjektive (!) Programm: Für die Tathandlung »Drohung mit gegenwärtiger Gefahr für Leib oder Leben« im Sinn des § 249 kommt es auf das Aussehen und die offensichtliche Ungefährlichkeit des Labello nicht an; hier wird vielmehr zugrunde gelegt, was das Opfer glaubt …

Diese richterrechtlich geschaffene Privilegierung einiger weniger Scheinwaffenbenutzer ist willkürlich. Da sie den Betroffenen nur nutzt, wird sie von ihnen aber natürlich nicht mit der Revision angegriffen. Die Staatsanwaltschaften schweigen. Die übrigen wegen Scheinwaffen nach Paragraf 250 Abs. 1 Nr. 1 Buchst. b Verurteilten sind dadurch zwar beschwert, haben aber schlechte Chancen mit der Verfassungsbeschwerde eines Verstoßes gegen den Gleichheitssatz, weil eine »Gleichheit im Unrecht« (angeblich) nicht verlangt werden kann.

Der Tatbestand des Raubs fasert also am unteren Rand in kaum verständlicher Weise aus. Wie steht es weiter oben? Dies lehrt uns der Fall der Schreckschusspistole. Ist die (geladene) Schreckschusspistole – eines der Lieblingsraubmittel – ein »gefährliches Werkzeug« oder ein »sonstiges«? Ein Strafsenat meinte: Sie ist immer gefährlich (§ 250 Abs. 1 Nr. 1 Buchst. a). Andere Senate meinten: nicht immer, sondern nur bei konkret gefährlicher Verwendung gefährlich (§ 250 Abs. 1 Nr. 1 Buchst. b, Abs. 2 Nr. 1). Wieder andere meinten, sie sei eine Scheinwaffe. Inzwischen waren seit der Neufassung des Gesetzes vier Jahre vergangen; unzählige Raub- und Diebstahlstaten waren begangen und abgeurteilt worden, die entscheidenden Fragen weiter ungeklärt (oder: mal so, mal so).

Nun kam der Große Senat für Strafsachen des BGH ins Spiel: Dieses Gremium ist zuständig für die Entscheidung von Rechtsfragen, wenn sich einzelne (Straf-)Senate des Gerichts untereinander nicht einigen können und verschiedene Rechtsansichten vertreten. Er besteht aus elf Richtern: jeweils zwei aus jedem Senat und dem Gerichtspräsidenten als Vorsitzendem. Er wird nicht von sich aus tätig, sondern von einzelnen Senaten bei Divergenzen angerufen. So geschah es im Streit um die Schreckschusspistole als »anderes gefährliches Werkzeug«: Der zweite Strafsenat verlangte eine bindende Klärung durch den Großen Senat.

Der Große Senat hatte daher im Jahr 2003 über folgende Frage zu entscheiden: Ist eine geladene Schreckschusspistole ein »anderes gefährliches Werkzeug« im Sinn von § 250 Abs. 1 Nr. 1 Buchstabe a? Eine ziemlich einfache Frage, so scheint es zunächst. Ihre Beantwortung setzt allerdings voraus, dass zwei andere Fragen geklärt werden: Was ist der Unterschied zwischen einer »Waffe« und einem »gefährlichen Werkzeug?«, und: Was ist der Unterschied zwischen einem »gefährlichen« und einem »sonstigen« Werkzeug?

Einen Anhaltspunkt bot das Gesetz mit der Formulierung »Waffe oder ein anderes gefährliches Werkzeug« in den §§ 244 Abs.1 Nr. 1a, 250 Abs. 1 Nr. 1a: Hieraus ergibt sich, dass die »Waffe« stets auch ein »gefährliches Werkzeug« ist, nicht aber jedes gefährliche Werkzeug auch eine Waffe. »Gefährliches Werkzeug« ist der Oberbegriff, »Waffen« sind eine Unterform. Dass man beide unterscheiden muss (!), ergibt sich nicht allein aus dem Wort »anderes«, sondern unmissverständlich aus § 250 Abs. 2 Nr. 2, denn dort geht es nur um Waffen; »andere gefährliche Werkzeuge« reichen nicht aus. Einen weiteren Fixpunkt für die Beantwortung der Frage bot die jahrzehntealte Rechtsprechung zur Unterscheidung von Waffen und (sonstigen) Werkzeugen: Waffe ist nur, was zur Verletzung seiner Art nach bestimmt ist.

Übertragen auf die Zoologie, kann man die Frage wie folgt verdeutlichen: Angenommen, ein Strafgesetz verbietet das Halten von Hunden und anderen Raubtieren, und es ist der Fall zu entscheiden, dass jemand eine schwarze Katze hält. Dann würde die Frage an den Großen Senat lauten: Sind schwarze Katzen als Raubtiere im Sinn des Gesetzes anzusehen?

Der Große Senat überlegte lange. Er sah den groben Fehler des Gesetzgebers. Er sah die Wirrnis der Rechtsprechung. Er sah, dass er eine Grundsatzentscheidung treffen musste. Er fürchtete sich sehr. Und dann entschied er: »Für Schreckschusspistolen wird am Begriff der Waffe nicht festgehalten.«

Dies war, liebe Deutschlehrer, der sprachlogische Super-GAU. Der Offenbarungseid. Der Leitsatz lautete, übertragen auf unser Tier-Beispiel: »Für schwarze Katzen hält der Senat am Begriff des Hundes nicht fest.« Farewell, Brehm! Adé, Humboldt! Für rote Rosen hält der Senat am Begriff des Pilzes nicht fest. Und für gelbe Unterseeboote nicht am Begriff des Luftfahrzeugs.

Das Ergebnis des der Entscheidung zugrunde liegenden konkreten Einzelfalls war damit natürlich so einfach geworden wie gewünscht: Die Schreckschusspistole wurde als Waffe behandelt. Diese geradezu erbarmungswürdige Neuschöpfung einer Fallgruppe für einen einzigen Gegenstand unter Auflösung des Oberbegriffs gilt seither als herrschende Auslegung. Sie widerspricht zwar eklatant jeder Waffen-Definition – die weiterhin verwendet wird! Das ist aber egal, solange es keiner merkt. Merke: Es gibt fliegende gelbe Unterseeboote und Katzen, die Hunde sind, wenn der Große Senat es sagt. Landgerichte, die es anders machen, werden wegen eines Rechtsfehlers aufgehoben.

Man sollte denken: So etwas kann nicht gut gehen. Es wird ein Aufschrei des Schmerzes ertönen aus den Hallen der Germanisten, den Laboren der Linguisten und den unterirdischen Gängen der Philosophen. Der deutsche Philologenverband wird zum Streik aufrufen und das Feuilleton der *FAZ* mit Trauerrand erscheinen, bis jener Satz aus der amtlichen Sammlung der Entscheidungen des BGH getilgt oder zumindest widerrufen ist … Jedoch: Nichts geschah. Die *Süddeutsche* meldete, Schreckschusspistolen seien ab jetzt Waffen. Auf die Frage, wie es um Brotmesser stehe und Brieföffner, Kieselsteine und Bierkrüge, kamen allenfalls ein paar erbleichte Professoren. Der BGH winkte ab: *Diese* Frage war ja nicht gestellt.

Das war die letzte Hoffnung: Es komme der Tag, an dem der BGH Farbe bekennen und erklären müsse, was der Unterschied zwischen Waffen und gefährlichen Werkzeugen ist und woran man die Letzteren erkennt, wenn sie nicht verwendet werden. Anlass dafür könne ein Fall des § 250 Abs. 2 Nr. 2 sein: bandenmäßiger Raub unter Mitführen von Waffen. Dann würde sich enthüllen, was misslungen und schiefgelaufen und falsch gemacht worden war. Kein Stein würde auf dem anderen bleiben. Katzen würden wieder Katzen sein dürfen, und fröhliche gelbe Unterseeboote würden aus den Wolken zurücksinken auf den Grund des Meeres, wo die Fische wohnen.

Aber es ist – nicht zum ersten Mal! – auch hier wieder

etwas Außerordentliches passiert (oder besser: nicht passiert). Seit zwölf Jahren musste kein einziger Fall entschieden werden, in dem es auf die Unterscheidung zwischen »Waffen« und »gefährlichen Werkzeugen« angekommen wäre (§ 250 Abs. 2 Nr. 2). Wie durch ein Wunder haben die Räuber dieser Welt ihre Tätigkeit derart zielgerichtet eingestellt, dass der BGH kein einziges Mal darüber nachdenken und bekennen musste, ob es sich bei jenem Leitsatz um eine Scherzerklärung oder die Auswirkung eines LSD-Trips handelte (so viel zu Revolver).

Dieses Rätsel der faktischen Kraft des Normativen (Palmström-Prinzip) ist gar nicht so selten, wie man glauben könnte: Wenn sich die Rechtsprechung auf den Spuren des Gesetzgebers, durch ständiges Ausweichen und immer neue Differenzierung, dermaßen in einen Winkel unauflöslicher Widersprüche hineingeschafft hat, dass gewisse Fallkonstellationen überhaupt nicht mehr entschieden werden könnten, ohne das ganze Gebäude zum Einsturz zu bringen – dann kommen diese Konstellationen einfach nicht mehr vor. Dann kommt es auf die Rechtsfrage, durch wundersame Fügung, im konkreten Fall nie an.

Für den äußersten Notfall hält Paragraf 337 Strafprozessordnung den Begriff des »Beruhens« und Paragraf 354a Strafprozessordnung den Begriff der »Angemessenheit der Strafe« bereit. Dann lesen wir: Es könne hier zwar ein Rechtsfehler vorliegen. Es könne auch manches falsch sein, was bisher entschieden wurde. Das könne aber hier dahinstehen, denn das Urteil beruhe nicht auf dem möglichen Fehler. Denn die Strafe »passe« schon aus anderen Gründen. Ja, so kann man es machen. Manche meinen, das sei die hohe Kunst stromlinienförmiger, also schneller und effektiver Revisionsrechtsprechung. Andere, auch ich selbst, sehen das anders.

Was haben wir jetzt? Ein bekannter deutscher Strafrechtslehrer hat die Entscheidung des Großen Senats und die Folgeentscheidungen als »Chaotisierung des Rechts« bezeichnet. Da hat er, unter systematischem Blickwinkel, schlicht und ergreifend recht. Wir haben im Bereich von Diebstahl und Raub (und räuberischer Erpressung), also einem Kernbereich unseres Strafgesetzes, ein Wirrwarr von Unklarheiten geschaffen, das einem die Tränen in die Augen treibt. Es gibt Regeln, Sonderregeln, Ausnahmeregeln, Ausnahmen von den Ausnahmen und Sonderausnahmen von Sonderausnahmen. Schwarze Katzen sind manchmal Raubtiere, manchmal Hunde, manchmal sonstige Tiere. Für kleine schwarze Katzen wird am Begriff des Tiers nicht festgehalten.

Jurastudenten bemühen sich meist im dritten Semester, das zu verstehen, und vergessen es alsbald wieder. Ein Jahr vor dem Examen lernen sie es unter Tränen der Verzweiflung beim Repetitor noch einmal auswendig. Weil sie die Entstehung und die Gründe des Chaos nicht kennen, klappt das, da es an hundert anderen Stellen ganz ähnlich zugeht, fast nie vollständig. Deshalb denken die meisten, Jura sei sehr schwierig.

Wer ist schuld? Alle oder niemand? Natürlich liegt dem allen ein eklatanter systematischer Fehler des Gesetzgebers« (ursprünglich: des BMJ; übersehen vom Rechtsausschuss, vom Bundesrat und vom Bundestag) zugrunde: Eine abstrakte Gefahr kann man nicht nach Maßgabe ihrer Konkretisierung definieren. Der BGH hat einen schlimmen sprachlogischen Fehler obendrauf gesetzt:

Man kann eine übergeordnete Kategorie (»Waffen«, »Hunde«) nicht für einen einzelnen Gegenstand aufheben (»Schreckschusspistole«, »schwarze Katzen«), ohne die Kategorie insgesamt aufzugeben: Wenn eine Schreckschusspistole eine Waffe ist, muss es selbstverständlich auch ein Kugelschreiber sein; wenn eine schwarze Katze ein Hund ist, ist auch der Tiger einer. Damit hat man – offenkundig – genau die Differenzierung aufgegeben, auf welche es für die Rechtsanwendung ankäme.

Der Gesetzgeber kennt die genannten Fehler inzwischen ganz genau. Er tut aber nichts, denn, so heißt es, die Rechtspraxis habe sich »an die Rechtslage gewöhnt«. Auf diese Weise könnte man sich auch daran gewöhnen, dass das Aufspannen von Regenschirmen bei Graupelschauern verboten ist, weil die Rechtsprechung entschieden hat, dass für Graupel der Begriff des Niederschlags nicht gelte. Oder dass Trunkenheitsfahrten auf Ergometern besonders streng bestraft werden, weil auf die Frage: Ist ein Ergometer ein Fahrzeug? entschieden wurde: »Für ortsfeste Trainingsgeräte wird am Begriff des Kraftfahrzeugs nicht festgehalten.« In Jonathan Swifts *Blefuscu* köpfte man die Eier am dicken Ende, in *Liliput* am dünnen. Abweichungen wurden jeweils sehr streng bestraft.

Man könnte nun sagen: Was geht das alles mich an? Ich beabsichtige, in nächster Zeit keinen Raubüberfall unter Mitführen eines Hosenträgers zu begehen, und ich achte darauf, beim Ladendiebstahl keine Lippenpflegestifte zu verwenden. Diese überaus konkrete Betrachtungsweise führt zu dem Ergebnis, dass einem am Strafrecht sowieso fast alles wurst sein kann, da es ja stets nur die anderen trifft. (Wenn Sie sich da mal nicht täuschen!)

Man könnte auch sagen: Sollen das doch die reparieren,

die es angerichtet haben! Das stimmt. Ein erster Schritt auf diesem Weg ist es, die Fehler und (eigenen) Verantwortlichkeiten nicht zu verschweigen, sondern zu offenbaren und verständlich zu machen. Denn es geht ja nicht um jene Art von Fehlern, die in den Foren stets 95 Prozent ausmachen: irgendeine Fehlentscheidung im Einzelfall, die der eine behauptet und niemand nachprüfen kann. Es geht um die Kompliziertheit der Struktur und die Quellen von Ungerechtigkeit, die trotz besten Willens hierin liegen können.

Ich bin mir sicher: Es gibt irgendwo in der Welt der Normen und der Welt der deutschen Sprache einen Raub-Tatbestand, der in sich schlüssig, gerecht und einfach zu verstehen ist. Denn das sind wir dem Räuber doch schuldig, dass wir ihn nach Gesetzen verurteilen, die wir wenigstens selbst verstehen.

Woher das Recht kommt

Vom »Strafgesetzbuch« ist in den Medien häufig die Rede, mal ausdrücklich, mal versteckt. Wenn in Deutschland über Paragraf 218 oder sexuellen Missbrauch gestritten, sich über »den Mordparagrafen« oder »den Geheimnisverrat« erregt wird, wenn die nächste Verschärfung der sogenannten Bekämpfung von behaupteten oder tatsächlichen Missständen verlangt oder wieder einmal eine Schutzlücke entdeckt wird, ist vom StGB die Rede. Der Bürger denkt, übertrieben ausgedrückt, an ein ehrwürdiges Werk mit ewigen Regeln, ein Buch des Wohlverhaltens und der Strafen, in welchem beim Namen genannt sind: die Gerechtigkeit, die überdauernde Moral, die Grundregeln für ein zivilisiertes Zusammenleben, die Strafen für die Bösen.

In diesen Wein der Fantasie ist Wasser der Erkenntnis zu geben: Das StGB ist, was viele Bürger tatsächlich nicht wissen, kein Buch, sondern nur ein Gesetz, das »Buch« heißt. In ihm ist geregelt, unter welchen Voraussetzungen und in welcher Weise ein Mensch zu bestrafen sei, wenn er gegen Regeln verstößt. Im Gesetz ist geregelt, was strafbar ist, damit der Bürger weiß, was er zu tun und zu unterlassen hat, um *nicht* bestraft zu werden.

Das StGB ist kein Geheimtext. Es kann von jedermann jederzeit angeschaut, gelesen, verstanden und ausgelegt werden. Es steht im Internet zur Kenntnisnahme und Diskussion bereit. Es ist eine Regel, die wir uns geben, die wir diskutieren, kritisieren, ändern oder verwerfen können. Das Strafgesetz ist nicht von der Gewerkschaft der Polizei gemacht und nicht von der deutschen Vereinigung der Besserwisser. Es ist das Werk von Bürgern, genauer: ihrer Repräsentanten. Die Richter, die ihren Diensteid darauf geschworen haben, nach Gesetz und Recht zu entscheiden, versuchen nach besten Kräften, sich daran zu halten und die geltenden Regeln anzuwenden.

Selbstverständlich ist das Strafgesetz aber keine Zusammenfassung von Slogans oder leicht verständlichen Allerweltsweisheiten. Es ist ein hochverdichteter Text, teilweise mit eigener und fremder Fachsprache vollgesogen. Manches, was man wissen muss, spricht er gar nicht aus oder nur sehr mittelbar oder an ganz anderer Stelle, als der Laie vermutet. Juristen beschäftigen sich mit dem Text solcher Gesetze wie Theologen sich mit dem Text heiliger Schriften: Er wird ausgelegt, hin und her gewogen, gedeutet. Er entwickelt ein Eigenleben, das über die Gedanken seiner Verfasser oft weit hinausgeht. Nicht allein der Wortlaut kann sich – durch den berühmten »Federstrich des Gesetzgebers« – von heute auf morgen ändern. Vielmehr ändert sich der gedankliche Inhalt der Worte in der Anwendung und mit der Entwicklung der gesellschaftlichen Verhältnisse. Sind Skateboards »Fahrzeuge«? Was bedeutet »Kraftfahrzeug«? Was ist »Wucher«? Was ist »gefährlich«? Welche Handlungen bezeichnet man als »Gewalt«, als »Täuschen«, als »Herstellen«?

Der Hohn, den über die Juristensprache gießt, wer einmal ein Brot gekauft, eine Wohnung gemietet oder eine Steuer gezahlt hat, ist oft unberechtigt und offenbart nicht selten die peinliche Beschränktheit des Höhnenden. Er ist aber nicht unverständlich. Jeder meint zu wissen, was richtig und falsch, gerecht und ungerecht ist. Vom Rechtssystem erwartet man, diesen unmittelbaren, spontanen, unreflektierten Zugang möglichst so abzubilden, dass ein jeder sich darin wiedererkennt. Das ist natürlich nicht möglich. Kein Mensch wird durch Einnahme von Blutdrucksenkern zum Facharzt für Kardiologie. Auch Googeln hilft nur wenig. So ist es halt: Sogar für die Schafzucht und das Kuchenbacken sind Fachkenntnisse nützlich. Man sollte, liebes Volk, nicht dem Schäfer vorwerfen, dass das Züchten hart, dem Konditor, dass die Sterne-Nusscreme sensibel, dem Juristen, dass das Recht kompliziert ist.

Die weitaus meisten Begriffe unserer Sprache haben nicht nur einen beschreibenden (deskriptiven) Sinn, sondern auch einen wertenden (normativen). Um sie zu verstehen, muss man eine Vielzahl von Sinn-Zusammenhängen und sozialen Bedeutungen kennen, abwägen und einbeziehen. Was heißt etwa »beleidigen«, was heißt »verursachen«? In der Alltagskommunikation huschen wir über die Abgründe, die sich hinter solchen Worten verstecken, meist hinweg (und wundern uns immer wieder, warum wir uns mit den Mitmenschen nicht »verstehen«). Viele dieser Bedeutungs-Probleme haben mit sozialer Empathie zu tun. Man kennt das Phänomen aus Beziehungs- und Ehestreitigkeiten: Da sitzen, scheinbar unverhofft, zwei Menschen am Tisch, die dieselbe Sprache sprechen wie immer – aber die Worte kommen nicht (mehr) an, erscheinen fremd, feindselig und unverständlich. Menschen sind eine biologische Spezies, die sich nur durch ununterbrochene Kommunikation in der Welt orientieren kann. Der Vorwurf, »nicht verstanden« zu werden, ist allgegenwärtig.

Viele andere Probleme haben ihre Ursache eher auf der

Ebene gesellschaftlicher Kommunikation: Was wir beispielsweise unter »verursachen« verstehen wollen, ergibt sich nur in einer sehr komplizierten wechselseitigen Zuschreibung von Wertungen. Der Fahrer des Busses, mit dem der Bankräuber zum Tatort fährt, hat den Raubüberfall ebenso verursacht wie die Mutter des Täters, die ihn geboren hat. Trotzdem möchte man sicher weder den einen noch die andere bestrafen. Aber warum? Und wie ist es mit dem Waffenhändler, der dem Bankräuber die Tatwaffe verkauft hat, ohne nach dem Zweck oder dem Waffenschein zu fragen? Mit solchen Fragen sind Sie mittendrin in der Juristerei. Sie ist gar nicht so fremd und fern liegend, wie viele denken.

Das Strafgesetzbuch ist kein Buch. Es kennt keine endgültige Form. Es verändert sich von heute auf morgen in Wortlaut, Bedeutung, Anerkennung und Anwendung. Was heute gilt, gilt heute und wirft über den Haufen, was gestern galt. Ob es in der nächsten Woche noch gilt, weiß man nicht, denn das bestimmt derjenige, der das Gesetz macht: der »Gesetzgeber«. Seit dem Jahr 1871, als das Strafgesetz für das Deutsche Reich aus vielen verschiedenen Vorläufern entstand, ist es mehr als 240 Mal umgeschrieben worden: vom Kaiser, vom Reichstag, vom Führer, vom Bundestag. Die Literatur zur Änderungsgeschichte füllt gewaltige Bibliotheken.

Man liest in der Zeitung: Die Kanzlerin wolle dies regeln, ein Minister jenes, eine Partei ein Drittes. Der aufgeklärte Bürger weiß: Das sind politische Absichtserklärungen, Gesetze entstehen anders. Wer macht sie? In der Praxis sind es in erster Linie die Bürokratien der Ministerien. Anders als der gemeine Wutbürger meint, als Pegida fantasiert und der nur noch als Schatten auftretende deutsche Kabarettist behauptet, ist das keine Versammlung von strohdummen, inkompetenten Langweilern, die sich täglich beim Frühstück überlegen, wie sie die legitimen Interessen des Volks am besten mit Füßen treten. Im Gegenteil: Es bemüht sich eine Vielzahl außerordentlich sachkundiger, erfahrener und gutwilliger Menschen mit einer sehr anspruchsvollen und schwierigen Ausbildung darum, aus politischen Ideen in einer äußerst komplizierten gesellschaftlichen Umgebung das jeweils Beste zu machen.

Denn für die politische Idee sind die vielgeschmähten Bürokraten nicht verantwortlich. Manche von ihnen haben solche Ideen, manche nicht. Sie werden dafür nicht bezahlt, sie sind dafür nicht gewählt. Sie tun ihre Pflicht, wie jeder von uns, gut oder ein bisschen besser oder schlechter. Es gibt wahrlich keinen Anlass, sie für geistig beschränkt, emotional verarmt oder sozial verkrüppelt zu halten – ganz im Gegenteil. In einem wunderbaren Zusammenwirken der Kräfte schafft es die aus unendlich vielen Menschen bestehende Bürokratie, unser Gemeinwesen am Laufen zu halten. Eine funktionierende Müllabfuhr ist ein zivilisatorisches Wunder. Da kann die Veranstaltung eines sogenannten Kabarett-Gipfels nicht mithalten, bei dem ahnungslose Quoten-Germanist(inn)en sich über die vermeintliche Weltfremdheit von Beamten lustig machen.

Im Publikum sitzen dann oft prominente Politiker und unprominente Würstchenbuden- oder Apothekenbetreiber und schlagen sich auf die Bäuche vor lauter Humor. Aus den Händen der Verhöhnten empfangen all diese Zivilisationskritiker und Freiheitsfreunde auf ihre Anträge und Sonderwünsche in kürzester Zeit Bescheide von höchster Differenziertheit in beeindruckend verständlicher Sprache. Viele von ihnen erreichen in eigenen Angelegenheiten nicht ansatzweise die Akribie, Perfektion und Zuverlässigkeit, die sie lauthals von jeder Schreibkraft einer Ortsbehörde fordern. Wenn sie einem Fremden eine einfache Eishockey-Regel oder den Weg zum Hauptbahnhof erklären sollen oder sie ihren Kindern verständlich machen wollen, was ein Newtonmeter ist, verstricken sie sich heillos im Wortsalat.

Wer also ist »der Gesetzgeber«? Nicht die Bundeskanzlerin, die Koalitionsrunde, ein Minister oder »die da oben«. Für die Menschen, die auf diesen Positionen sitzen, ist das enttäuschend, denn sie sind sich subjektiv oft ganz sicher, dass niemand anderes als sie selbst die Verursacher der Weltbewegungen sind. Aber das täuscht.

Wir müssen uns schon an die Verfassung halten: Gesetzgeber ist zunächst der Deutsche Bundestag, also seine Mehrheiten, also seine Fraktionen: von Parteien beherrschte Gruppen. Wenn es einmal ganz stark menschelt im Parlament (es geht dann meist ums Sterben oder um die NS-Vergangenheit), verkünden die Fraktionsführer, angesichts derartiger Herausforderungen sei der Fraktionszwang aufgehoben. Jetzt, heißt das, dürfen die Abgeordneten, die »frei gewählt« und »allein ihrem Gewissen« verantwortlich sind, abstimmen, wie sie wirklich wollen. Sechzig Millionen Wähler hören sich diese ungeheuerliche Bestätigung der Macht-Usurpation durch ein paar private Vereine an wie die Schafe und schweigen. »Abgeordnete des ganzen Volkes« erhalten von den Führern einiger Parteien die Sondererlaubnis, abzustimmen, wie sie wollen! Wer sich dies außerhalb solcher – dann jeweils mit Tremolo als »Sternstunden des Parlamentarismus« beweihräucherter – Gelegenheiten herausnimmt, hat seine politische und oft auch berufliche Karriere verwirkt. Arme Würstchen in den riesigen Fußstapfen der Deputierten von 1789 und 1848!

Gesetzgeber ist in unserer föderalen (bundesstaatlichen) Staatsordnung auch der Bundesrat: ein vielen Bürgern fremdes Organ, die Vertretung der Länder. Dort werden Mehrheiten aus vorgegebenen Stimmenzahlen einzelner Bundesländer gebildet. Wie diese Stimmen im jeweiligen Land zustande kommen, ist Sache der dortigen Politik. Der Bundesrat hat Ausschüsse und Unterausschüsse, er entscheidet alle drei Wochen in Plenarsitzungen. Er kann Gesetze, die die Interessen der Länder berühren, aufhalten und einem Kompromiss-Verfahren zuführen – verhindern kann er sie in der Regel nicht. Gesetze entstehen somit im Wechselspiel zwischen Ministerial-Bürokratien, die (partei-)politisch geführt, aber zur Verzweiflung der Parteipolitiker nicht wirklich kontrollierbar sind, und den nach Parteien-Proporz mit Berufspolitikern besetzten Ausschüssen des Bundestags.

Ministerialbeamte haben oft ein sehr schlechtes Bild von Politikern. Sie verachten und fürchten sie zugleich. Sie halten sie für inkompetent, populistisch, anmaßend, andererseits für trickreich und machtbesessen. Der mittelmäßige Rechtsanwalt, der es aus seiner Kleinstadt auf wundersame Weise auf eine Landesliste gebracht hat, erklärt vom Tag der Wahl an Spitzenbeamten die Welt, denen er einen Monat zuvor noch die Aktenmappe nachtrug. Einem mächtigen Politiker unangenehm aufzufallen kann für einen Beamten sehr lange sehr schmerzhaft sein.

Einer der gefährlichsten Fehler, den ein Ministerialbeamter machen kann, ist eine Kommunikation auf Augenhöhe mit Politikern – also sich für ebenso fachkundig, wichtig und würdig zu halten wie sie, ihnen ebenso oft ins Wort zu fallen, wie sie es umgekehrt tun, überhaupt in irgendeiner Weise die eigene Bedeutung ins Spiel zu bringen.

In der Praxis bedeutet das: Gehst du, oh Ministerialdirigent, in den Petitionsausschuss, so kleide dich schlicht, senke dein Haupt und lass dich wie einen Idioten behandeln von Menschen, die du nicht einmal als Hilfsreferenten in deiner Unterabteilung einstellen würdest.

Politiker andererseits verachten und fürchten Ministerialbeamte: Diese haben keine Ahnung von parteipolitischen Trends. Ständig bremsen sie. Sie verfügen über ein unerschöpfliches Reservoir an Bedenken, Gegenargumenten, beharrenden Kräften. Aus unerfindlichen Gründen sind sie von den spontanen Ideen des Ministers oder des stellvertretenden Fraktionsvorsitzenden nicht sonderlich beeindruckt. Sie sind undurchdringlich. Sie waren schon da, lange bevor man selbst kam, und werden dableiben, wenn man selbst lang vergessen ist. Sie haben die Eingebungen des vorletzten Ministers umgesetzt und die Korrekturen des letzten. Und auch die Anstrengungen des künftigen werden sie begleiten.

Das mag ein wenig zynisch klingen, ist aber nur die freudige Erfahrung eines 35-jährigen Lebens im öffentlichen Dienst und zugleich das hohe Lied der Bürokratie. Trotzdem gilt aber: Bürokratie ohne politische Gestaltung ist nichts.

Die Vermittlung zwischen den beiden Welten ist nicht immer leicht. Sie funktioniert über die Hierarchie des Beamtenwesens und die Verzahnung des politischen Apparats mit dem der Verwaltung in hybriden Konstruktionen, zum Beispiel der des »politischen Beamten« oder der Staatssekretäre. Wer alles im Griff haben und beherrschen will, versucht sich in einer Partei nach oben zu boxen und gleichzeitig staats- und verwaltungsrechtlich abzusichern. Das ist die hohe Schule.

Das Strafgesetzbuch müsste eigentlich anders heißen: »Strafverfolgungsbegrenzungsgesetz« hat es der bedeutende Frankfurter Strafrechtswissenschaftler Wolfgang Naucke genannt. Er hatte dabei den Artikel 103 Absatz 2 unseres Grundgesetzes im Auge, der lautet: »Eine Tat kann nur bestraft werden, wenn die Strafbarkeit gesetzlich bestimmt war, bevor die Tat begangen wurde.« Das ist die sogenannte Tatbestands-Garantie: Eine Handlung kann nicht deshalb bestraft werden, weil irgendeine Mehrheit oder ein Gericht sie für strafwürdig hält. Nicht um die Moral geht es im Strafrecht, sondern um die Bestimmtheit: Ein Gesetz muss »Merkmale« eines sogenannten »Tatbestands« genau beschreiben und dafür eine Strafe androhen. Wenn morgen die Strafbarkeit des Fotografierens von Kindern bei Familienfeiern oder im Urlaub eingeführt wird, können alle beruhigt bleiben, die Tausende solcher Fotos zu Hause haben: Zum Zeitpunkt ihrer »Tat« war das Verhalten nicht strafbar.

Das Gegenteil einer solchen rechtsstaatlichen Tatbestands-Garantie ist eine strafrechtliche »Analogie«. Der NS-Gesetzgeber hatte bis 1945 in Paragraf 2a (alter Fassung) geregelt, wenn der Tatbestand eines Gesetzes nicht »passe«, müsse der Richter aus einem anderen, »ähnlichen« Gesetz bestrafen. »Nullum crimen sine poena«, nannte das der NS-Jurist mit Stolz aufs große Latinum, »Kein Verbrechen ohne Strafe«. Der berühmte Staatssekretär Roland Freisler schrieb 1941, den »Mörder« im Sinn des § 211 StGB habe der Gesetzgeber (in diesem Fall: er selbst) nicht aus Tatbestandsmerkmalen zusammengesetzt, sondern »einfach hingestellt – damit der Richter ihn ansehen und sagen kann: Das Subjekt verdient den Strang.«* Diese Sichtweise hat noch heute überall auf der Welt viele Anhänger: Keine Sauerei soll ungestraft bleiben (nur die eigene).

Der Rechtsstaat, auf den wir stolz sind, sieht das seit 200 Jahren anders. »Nulla poena sine lege« heißt es hier: »Keine Strafe ohne Gesetz.« Was ein »crimen«, also ein Verbrechen ist, bestimmt danach nicht das eigene Empfinden oder die Moral oder der Volkszorn, sondern allein das Gesetz, das in einem geordneten, rationalen Verfahren geschaffen wurde.

Darüber muss und kann man (eigentlich) nicht mehr verhandeln. Man muss es aber trotzdem immer wieder erklären, denn im Bewusstsein einer recht breiten Bevölkerungsschicht ist dieser – für Juristen selbstverständliche – Satz leider noch immer nicht angekommen. Vielfach ist er auch nur vergessen: Erst das Leben unter einer Willkürherrschaft lässt den unglaublichen Schritt in die Freiheit ermessen, den die Tatbestands-Garantie bedeutet.

Sie ist, auch das muss man erwähnen und zugeben, kein »Weltgesetz«. Herr Hegel hat nicht das Uhrwerk eines ewigen Mechanismus entdeckt, sein Weltgeist drehte an den Rädern des 18. Jahrhunderts. Tausende Jahre haben menschliche Gesellschaften ohne Tatbestands-Garantie

* Freisler, Deutsche Justiz 1941, S. 929, 934.

existiert. Erst wir betrachten sie als eines der Essentialia der Moderne, als Grundvoraussetzung rechtsstaatlicher Verfasstheit. Und haben uns doch mehr als einmal davon gelöst: Die Nürnberger Kriegsverbrecherprozesse etwa fanden auf der Basis rückwirkender Bestrafung statt. Und auch die sogenannte strafrechtliche »Aufarbeitung des DDR-Unrechts« kam ohne problematische Konstruktionen und Rückgriffe auf angeblich naturrechtliche Strafrechtsgrundsätze nicht aus.

Bei Systemwechseln versagen unsere ewigen Wahrheiten. Das zeigt, dass sie nicht ewig sind, sondern politisch bedingt und veränderbar. Dadurch allein werden sie freilich nicht entwertet. Die Erkenntnis ihrer sozialen Natur öffnet also nicht etwa eine legitimatorische Tür zur Willkür. Sondern sie zeigt, dass die Normen aus der Wirklichkeit entstehen, nicht die Wirklichkeit aus der Norm. Das ist sehr beruhigend. Denn dann liegt es ausschließlich an uns, wie wir die Welt gestalten.

Lasst endlich das Sexualstrafrecht in Ruhe!

Artikel 36 der Konvention des Europarats zur Bekämpfung von Gewalt gegen Frauen und von häuslicher Gewalt fordert von den Mitgliedsstaaten unter der Überschrift »Sexuelle Gewalt«, jegliche Form von sexuellen Handlungen »gegen den Willen einer Person« unter Strafe zu stellen. Deutschland hat die Konvention unterzeichnet, aber noch nicht ratifiziert und in innerstaatliches Recht umgesetzt. Sie ist nach Ratifikation durch zehn Staaten im Jahr 2014 in Kraft getreten. Seither ist in Deutschland streitig, ob unser Strafgesetz den Anforderungen dieser Konvention schon genügt oder ob es ein weiteres Mal ausgeweitet werden muss. Eine Mehrheit derjenigen Sachverständigen, die sich bisher geäußert haben, vertritt die letztgenannte Ansicht: Es existierten gesetzliche Schutzlücken. Die Minderheit meint, dass unsere Gesetze durchaus ausreichen (zu dieser Minderheit gehöre ich selbst). Die Begriffe »Mehrheit« und »Minderheit« beziehen sich hier freilich auf eine mikroskopisch kleine Gruppe von Personen, die professionell mit dem Sexualstrafrecht befasst sind. Selbst unter ihnen ist streitig, was heute schon geregelt ist und was nicht. Die meisten Menschen in Deutschland wissen überhaupt nicht, wovon die Rede ist.

Hier wird ein grundlegendes Problem sichtbar: Selbst

in Rechtsbereichen, die jeden Bürger angehen und von allen mit hoher Sensibilität und Aufmerksamkeit beobachtet werden, entfernt sich die geschriebene und gelebte Rechtsordnung immer mehr vom Verständnis – und auch von der Verständnisfähigkeit – der Bürger. Würde man unter deutschen Abiturienten einen Wissenstest über Grundlagen des Sexualstrafrechts machen, so wäre das Ergebnis vermutlich erschütternd.

Nun darf man in einer komplizierten Welt nicht erwarten, dass die Rechtsregeln des Zusammenlebens so einfach sind, dass sie stets und ohne jede Anstrengung von jedermann verstanden werden können. Man wird von den Bürgern den Willen verlangen können, zu akzeptieren, dass komplizierte Sachverhalte kompliziert bleiben, und sich anzustrengen, um schwierige soziale Probleme zu verstehen sowie eigene Meinungen und Vorverständnisse infrage zu stellen.

Wille und Fähigkeit dazu sind nicht von der gesellschaftlichen Position oder dem Beruf abhängig. Journalisten, die über Diskussionen zum Sexualstrafrecht oder über Einzelfälle berichten, haben oft nicht nur wenig Ahnung von der Sache, sondern auch empörend geringes Interesse, Kenntnis zu erwerben. Sie leben in einem selbst geschaffenen Parallel-Kosmos der Nachrichtenlage, der Klicks und der sich überstürzenden Neuigkeiten. Es ist ein Jammer.

Noch beklagenswerter ist der Umstand, dass in einem zentralen Bereich des formellen Rechts – strafrechtlicher Schutz der sexuellen Selbstbestimmung – nur ein winziger Teil der Bevölkerung überhaupt weiß, was die in der Rechtssphäre verwendeten Begriffe überhaupt bedeuten, und praktisch niemand außer ein paar Spezialisten mehr den Inhalt und die Folgen des Rechts übersieht. Die Vorschrift des § 177 Strafgesetzbuch (»Sexuelle Nötigung/Vergewaltigung«) enthält in fünf Absätzen mehr als 25 »Tatbestandsvoraussetzungen« objektiver (äußerer) und subjektiver (innerer) Art, die ihrerseits von zahlreichen Wertungen abhängig sind.

Kein Laie, der diese gesetzliche Regelung liest, kann sie wirklich verstehen. Art. 103 Abs. 2 des Grundgesetzes schreibt aber vor, dass jeder gutwillige Bürger aus dem Gesetz die Voraussetzungen erkennen muss, unter denen er sich strafbar macht. Bei den Straftaten gegen die sexuelle Selbstbestimmung ist das inzwischen oft zweifelhaft.

Am 28. Januar 2015 hat der Ausschuss für Recht und Verbraucherschutz des Deutschen Bundestags eine öffentliche Anhörung von Sachverständigen durchgeführt zu dem Thema: Brauchen wir aufgrund der genannten Europa-Konvention eine Ergänzung des deutschen Strafgesetzbuchs, um einen hinreichenden und den europäischen Standards genügenden Schutz der sexuellen Selbstbestimmung zu gewährleisten? Ich war als einer von sieben Sachverständigen zu dieser Anhörung geladen und durfte mich äußern. Anwesend waren etwa 12 von 39 Abgeordneten, die dem Ausschuss angehören; außerdem Vertreter des Justizministeriums. Die Öffentlichkeit bestand, wie bei solchen Anhörungen üblich, aus Mitarbeitern der Fraktionen, Journalisten, Verbandsvertretern.

Den schönsten Satz des Tages sprach die Vorsitzende des Ausschusses, Renate Künast: »Wir«, sagte sie (sinngemäß), »sind dazu da, ein in sich schlüssiges System des Strafrechts zu schaffen. Für die praktische Umsetzbarkeit sind wir nicht verantwortlich.«

Das ist ein Wort! Es bringt das Zusammenspiel der Gewalten in der Bundesrepublik auf einen anschaulichen Nenner, der lautet: Egal, was rauskommt, Hauptsache, mir kann hinterher keiner was. So kann man das machen, muss es aber nicht.

Die deutsche Strafgesetzgebung hat in den letzten zwei Jahrzehnten nicht gerade durch beeindruckende systematische Schlüssigkeit von sich reden gemacht. Im Gegenteil haben viele – auch Wohlmeinende – immer wieder sagen müssen: Es ist ja wohl wenigstens gut gemeint. Dies nun auch noch von den Füßen auf den Kopf zu stellen und aus der gröbsten Schwäche ein sich selbst genügendes Ziel zu konstruieren, setzt ein hohes Maß an Selbstgewissheit voraus, zu welchem man fragen könnte: Aus welcher Quelle schöpft es, wenn nicht aus der puren Freude an der Macht?

Ein Nachmittag als Sachverständiger im Rechtsausschuss ist spannend, schon im Vorfeld. Zunächst die Frage: Von wem ist man benannt worden? Unsere parlamentarische Demokratie funktioniert ja tatsächlich nicht entfernt so, wie sie sich nach außen darstellt.

Ein Ausschuss lädt also keineswegs Personen als Sachverständige, weil seine Mitglieder meinen, selbst nicht über genügend Sachkunde zu verfügen. Das würde ja voraussetzen, dass die Ausschussmitglieder mangelnde Sachkenntnis zugeben. Dieser Mangel erscheint einem deutschen Parteipolitiker zwar beim jeweiligen Gegner als zwingend, niemals aber denkbar bei sich selbst. Ein Abgeordneter, der in Reichweite eines Mikrofons einräumt, von einem beliebigen Thema dieser Welt nach einem Monat Einarbeitungszeit immer noch nicht praktisch alles zu verstehen, müsste sich als »bunter Hund« behandeln und von der sachverständigen Boulevardpresse als »Deutschlands dümmster Abgeordneter« feiern lassen.

Abgeordnete des Deutschen Bundestags (übrigens auch der Landesparlamente) wissen daher im Zweifel alles über alles. Notfalls lassen sie es »bis morgen raussuchen«. Der Augenblick, in welchem der Wähler entschieden hat, dass der Kandidat X auf der Landesliste Y noch ins Parlament gerutscht ist, ist der Moment eines wundersamen Erblühens von Erdkundelehrern zu Rüstungsexperten, Rechtsanwältinnen zu Gelehrten und Diplomingenieuren zu Weltökonomen.

Anders gesagt: Weder die Abgeordneten noch die Fraktionen benötigen – aus ihrer subjektiven Sicht – eigentlich sachverständige Beratung und Hilfe, um sich irgendetwas bisher nicht Verstandenes erklären zu lassen. Vielmehr muss der jeweils erwählte Sachverständige davon ausgehen, dass allen Mitgliedern des Ausschusses, vor dem er erscheinen darf, alles Wesentliche bereits geläufig ist.

Aus diesem Grund lädt eine jede Fraktion auch nur jene als Sachverständige, von denen sie sicher ist, dass sie genau ihre Meinung vertreten und die anderer Fraktionen als sachlich verfehlt brandmarken werden. Wenn hierüber Unklarheiten bestehen, wird der Sachverständige von Mitarbeitern der betreffenden Fraktion kontaktiert und befragt, ob und welche Meinung er vertritt und öffentlich darzulegen bereit ist.

So kommt es, wie es kommen soll: Die Sachverständigen, die von der Mehrheit benannt wurden, vertreten die Mehrheitsmeinung, die von der Minderheit benannten die Meinung der Minderheit. Das kann, muss aber nicht immer die Mehrheitsverhältnisse des Bundestagsplenums abbilden; es gilt für die jeweilige Sachfrage und die Mehrheitsverhältnisse im Ausschuss. So zeichnete sich im Vorfeld der Anhörung, die formell (nur) den Entschließungsantrag der Fraktion Die GRÜNEN betraf, eine erstaunliche Koalition der Strafrechtsverschärfungs-Befürworter ab; einzig die SPD blieb kritisch und lud daher zwei kritische Sachverständige. Unter anderem mich.

Jede Anhörung beginnt mit einleitenden Statements der Sachverständigen. Sie dauern jeweils fünf Minuten und bestehen aus einer Kurzzusammenfassung der vorab eingereichten schriftlichen Stellungnahmen. Alle im Saal kennen, wenn sie wollen, den Inhalt im Voraus.

Sodann stellen die Mitglieder des Ausschusses Fragen an die Sachverständigen: an die jeweils »eigenen« Sachverständigen, um diesen Gelegenheit zu geben, das Gesagte noch einmal zu wiederholen (Fragebeginn: »Könnten Sie bitte noch einmal darlegen, warum …«), an die Sachverständigen der Gegner, um deren Inkompetenz zu entlarven (Fragebeginn: »Meinen Sie im Ernst, dass …«).

Alle Fragen, die gestellt werden, haben sich die Sachverständigen übrigens auch schon gestellt. Oft haben sie ein Viertel ihres Lebens damit verbracht. Im Ausschuss haben sie pro Antwort ungefähr vier Minuten lang Zeit. Die Ausschussmitglieder nicken beifällig, wenn der Sachverständige sagt, was sie hören wollten. Ansonsten schütteln sie den Kopf und präsentieren sich im Habitus des vollständigen Unverständnisses: Haben Sie, liebe Kollegen, etwa verstanden, was dieser Professor da redet?

Vorne sitzt der Vorsitzende des Ausschusses. Er steuert die Stimmung, wie der Strafkammervorsitzende am Landgericht, redet dazwischen, macht Witze, wie und wann er will. Im wirklichen Leben war er in der Regel Rechtsanwalt. Sein Leben besteht seit dreißig Jahren aus Gremiensitzungen und der Taktik ihrer Beherrschung. Von der objektiven, aufmerksamen, sensiblen, chancengleichen Leitung einer großen kontroversen Sitzung hat er durchweg wenig Ahnung, die meisten Vorsitzenden von Kammern am Landgericht oder Verwaltungsgericht könnten es besser. Zum Ausgleich hat er jenes innere Leuchten, jene Gewissheit, die einzig der puren Macht entspringt: Wir können alles!, lautet die Botschaft.

Am 28. Januar trugen dem Rechtsausschuss mindestens zwei Sachverständige (Rechtsanwältin Christina Clemm aus Berlin, Mitglied von Nebenklage e.V., und Katja Grieger, Geschäftsführerin des Bundesverbands Frauenberatungsstellen und Frauennotrufe, Frauen gegen Gewalt e.V.) Folgendes vor: In der Vergangenheit seien in einer außerordentlich großen Zahl von »Vergewaltigungsfällen« die Täter aufgrund hanebüchener Entscheidungen von Gerichten oder Staatsanwaltschaften straffrei davongekommen. Das beruhe auf einer verfehlten Rechtsprechung des Bundesgerichtshofs, welche ihrerseits auf der unzureichenden Gesetzeslage seit 1997 beruhe.

Die Übereinstimmung dieser beiden Sachverständigen war vorauszusehen. Denn sie hatten im Jahr 2014 gemeinsam eine Publikation verfasst und herausgegeben, in der alles schon stand: »Frauen gegen Gewalt e.V., Fallanalysen zu bestehenden Schutzlücken in der Anwendung des deutschen Sexualstrafrechts …« (34 Seiten, Berlin 2014). Die Verbände, die sie vertreten, sind die wesentlichen Initiatoren der Gesetzes-Initiative; der Entschließungsantrag der GRÜNEN (Bundestags-Drucksache Nr. 18/1969) zitiert ausschließlich ihre Quellen.

Wenn zwei Co-Autoren derselben Publikation als (zwei von sieben) Sachverständige geladen werden, hat das mit Politik viel, mit dem Bedürfnis nach (vielleicht auch kontroversem) Sachverstand wenig zu tun. Wohlgemerkt: Das ist erlaubt und üblich. Man muss nur, liebe Journalisten und Bürger an den Empfangsgeräten draußen im Lande, verstehen, worum es geht. Eine Sachverständigen-Anhörung in einem Ausschuss des Deutschen Bundestags hat mit kritischem Sachverstand bloß am Rande und mit objektiver Wissenschaft fast nichts zu tun.

Nehmen wir es, wie es ist. In den vergangenen 15 Jahren hatten die beiden genannten Sachverständigen nach eigenen Angaben 107 Fälle der Vergewaltigung gesammelt, die von der deutschen Justiz nicht angemessen abgeurteilt worden seien: Fälle, in denen Vergewaltiger angeblich freigesprochen, massivste Nötigungen eingestellt wurden. Man habe »aufgehört zu zählen«! Die wahre Zahl (Dunkelziffer) sei unbekannt, aber jedenfalls außerordentlich hoch. Auf Nachfrage eines Abgeordneten: alles gesichert.

Nehmen wir also eines jener gesicherten Beispiele aus der Publikation »Fallanalysen« des Bundesverbands Frauen gegen Gewalt e.V., auf das die beiden Sachverständigen sich beriefen, ein Urteil des Landgerichts Essen vom 10. September 2012 (Aktenzeichen 25 KLs 10/12). In dem vor dem Ausschuss vorgelegten Gutachten ist ausgeführt: »In sämtlichen dieser Analyse zugrunde liegenden Fällen haben die Betroffenen ihren entgegenstehenden Willen ausgedrückt und die Täter haben dies wahrgenommen. Es geht hier ausdrücklich nicht um Fallkonstellationen, in denen eine Betroffene zunächst sexuelle Handlungen abgelehnt hat, im Laufe des Geschehens dann aber ihre Einstellung revidiert hat.«*

Das Urteil des Landgerichts Essen ist im Internet veröffentlicht. Dort ist folgender Sachverhalt festgestellt worden: Der zum Tatzeitpunkt angetrunkene und bekiffte Angeklagte befand sich mit drei jungen Frauen, unter anderem der Anzeigeerstatterin, allein in seiner Wohnung. Die drei Frauen lagen zunächst gemeinsam auf einer Matratze. Der Angeklagte schickte dann zwei Frauen vor die Wohnungstür. »Dann ging er zur Zeugin T hinüber und legte sich zu ihr auf eine Matratze. Er forderte die sexuell nicht unerfahrene Zeugin auf, sich auszuziehen. Sie sagte zunächst: ›Nein, das mache ich nicht.‹ Was dann im Einzelnen geschah, konnte die Kammer nicht aufklären. Es konnte nicht ausgeschlossen werden, dass die Zeugin ihre zunächst ablehnende Haltung aufgab und sich freiwillig und selbständig entkleidete. Anschließend legte sie sich rücklings auf die Matratze und hob ihre Beine hoch, um dem Angeklagten ein Eindringen … zu ermöglichen … Dass der Angeklagte Kenntnis von dem entgegenstehenden Willen der Zeugin hatte, ließ sich nicht feststellen.«**

Zur Beweiswürdigung hat das Landgericht ausgeführt: »Zwar hat die Zeugin glaubhaft geschildert, den Geschlechtsverkehr nicht gewollt zu haben … Sie hat aber keine Äußerung dazu gemacht, wie sie diesen entgegenstehenden Willen gegenüber dem Angeklagten kundgemacht hat. … Entgegen den Angaben, die die Zeugin zunächst gemacht hat, … hat die Zeugin ausgesagt, dass sie nicht ausschließen könne, dass sie sich selbst entkleidet

* Grieger/Klemm u.a., Fallanalysen, 2014, S. 3.

** Volltext u.a. auf openjur.de.

und ihren Widerstand aufgegeben habe. Auch auf mehrfache Nachfrage blieb sie bei dieser Aussage. Dass der Angeklagte ihre Beine auseinandergedrückt habe …, hat die Zeugin ebenfalls nicht bekundet. Sie hat … ausgesagt, dass sie die Beine in die Luft gehoben habe, um dem Angeklagten ein Eindringen zu ermöglichen …« Das Landgericht hat den Angeklagten freigesprochen, weil der Tatbestand einer sexuellen Nötigung/Vergewaltigung nicht bewiesen sei: Zum einen sei nicht erwiesen, dass die Zeugin zum Zeitpunkt des Geschlechtsverkehrs überhaupt noch einen entgegenstehenden Willen gehabt habe; zum Zweiten sei nicht erwiesen, dass der Angeklagte dies angenommen, also einen Tatvorsatz gehabt habe.

Es handelt sich hier – nach den Beurteilungsmöglichkeiten, die man als sachkundiger Leser hat – um eine zutreffende Entscheidung. Schon die Grundvoraussetzung einer »Nötigung«, nämlich der entgegenstehende Wille, ließ sich nicht feststellen: Die Behauptung der »Fallanalyse« ist offensichtlich falsch. Dass in dem Urteil überflüssigerweise auch noch ein paar unzutreffende Bemerkungen zu Nötigungsvarianten gemacht wurden, spielte für das Ergebnis nicht die geringste Rolle.

Ein anderer Fall: Ein Volleyballtrainer bedrängt eine Spielerin in der Umkleidekabine und berührt sie an der Brust. Sie sagt, dass sie dies nicht wolle. Er antwortet, dann dürfe sie an bevorstehenden Turnieren – die ihr sehr wichtig sind – nicht teilnehmen. Sie lässt daraufhin seine Grabschereien über sich ergehen.

Dieser Sachverhalt erfüllt, soweit ich es sehe, den Tatbestand einer Nötigung in einem besonders schweren Fall (§ 240 Abs. 4 StGB) und ist mit Freiheitsstrafe bis zu fünf Jahren bedroht. Das Gutachten aber führt den Fall als Beispiel für eine »Strafbarkeitslücke« an. Eine solche besteht indes nicht. Wie und von wem der Fall entschieden wurde, erfährt der Leser nicht. Hätte ein Gericht oder eine Staatsanwaltschaft den Sachverhalt als »nicht strafbar« angesehen, so wäre das eine offensichtliche Fehlentscheidung, nicht aber eine Lücke im Gesetz.

Ein weiterer (provozierender) Fall aus der Sammlung der zwei Sachverständigen, einer, den der Bundesgerichtshof entschieden hat (Aktenzeichen 5 StR 613/12): Die Anzeigeerstatterin, die auch eine eigene Wohnung hatte, schlief, obwohl es in der Vergangenheit mehrfach zu Übergriffen des Angeklagten gekommen war, mit ihm weiter in seiner Wohnung in einem Bett. Mehrfach führte der Angeklagte seinen Penis von hinten in die Scheide der schlafenden Zeugin ein, bis diese erwachte und sich ihm entzog. Obwohl sie ihm sagte, dass sie dies nicht wolle, kam es auf immer dieselbe Weise zu ungefähr 100 (!) entsprechenden Taten.

Der Bundesgerichtshof hat die Verurteilung durch das Landgericht aufgehoben, weil das Gericht sich nicht genügend mit der Frage befasst hatte, ob der Angeklagte in allen Fällen den erforderlichen Tatvorsatz hinsichtlich des entgegenstehenden Willens hatte. Es sei schwer erklärlich, wieso die Geschädigte sich immer wieder – freiwillig?, jedenfalls ohne irgendeinen Zwang – in genau jene Situation begeben habe, deren Ausnutzung sie doch befürchtete und der sie sich leicht hätte entziehen können.

»Das Landgericht«, so der BGH, »hat der Nebenklägerin über die ausgeurteilten Fälle hinaus insgesamt etwa dreißig zwischen Juni und September 2011 geschehene Vorfälle der Penetration während ihres Schlafs abgenommen. Gleichwohl führte die Nebenklägerin, die eine eigene Wohnung hatte, das mit intensiven Sexualkontakten einhergehende Liebesverhältnis immer weiter fort; sie begab sich dabei fortlaufend bewusst durch gemeinsames Zubettgehen in die nach ihren Angaben ungewünschte riskante Tatausgangssituation, ohne dass nähere Umstände festgestellt wären, wonach sie aus ihrer Sicht nicht mit einer Wiederholung des ungewollten … Missbrauchs durch den Angeklagten während ihres Schlafs hätte rechnen müssen. Selbst wenn … mangelndes Einverständnis der Nebenklägerin prinzipiell feststellbar sein mag, hätte vor diesem Hintergrund die Möglichkeit mangelnder Vorstellung des Angeklagten vom fehlenden Einverständnis der Nebenklägerin im Rahmen der Beweiswürdigung zu diesen Fällen näherer Erörterung und Problematisierung bedurft.«*

Auch diese Entscheidung war ersichtlich kein Fehlurteil, wenn man die Aufgaben und Möglichkeiten des Revisionsgerichts kennt und bedenkt.

Der Betrachter kann die Voraussetzungen für die Annahme eines Verbrechensvorsatzes nicht danach bestimmen, ob ihm im Einzelfall das Geschehen als moralische Sauerei erscheint. Es gibt einen »bedingten Vorsatz«. Es gibt auch ein »bedingtes Einverständnis«. Es kann auf vielen Gründen beruhen: ehrenhaften und unehrenhaften, verständlichen und unverständlichen. Nicht jeder junge Mensch ist ein studierter Psychologe. Erstaunlich viele Menschen haben eine grauenhaft sprachlose, gefühllose, gegenüberlose Vorstellung von Sexualität.

Das schwierigste, aber entscheidende Problem, das die immerguten Vertreter eines konsequent opferorientierten

* BGH, Beschluss vom 9.2.2013 – 5 StR 613/12.

Strafrechts nicht verstehen wollen und die verdrehten Vertreter eines überkommen männlich definierten Sexualstrafrechts nicht verstehen können, ist dies: Wir können mit dem Strafrechts alles regeln. Wir können die Freiheitsspielräume der Menschen so klein machen, dass sie wie die Ratten in der Falle quietschen. Wir können den Feminismus verordnen oder den Ganzkörperschleier, oder wir können jede Andeutung der Freiheit in irgendwelchen Tatbeständen begraben.

Es geht aber nicht nur um Schutz, sondern auch um Freiheit, auch um Selbstverantwortung.

Strafrechtstatbestände schützen Rechtsgüter. Das ist Stand der Wissenschaft. Sexualstrafrechtstatbestände schützen die sexuelle Selbstbestimmung, also die Freiheit der Person, über Zeit, Ort, Form und Partner sexueller Betätigung frei zu bestimmen. Das klingt einfach, ist aber außerordentlich voraussetzungsvoll und im Einzelnen schwierig.

Es gibt viele verschiedene Rechtsgüter: Leben und Leib, Ehre und Eigentum; Vermögen und Privatsphäre. Die sexuelle Selbstbestimmung ist nur eines von ihnen. Wir müssen darauf achtgeben, dass wir die Dimensionen und Bedeutungen nicht durcheinanderbringen.

Sexualstraftaten – genauer: »Straftaten gegen die sexuelle Selbstbestimmung« – sind im 13. Abschnitt des »Besonderen Teils« unseres Strafgesetzbuchs (StGB) geregelt: §§ 174 bis 184h. Es gibt hier zwei im Grundsatz verschiedene Arten von Straftatbeständen: die Strafdrohungen gegen »Missbrauch« und diejenigen gegen »sexuelle Nötigung«.

»Missbrauch« ist das Ausnutzen einer bestimmten

Lage struktureller oder situativer Überlegenheit (einer Person) oder einer konstitutionellen Eingeschränktheit (einer anderen Person) zu sexuell motivierten Zwecken: Wir kennen etwa den sexuellen Missbrauch von Kindern, von Gefangenen, von abhängigen Personen, von Patienten und so weiter. Wenn es hier zu Sexualkontakten kommt, in denen der Täter die eingeschränkte Durchsetzungsfähigkeit des Opfers ausnutzt, ist das strafbar. Es kommt nicht darauf an, ob das Opfer scheinbar zustimmt oder nicht. Wenn eine Zustimmung vorliegt, ist sie entweder von vornherein unwirksam (bei Kindern, also Personen unter 14 Jahren), oder ihr ist mit Misstrauen zu begegnen: Die Einwilligung einer psychisch kranken Patientin, im Rahmen ihrer Therapie sexuelle Handlungen des behandelnden Arztes oder Therapeuten hinzunehmen, ist in hohem Maß verdächtig, letztlich nicht selbstbestimmt erfolgt zu sein, sondern nur ein Ausdruck ihrer Erkrankung.

Andererseits wäre es inakzeptabel, wenn der Staat jede Entscheidung von Patienten, Gefangenen, Auszubildenden, Arbeitnehmern und anderen, sexuelle Handlungen im Rahmen eines solchen Verhältnisses zu wollen, von vornherein und ausnahmslos als »verrückt« oder unwirksam ansehen wollte: Als ob alle Arbeitnehmerinnen Kinder seien, alle Patienten geistig minderbemittelt und so fort. Wenn wir die sexuelle Beziehung einer Vollzugsbeamtin mit einem Strafgefangenen als »Missbrauch« bestrafen wollen oder die eines Physiotherapeuten mit einer Schlaganfall-Patientin, dürfen wir uns nicht allein mit einer Durchschnittsmoral begnügen. Es kommt immer darauf an: Jeder Einzelfall ist anders und will genau untersucht und verstanden sein.

Denn es ist stets zu bedenken: Je mehr der Staat – das Strafrecht – behauptet, er müsse »um der Opfer willen« einen »Missbrauch« verhindern, desto mehr verschiebt er die Grenze der Freiheit auch gegen die Opfer selbst. Einwilligungen von psychisch Kranken in sexuelle Handlungen mögen vielleicht im Einzelfall unvernünftig, skurril und unverständlich erscheinen: Aber wann und warum haben wir das Recht, sie für »unwirksam« zu erklären? Dürfen Schwachsinnige etwa keinen schwachsinnigen Sex haben? Wer bestimmt die Regeln, und was sind die Maßstäbe? Darüber wird seit Langem engagiert nachgedacht. Eine Glückslösung zwischen Individualschutz und öffentlichem Interesse ist noch nicht gefunden. Und auch dieses Buch wird sie nicht präsentieren.

Der andere Bereich ist derjenige der (sexuellen) Nötigung, also des Zwangs einer Person gegen ihren Willen. Wir kennen diese Konstellation auch aus anderen Straftatbeständen: dem Raub, der Geiselnahme, der allgemeinen Nötigung (zu irgendeiner Handlung oder Unterlassung).

Klar ist jedenfalls Folgendes: Sexuelles Verhalten der Menschen ist nicht per se strafbar oder strafwürdig. Daraus folgt: Einverständliches sexuelles Verhalten zwischen Menschen, die nicht in ihrer Willensbildung eingeschränkt oder behindert sind (siehe oben: »Missbrauch«), kann niemals den Tatbestand einer Sexualstraftat erfüllen, so wenig wie Essen, Sprechen, Berühren. Die Gegenwelt dazu wäre, jegliches menschliche Verhalten, das irgendwie sexuell motiviert ist, für strafbar zu erklären – mit Ausnahmen durch Zustimmung. Eine absurde Vorstellung. Dass niemand solch eine Welt will, erscheint mir gleichwohl nicht sicher. Vorerst aber gilt: Das Einverständnis der jeweils anderen Person lässt den Tatbestand entfallen. Wer einwilligt, geküsst zu werden, ist nicht »Opfer« eines Kusses. Immerhin daran sollte man festhalten dürfen!

Wer mit Gewalt oder durch Drohung mit (sofortiger) Gewalt gegen die Person erzwingt, dass eine Person sexuelle Handlungen hinnimmt oder ausführt, wird wegen »sexueller Nötigung« bestraft. Die Tat heißt (nur dann) »Vergewaltigung«, wenn die erzwungene sexuelle Handlung (des Täters oder des Opfers) »mit einem Eindringen in den Körper« verbunden ist: also bei Geschlechtsverkehr, Analverkehr, Oralverkehr.

Eine »Nötigung« kann nur dann vorliegen, wenn ein entgegenstehender Wille einer anderen Person überwunden wird: Das ist der Sinn des Wortes. A sagt zu B: »Iss diese Suppe!« B sagt: »Nein.« Jetzt wird es spannend. Wenn A sich durchsetzen will, muss er B »nötigen«, das heißt »zwingen«. Dazu gibt es, liebe Mütter und Väter, nach aller menschlichen Lebenserfahrung, nur zwei Möglichkeiten: Gewalt oder Drohung, anders gesagt – das Ausnutzen unmittelbarer physischer Überlegenheit oder das Ausnutzen von Angst.

Gewalt gibt es in zwei Formen. Man kann sie »unmittelbar« anwenden: Nehmen Sie, liebe Eltern, das Kinn des Kindes, quetschen Sie es so zusammen, dass sich der Mund öffnet, und flößen Sie die heiße Suppe ein. Das nennt man seit dem Mittelalter »vis absoluta« (absolute Gewalt). Daneben gibt es die erzwingende Gewalt (»vis compulsiva«): Schlagen Sie Ihr Kind so lange ins Gesicht, bis es die Suppe schluckt.

Die Variante der Drohung hat ebenfalls mehrere Formen: »Ich schlage dich so lange, bis du diese Suppe isst«, ist eine davon. »Wenn du die Suppe nicht isst, darfst du morgen nicht zur Geburtstagsfeier von Nadine«, ist eine andere (siehe oben, der Trainer-Fall). Daneben und dazwischen gibt es viele andere, versteckte Formen: »Muss die Mama erst wieder böse werden?« (»konkludente Drohung« heißt das auf Strafrechtsdeutsch). Manche Mamas müssen selbst das nicht mehr sagen: Es reicht bereits ein Blick des Kindes in der Mutter wutverzerrtes Auge, um im Suppenverächter Todesangst aufziehen zu lassen (das nennt man: »Klima der Gewalt«).

Das sind harte Brocken für die Seelen unserer viel gescholtenen Muttis und Spinat-Zubereiterinnen. Und waren sie, diese Leggins tragenden Schreckensgestalten vor den Kühltheken der Weltgeschichte, nicht irgendwie selbst nur die Opfer einer noch viel höheren Gewalt? Und hat, liebe Manager und Abteilungsleiter, liebe Triathleten und Buben, die Mama am Ende nicht doch immer recht behalten? War es denn wirklich so schlimm? Mögt ihr denn jetzt nicht den Eierstich und die Pilze, das Kalbshirn und die Glasnudeln in euren Suppen? Habt ihr jemals Besseres vertilgt? Es war doch mit so viel Liebe zubereitet! Denn das ist es ja, immerzu: Überwältigung, Vereinnahmung. Liebe.

Was zum Teufel hat das mit sexueller Nötigung zu tun?, fragt bei diesen Beispielen vielleicht der eine oder andere Leser. Allerlei, lieber Herr! Liebe Dame!, entgegne ich. Erinnern Sie sich einmal kurz – falls Sie können – an das Gefühl des Ausgeliefertseins, der Unausweichlichkeit, an den Geschmack der Angst, als Sie noch nicht der mächtige Weltversteher von heute waren und die große Durchsetzerin von Eigeninteressen, sondern ein kleines, armseliges Würstchen.

Bedenken Sie, dass diejenigen, die sich als Opfer sexueller Gewalt sehen, häufig genau dieses Gefühl zu beschreiben versuchen. Haben Sie so viel Mitgefühl mit den anderen, wie Sie für sich selbst fordern – von Ihren Partnern und Kindern, Geschwistern und Sekretärinnen, für all Ihre überwältigenden Lebensleistungen in Schule, Ausbildung, Beruf und Autoverkehr. Das wäre mal ein Anfang.

Gibt es nun eine »Schutzlücke« im Sexualstrafrecht? Um das zu definieren, möchte ich erst klären: Gibt es eine Schutzlücke beim Raub?

Raub ist, nach § 249 Strafgesetzbuch (StGB), die mit Gewalt oder unter Androhung von unmittelbarer Gewalt erreichte Wegnahme einer fremden beweglichen Sache. »Räuberische Erpressung« heißt die Tat, wenn der Täter die Sache nicht selbst wegnimmt, sondern – mit den genannten Nötigungsmitteln – das Opfer dazu zwingt, sie ihm auszuhändigen.

In Deutschland werden täglich sehr (!) viele fremde bewegliche Sachen weggenommen, die meisten allerdings ohne Einsatz von Gewalt oder Drohung: Das nennt man Diebstahl (§ 242 StGB). Raub dagegen ist eine Kombination von Diebstahl und Nötigung. Wie bei der sexuellen Nötigung ist auch bei Diebstahl und Raub Voraussetzung der Strafbarkeit, dass das Tatopfer einen »entgegenstehenden Willen« hat und der Täter das auch weiß. Wer eine ihm angebotene Praline isst oder irrtümlich glaubt, der Eigentümer sei mit dem Naschen einverstanden, begeht weder einen Diebstahl noch einen Raub.

Und wer einen erwünschten Kuss erwidert, begeht keine sexuelle Nötigung.

Warum fordert kein Opferschützer, dass jeder Diebstahl (ein Vergehen, das mit Geldstrafe oder Freiheitsstrafe von einem Monat bis fünf Jahren bedroht ist) zum »Raub« (ein Verbrechen, Strafdrohung Freiheitsstrafe bis fünfzehn Jahre) erklärt wird, denn immerhin leidet das Opfer eines Wohnungseinbruchs doch oft jahrelang an den Folgen der Verletzung seiner Intimsphäre. Warum behauptet hier niemand eine »Schutzlücke«?

Der Grund ist, dass die Unterscheidung zwischen Wegnahmen mit Nötigung (Raub) und Wegnahmen ohne Nötigung (Diebstahl) den meisten Menschen einleuchtet, ebenso der Unterschied in der Strafdrohung, obgleich dieser außerordentlich groß ist: maximal fünf Jahre Freiheitsstrafe für den Diebstahl von 100 kg Gold. Bis zu fünfzehn Jahre für den Raub eines Gartenzwergs im Wert von 20 Euro.

Im Sexualstrafrecht gibt es die Vorschrift über die »sexuelle Nötigung/Vergewaltigung« (§ 177 StGB). Sie ähnelt in frappierender Weise dem Tatbestand des Raubs: Zwingen des Opfers durch Gewalt oder Drohung. In der abgemilderten Form aber – also, um im Bild zu bleiben, auf der »Diebstahls-Ebene« – gibt es keine Entsprechung: Einen Tatbestand »sexuelle Handlungen gegen den Willen« gibt es nicht. Der Gesetzgeber hat den Bereich der Strafbarkeit an dieser Stelle vielmehr beschränkt auf besonders schutzwürdige Personengruppen, bei denen eine wirksame (also: freie, selbstbestimmte) Einwilligung entweder von vornherein ausscheidet oder sehr zweifelhaft ist: Kinder (bis 14), Jugendliche (bis 18), psychisch Kranke, Gefangene, Abhängige. Hier, bei den »Missbrauchs«-Tatbeständen, geht es nicht um die Frage »freiwillig oder gegen den Willen«, sondern um die Frage: Könnte das mögliche Einverständnis überhaupt wirksam sein, oder hat der Täter die besondere Schwäche-Situation der geschützten Person ausgenutzt? Wenn das der Fall ist, kommt es auf ein Einverständnis gar nicht mehr an.

Für die Gruppe der erwachsenen, geistig und körperlich nicht gehandicapten Personen mit der Fähigkeit, selbstbestimmte Willensentscheidungen zu treffen, existiert solch eine besondere Schutznorm nicht – weder im Bereich der Sexualität noch in sonstigen Lebensbereichen. Das Gesetz geht – zum Glück – davon aus, dass diese Personen ihre Handlungsfreiheit in der Regel selbst schützen können (und daher auch müssen).

Genau hier knüpft die Kritik der »Opferverbände« an: Den Umstand, dass gesunde erwachsene Personen für das Gesetz nicht von vornherein und ohne Weiteres eine besonders geschützte »Opfer«-Gruppe bilden, halten sie für eine empörende »Schutzlücke«. Sie wollen, dass Personen, die weder durch Gewalt noch durch Drohung noch durch eine vom Täter zu verantwortende Angst vor Gewalt in ihrer Freiheit eingeschränkt sind, genauso behandelt werden wie diejenigen, denen ein solcher Zwang widerfährt. Das ist schon im Grundsatz schwer zu verstehen.

Von »Opfervertretern« wird gebetsmühlenartig die Behauptung wiederholt, die »enge Rechtsprechung des Bundesgerichtshofs« verhindere, dass die heute bestehende Vorschrift des Vergewaltigungsparagrafen rigoros auch auf Fälle ohne Gewalt, Drohung oder Ausnutzung von Schutzlosigkeit angewandt werde. Die Strafvorschrift des § 177 könne, wenn man sie nur richtig auslegen würde, »eigentlich« auch jede Handlung erfassen, die auch nur irgendwie »gegen den Willen« vorgenommen wird. Die Strafsenate des BGH (und ihnen folgend die Untergerichte und Staatsanwaltschaften) verhinderten dies aber. Diese Behauptung ist falsch und eine Irreführung der Öffentlichkeit.

Schon in den neunziger Jahren wurde von feministischen Gruppen und daher alsbald auch von den Grünen gefordert, jede sexuelle Handlung oder Duldung »gegen den Willen« einer betroffenen Person sei als »sexuelle Nötigung/Vergewaltigung« anzusehen. Es handelte sich um genau dieselbe Forderung, die heute, ein Vierteljahrhundert später, wieder vorgetragen wird.

Der Gesetzgeber ist dieser Forderung damals – im Hinblick auf verfassungsrechtliche Bedenken – bewusst nicht nachgekommen, sondern hat die Voraussetzungen des (vorsätzlichen) Ausnutzens einer schutzlosen Lage und der deshalb (!) vom Tatopfer empfundenen Zwangslage in das Gesetz eingefügt. Die Rechtsprechung des Bundesgerichtshofs hat diese rechtsstaatliche Beschränkung des Tatbestands zwar zunächst in einigen Entscheidungen nicht beachtet. Im Jahr 2005 hat sie das aber ausdrücklich korrigiert und den Tatbestand der sexuellen Nötigung/Vergewaltigung seither so angewandt, wie ich ihn hier wiedergebe.

Das ist also weder eine Fehlentwicklung noch gar eine dem Gesetzeszweck widersprechende Einschränkung des Tatbestands durch die Rechtsprechung. All diese Vorwürfe sind nur (partei-)politische Nebelkerzen. Die neue Kampagne ist die alte Kampagne. Artikel 36 der Konvention des Europarats ist ein holpriges Vehikel, mit welchem die alte Schlacht noch einmal geschlagen werden soll.

Pro Jahr gibt es in Deutschland etwa 6.500 von der Polizei wegen sexueller Nötigung/Vergewaltigung ermittelte Tatverdächtige. Etwa 1000 Personen werden deshalb auch verurteilt. Die meisten Verfahren werden mangels hinreichenden Tatverdachts eingestellt; ein paar Hundert Beschuldigte werden – aus den unterschiedlichsten Gründen, die nirgendwo erfasst werden – freigesprochen. Die Zahlen entsprechen anderen Tatbeständen, die schwierig zu ermitteln sind.

Ist das der Skandal, der von den Opferverbänden behauptet wird? Skandalös ist zunächst einmal deren Forderung, es müsse dringend die »Zahl der Verurteilungen gesteigert werden«. Denn eine solche Forderung nimmt das Ergebnis rechtsstaatlicher Strafverfahren schon vorweg, indem sie verlangt, die Zahl der abgeurteilten Verbrecher gefälligst dadurch zu steigern, dass man die Voraussetzungen einer Verurteilung erleichtert. Das ist, als fordere der ADAC, die Zahl der Verurteilungen wegen Nötigung dadurch zu erhöhen, dass nächtliche Polizeikontrollen für rechtswidrig erklärt werden.

Selbstverständlich gibt es an den vielen Hundert Gerichten und Staatsanwaltschaften in Deutschland in jedem Jahr eine Reihe von zweifelhaften, auch falschen Entscheidungen. Viele werden in höheren Instanzen korrigiert, manche aber auch nicht. Unter den 107 von dem Verband »Frauen gegen Gewalt« gesammelten Verfahren könnte ein gehöriger Teil solcher Fehlentscheidungen sein. Da der Verband die Verfahren aber nicht offenbart, lässt sich das nicht nachprüfen.

Jede einzelne Fehlentscheidung ist sehr ärgerlich und für die betroffenen Menschen unter Umständen quälend. Es gibt solche Entscheidungen auch – vereinzelt – unter den jährlich vielen Hundert Entscheidungen der Strafsenate des BGH. Wer könnte das sicher ausschließen?

Manche als Fehlurteile skandalisierte Entscheidungen freilich sind nicht falsch, sondern nur schwer zu verstehen, wenn man vom Revisionsrecht und den Aufgaben des BGH nichts versteht. Es werden vom BGH zum Beispiel Entscheidungen aufgehoben, weil das Erstgericht die tatbestandlichen Voraussetzungen eines Verbrechens nicht sorgfältig genug festgestellt hat. Genau diese Kontrolle ist aber die Aufgabe des Bundesgerichtshofs! Sie darf nicht deshalb weniger genau sein, weil das angebliche Tatopfer traumatisiert ist oder weil das angefochtene Urteil wahrscheinlich richtig ist. Wenn wir in einem Rechtsstaat leben wollen, dann müssen wir uns schon an seine Regeln halten, die für alle gleichermaßen gelten. Und dürfen nicht die Außerkraftsetzung des Rechtsstaats fordern, wenn der Beschuldigte ein Unsympath ist und das angebliche Opfer von drei Trauma-Expertinnen flankiert wird.

Seit 1997 hat es in Deutschland mindestens 100 000 Strafverfahren wegen sexueller Nötigung gegeben. Dass der Verband »Gewalt gegen Frauen« bei der Sammlung von Fehlentscheidungen bei Nummer 107 aufgehört hat zu zählen, klingt schlimm, ist aber statistisch ohne jeden Aussagewert. Der Zweifel wird noch dadurch verstärkt, dass die Protagonisten der Kampagne bei solchen Zählungen nur sehr undeutlich zwischen dem geltenden Recht und dem von ihnen erwünschten Recht unterscheiden: Man weiß oft nicht genau, ob der Skandal nun eigentlich darin liegen soll, dass das Recht so ist, wie es ist, oder darin, dass es nicht richtig angewandt wurde. Das hat auch etwas mit der Qualifikation und Motivation der handelnden Personen zu tun.

Es lässt sich in unserem Strafrechtssystem nicht sinnvoll und widerspruchsfrei konstruieren, dass jedes Handeln »gegen den Willen« einer Person genauso behandelt werden müsse wie das »Erzwingen« einer Handlung mit Gewalt oder Drohung. Das Gesetz versteht unter »sexueller Nötigung/Vergewaltigung« nicht, dass eine Person eine sexuelle Handlung zwar innerlich ablehnt, sich den Wünschen einer anderen Person aber trotzdem fügt, obwohl diese keinerlei (!) Zwang anwendet und das auch nicht will.

Motive für ein solches passives Sich-Fügen gibt es sehr viele und sehr unterschiedliche: Konfliktscheu, allgemeine Angst vor Streit, Hoffnung auf Vorteile in beruflicher, finanzieller oder sonstiger Hinsicht, Mitleid, Unentschlossenheit, Gewöhnung, Ambivalenz. Das Leben hält unendlich viele Situationen bereit, in denen Personen eigentlich gegen ihren Willen etwas tun oder unterlassen, ohne dass dies jeweils als Nötigung, als Zwangshandlung angesehen werden kann. Ich erwähne: Arbeit! Steuern zahlen! Rasen mähen! Rechts fahren!

Die von den Opferverbänden angesprochenen Fälle betreffen durchweg Konstellationen, die sich nicht als Nötigungen im Sinne eines klassischen Erzwingens darstellen. Erzwingen einer Handlung oder Duldung ist seiner Natur nach nämlich zweiaktig: Erst kommt die Zwangshandlung, dann das dadurch (!) erzwungene Verhalten des Opfers.

Anders beim »Handeln gegen den Willen«: Wenn in meinem Büro jemand gegen meinen Willen die Heizung aufdreht oder das Fenster aufreißt, werde ich nicht »genötigt«, das zu dulden! Auf die Sexualität übertragen: Jemanden anzufassen ist keine Zwangshandlung, mit welcher das »Dulden« dieser Handlung selbst »erzwungen« wird.

Es ist mir klar, dass dies für Laien auf den ersten Blick schwierig und kleinteilig erscheint. Aber denken Sie an die Entscheidung des Bundesverfassungsgerichts zur Sitzblockade: Einfach nur an einem bestimmten Ort zu sein ist keine »gewaltsame« Nötigung einer anderen Person, an diesem Ort nicht zu sein.

Das Handeln «gegen den Willen«, aber ohne Einsatz von Nötigungsmitteln, ist daher eigentlich keine Nötigungs-, sondern allenfalls eine »Missbrauchs«-Handlung: als Missbrauch von Handlungsmöglichkeiten oder als missbräuchliche Ausnutzung von Schwächepositionen, woher auch immer diese kommen mögen.

Wir hörten bei der Sachverständigen-Anhörung im Rechtsausschuss des Bundestags am 28. Januar 2015, dass Frauen – und zwar »ihrer Natur nach« – sich in einer ähnlichen Lage befinden wie all die benachteiligten Personengruppen der Missbrauchs-Tatbestände. »Vielleicht«, so sagte es die Vorsitzende des Rechtsausschusses, »gibt es doch den kleinen Unterschied zwischen den Geschlechtern.« Mehrere Sachverständige stimmten lebhaft zu: Es sei »frauentypisch«, Angriffen auf ihre sexuelle Selbstbestimmung nicht mit Gegenwehr oder Flucht zu begegnen, sondern mit Totstellen und Starre.

Ja, ja, nicken da die selbst ernannten Opfer-Anwältinnen! Nach 50 Jahren »neuer Frauenbewegung« haben sie den Gipfel der Erkenntnis erklommen: Die Frau muss, um ihrer Natur willen, im Strafrecht behandelt werden wie das Kind oder der Psychiatrie-Patient! Wer das anzweifelt, wer Frauen für selbstbestimmt und wehrhaft hält und das Strafrecht nicht zum Büttel einer kleingeistigen, spießigen Moral degradiert sehen will, der muss sich als Feind der Opfer ansehen lassen.

Opfer zu sein ist in der deutschen Rechtspolitik die alles überragende Poleposition. Mieter sind Opfer von Vermietern, Vermieter die Opfer von Mietnomaden, Bürger die Opfer von Politikern, Türken Opfer der Türkenphobie, Deutsche die Opfer von kriminellen Ausländern. Kinder sind die Opfer ihre Eltern. Frauen sind die Opfer von Männern. Männer, die keiner dieser Gruppen angehören, sind Opfer ihrer selbst und haben es daher nicht besser verdient. Wer sich als Opfer von irgendetwas präsentieren kann, hat den ersten Kampf gegen die Enttäuschungen des Lebens gewonnen. Wenn er dazu noch subjektiv leidet, kann von nun an die Lebensaufgabe lauten: Erkenne, dass du ein Opfer bist! Und vergiss es nie!

Das klingt, zugegeben, ein bisschen zynisch – und ist es auch. Denn das stellvertretende Klagen jener Opfer-Vertreter, denen außer drei gescheiterten Liebesgeschichten und einer gestörten Mama-Beziehung im Leben noch nichts Schlimmes zugestoßen ist, und das Gesäusel der Lass-es-zu-Therapeuten geht mir gelegentlich auf die Nerven. Ich glaube ihnen nicht, dass sie ihre Opfer nur finden. Ich glaube, dass sie sie suchen. Sie wollen die Menschen nicht stark, sondern schwach. Sie misstrauen der Selbstbestimmung zutiefst, wenn sie nicht denselben Stallgeruch hat wie sie selbst.

Wenn auf die Schutzlücken-Fälle der Tatbestand der Nötigung nicht passt: Dann könnte man doch vielleicht einen »allgemeinen Missbrauchstatbestand« ersinnen. Er könnte etwa so klingen: »Mit Freiheitsstrafe bis zu fünf Jahren wird bestraft, wer die in äußeren Umständen oder einer persönlichen Verfassung begründete Lage eingeschränkter Selbstbestimmung einer anderen Person dazu ausnutzt, sexuelle Handlungen an ihr zu vollziehen oder von ihr an sich vollziehen zu lassen …«

Dann könnten zehn Beispiele für besonders schwere Fälle und zehn Strafrahmensteigerungen für Kinder, Jugendliche, desorientierte Ausländer und Abhängige folgen. Rechtstechnisch würde die bewundernswert gute Ministerialbürokratie das schon hinkriegen.

In der Anhörung vor dem Rechtsausschuss wurde das von mehreren Sachverständigen tatsächlich erwogen (aber von einigen Adressaten nicht verstanden; sie diskutierten tapfer weiter über Nötigung).

Was aber wäre durch einen solchen Tatbestand gewonnen? Wir könnten ja nicht an die Stelle einer situativen (Schutzlosigkeit), strukturellen (Abhängigkeit) oder personalen (Krankheit) Unterlegenheit einfach die Qualifikation als »Opfer«, »Frau« oder als »ein Mensch, der nicht einverstanden ist«, setzen. Sondern wir müssten aus dieser Fallgruppe des Nichteinverstandenseins eine komplett neue, von den sonstigen Missbrauchsopfern und vor allem auch den Nötigungsopfern unterschiedene Gruppe konstruieren. Das ist schwierig.

In der sozialen Wirklichkeit aber käme es letztlich darauf an, ob und wie sich der Schutz für diese Gruppe wirklich erhöhen würde. Das ist eine Frage des Verfahrens, hier unter anderem auch der Beweislage.

Erinnern Sie sich bitte an das obige Beispiel von Diebstahl und Raub! Die Lage ist da etwas einfacher, weil in der Außenwelt – also außerhalb des Denkens und Fühlens von Menschen – etwas geschieht: Wenn der Geldbeutel des A sich in der Hosentasche des B findet oder das Auto des A in der Garage des C, müssen B und C sich schon ein paar gute Argumente einfallen lassen, warum es sich hier um Geschenke handeln soll. Trotzdem ist der Beweis auch hier noch schwierig genug.

Unvergleichlich viel schwieriger wäre es im Bereich der Sexualität, vor allem wenn der Tatbestand sich in bloßen inneren Gefühlen erschöpft. Ob ein sexueller Kontakt zwischen zwei Menschen – vor Wochen, Monaten, Jahren – mit oder ohne den Willen des einen oder des anderen (oder vielleicht sogar beider!) stattfand, ob jemand eigentlich nicht wollte oder im Nachhinein die Situation als Zwang empfand – das wird man manchmal feststellen können, in sehr vielen Fällen aber nicht: Da werden die Glaubwürdigkeitsgutacher mit ihren Nullhypothesen und Konstanz-Analysen um sich werfen, dass der Schlamm spritzt. Die Akten werden dick und dicker. Am Ende wird eine Richterin oder ein Richter ganz allein mit sich selbst entscheiden müssen, wem sie oder er glaubt. Die jeweils andere Partei wird erklären, das sei ein skandalöses Fehlurteil.

Ich will diese Beweisschwierigkeiten nicht überbetonen. Die deutsche Strafjustiz würde auch sie irgendwie meistern. Die Frage ist aber: zu welchem Preis? Wollen wir ein Sonderstrafrecht, in dem nur noch Gutachter-Schlachten geschlagen werden? In dem es, wie in amerikanischen Jury-Verfahren, nur noch um das bessere Coaching von Angeklagten und von Zeugen geht? Welche Befriedung und welche Rechtssicherheit sollte davon wohl ausgehen?

Jährlich werden in Deutschland ungefähr 1000 Personen wegen sexueller Nötigung/Vergewaltigung verurteilt, fünfmal mehr zudem wegen sexuellen Missbrauchs. Es ist sicher möglich, die Anzahl der Verurteilungen noch ein bisschen zu steigern, wie es die Opferverbände in ihrem absurden Fehlverständnis der Statistik fordern.

Aber auf jeweils drei Fälle der solcherart zusätzlich verurteilten »Täter« käme dann mit derselben Wahrscheinlichkeit ein unschuldig Verurteilter. Denn auch die Fehlerquote würde zwingend stark ansteigen. Die unschuldig Verurteilten wären nicht minder Opfer: unsere.

Unser Sexualstrafrecht ist bereits heute von einer kaum zu überbietenden Dichte, Schärfe und Kompliziertheit. Und Artikel 36 der Konvention des Europarats zur Bekämpfung von Gewalt gegen Frauen und von häuslicher Gewalt verlangt von der Bundesrepublik Deutschland nicht die Verwirklichung eines Paradieses der Moral.

Alle sexuellen Kontakte aufgrund von nötigendem Zwang sind bereits strafbar. Dasselbe gilt für alle sexuellen Kontakte, in denen eine schutzbedürftige Schwäche einer Person ein wirksames Einverständnis ausschließt. Gesunde, erwachsene, selbstbestimmungsfähige Menschen bedürfen keines paternalistischen Schutzes durch den Staat. Es gibt keinen Anspruch, vom Recht so behandelt zu werden, als sei man ein Opfer von Gewalt oder Bedrohung, wenn man es – erklärtermaßen – gar nicht ist.

Ich empfehle, das Sexualstrafrecht endlich einmal in Ruhe zu lassen.

IV.
Recht und Richter

Ein kurzer Lehrgang zur Aufzucht von Strafrichtern

Akzeptanz, Verständlichkeit und Wirkung des Rechts, gerade auch des Strafrechts, hängen unmittelbar vom Personal ab, das dieses Recht vollzieht und somit repräsentiert. Das sind, an erster Stelle, die Richter. Wer, so wie ich, eine Zeit lang in einem (Justiz-)Ministerium gearbeitet hat, weiß natürlich, dass Justizministerinnen und Justizminister, Staatssekretärinnen und Staatssekretäre, Abteilungsleiterinnen und Abteilungsleiter das grundlegend anders sehen. Dasselbe gilt für Mitglieder des Rechtsausschusses sowie die geheimnisumwitterten Strippenzieher der Parteien: Sie alle und manch andere sind ziemlich sicher, dass der Rechtsvollzug vor allem bedeutet, einen Justizapparat zu leiten, der den wahrhaft Kundigen und Mächtigen (also ihnen selbst) wie ein Mühlstein am Hals hängt und vor allem Schwierigkeiten bereitet. Aus Sicht des Ministers – und daher auch aus dem Mund seines letzten Hilfsreferenten im entlegensten Referat – sind die Justiz und ihre Gerichte nur »der nachgeordnete Bereich«, je nach Gelegenheit und Ziel auch genannt: »unsere Praxis«.

Das Gruselige am nachgeordneten Bereich ist, aus der Sicht des Ministeriums, seine Unübersichtlichkeit. Außerdem gibt es noch ein paar schreckliche Erzengel mit flammenden Schwertern, die da heißen »Unabhängigkeit«,

»Unversetzbarkeit« und »Deutscher Richterbund«. Sie liegen, am Eingang zum Paradies, meist in schwerem traumverhangenem Schlummer, verfügen allerdings über ein hoch entwickeltes System von Rezeptoren, mit denen sie selbst bei völliger innerer Abwesenheit erahnen können, ob sich jemand an ihre Pfründe heranpirscht. In diesem Fall erheben sie sich mit Donnerschall und Sturmgebraus in den Revolutionsblättern *Zeitschrift für Rechtspolitik* und *Deutsche Richterzeitung* und fahren hernieder auf die Feinde des Rechts und der freien Zeiteinteilung. Das betrifft freilich nur die Richter. Sie verschwinden, kaum dass das Ministerium sie freundlicherweise ernannt hat, hinter einer nebligen Milchglasscheibe der disziplinaren Unerreichbarkeit.

Wie anders dagegen die Staatsanwaltschaft: hierarchisch, weisungsabhängig, beamtet. Und berichtspflichtig! Es gibt Regelberichtsaufträge und Sonderberichtsaufträge. Es gibt Anlassberichte, Ergebnisberichte und (die allergefährlichste Variante) Absichtsberichte. Wer sich die Absicht einer nachgeordneten Behörde berichten lässt, wie diese zu verfahren gedenkt, ist bis ans Ende aller Archive mitverantwortlich für ihre Umsetzung. Darum, oh Unterabteilungsleiter oder Staatssekretär, sorge dafür, dass niemals ein grünes Namenszeichen in die Akte gerät (für ministerialunerfahrene Leser: Grün schreibt der Minister. Rot der Staatssekretär, türkis der Abteilungsleiter, blau der Unterabteilungsleiter, schwarz der Referatsleiter)! Generalstaatsanwaltschaften (bei den Oberlandesgerichten) und Staatsanwaltschaften (bei den Landgerichten) kann man also steuern, befragen, im Notfall auch »bitten, die nachfolgenden Gesichtspunkte zu berücksichtigen«.

Die ganze Sache ist also ein bisschen kompliziert und mit den üblichen Vorurteilen nicht zu durchdringen. Aus dem Inbegriff des Autorenlebens folgt daher hier ein kurzer Lehrgang zu Geburt, Aufzucht und Wesen des Strafrichters.

Erstes Semester

Chaos des Erlebens, Fühlens. Vorfreude und vorauseilende Anpassung an das, was alle (angeblich) tun (müssen). Große Empörung und Aufregung, weil BAföG-Amt vier Wochen zu spät zahlt, Kühlschrank kaputt, Lehrstuhlsekretärinnen auch noch was anderes zu tun haben, als wichtige kleine Prinzessinnen zu trösten oder zu verstehen oder supergut zu finden, und der Herr Professor mit der ersten persönlichen Beratung erst mal abwarten möchte. Wochenende zu Hause. Wichtigste Listen mit Büchern werden überreicht. Erste Besuche in Fachbuchhandlungen. »Grundkurs« nicht vor nächstem Dienstag lieferbar! Verzweiflung.

Vorlesung Strafrecht allgemeiner Teil, zweigeteilt: jeweils 300. Vorne ein echter Professor. Irgendwie anders als kürzlich noch Herr Müller im Leistungskurs Deutsch. Gravitätisch, genervt, stark gefordert. Fünfzehn Minuten Ansagen von organisatorischen Einzelheiten: Wo wer was Konversatorium; wann erste Probeklausur; wo und bis wann Anmeldung; warum ist das Skriptum noch nicht lieferbar? Darf man auch das des letzten Semesters benutzen?

Bereits im Anschluss an die erste Veranstaltung der ersten Vorlesung werden einige Studenten nach vorne drängen, um dem Herrn Professor bedeutende Fragen zu stellen. Könnten Sie den Teil über das Rechtsgut noch mal kurz zusammenfassen? Welches Ihrer Werke sollte ich mir als Erstes kaufen? Gibt's das auch billiger? Und so weiter.

Es gibt Studenten, die ernsthaft glauben, man könne bereits zu diesem Zeitpunkt alles verlieren. Sie sind sehr nervenaufreibend. Schmerzhafter (weil dümmer) sind allerdings diejenigen, die meinen, man könne bereits jetzt entscheidende Weichen zum Erfolg stellen. Sie möchten 16 Punkte, bevor sie überhaupt wissen, was 16 Punkte sind – aus dem einzigen Grund, dass sie sich möglichst alsbald wieder einzurichten wünschen in die kuschelige Rundum-Fürsorge der gymnasialen Projekte. »hABIlitation 2015« haben die Wahnwitzigsten unter ihnen auf das Heckfenster ihres Polo geklebt und fahren damit spazieren. Andere begnügen sich mit »arABIsche Nächte«. Nur ein einziges Mal in meinem Leben war ich begeistert: Als ich am Heck eines Elektroinstallateurs den Aufkleber las: »Hauptschulabschluss 1987«.

Drittes bis achtes Semester

Jura also. Nicht selten ist der Papa Rechtsanwalt, seltener die Mama Richterin am Arbeitsgericht. Jurastudenten entstammen nicht dem Lumpenproletariat und nicht der herrschenden Schicht, sondern dem sogenannten Mittelstand. Es gibt viele sogenannte »Aufsteiger« unter ihnen: Als in den sechziger Jahren die Justiz-Soziologie erfunden wurde, war der Großvater oft Handwerker, der Vater mittlerer Beamter. Heutzutage, da das Handwerk von einer dritten Einwanderer-Generation dominiert wird, hat sich die Sozialstruktur etwas in die Richtung verlagert, die (noch immer) als »oben« gilt: Noch immer sagen Jurastudenten, fragt man sie nach den Berufen ihrer Eltern, mit hoher Zuverlässigkeit: Lehrer, Rechtsanwalt, Apotheker, höherer Beamter. Fast niemand sagt: Vorstand bei Daimler oder Hartzer. Der Jurastudent spielt Tennis, seltener Golf, fast nie Fußball. Die Studentin liebt Ballett, spielt Flöte, nicht Posaune. High Heels trug sie beim Abi-Ball. Die Haare sind sehr ordentlich. Hier sucht, liebe Lehrstuhlinhaber jenseits der 50, wirklich niemand ernsthaft nach Sugardaddys in der Brennstufe 3!

An dieser Stelle muss man aber unbedingt ein paar lobende Worte über den Mittelstand verlieren. Der untere, mittlere und gehobene Mittelstand, er lebe hoch! Er beschert uns die unglaubliche Selbstgewissheit, mit der heute Nachmittag im Frankfurter Westend vor meinem Fahrzeug eine schöne junge Frau minutenlang die Straße sperrte, um ihrem sechs Meter langen, zweieinhalb Tonnen schweren Geländewagen drei Kinder und allerhand Samstagseinkäufe zu entnehmen. Er besorgt uns den Umweltschutz und glaubt an die Notwendigkeit der Pressefreiheit. Er zahlt 90 Prozent der Steuern und lässt sich mit ein paar Radwegen, Frauenparkplätzen und Programmen zur Förderung von geschiedenen Chefsekretärinnen abspeisen, in der ziemlich abwegigen Hoffnung, so komme er davon. Der Mittelstand fürchtet nichts so sehr wie den Exzess, und er liebt nichts so sehr wie die mittlere Tonlage, den Ausgleich, die Ruhe. Daher gebiert er Juristen wie Ameisen.

Denn – und das ist die Kehrseite: Der Jurist ist seiner Natur nach ein furchtsamer Mensch. Er bewegt sich nur ungern dort, wo es heiß, staubig, laut und gefährlich ist. Der »Stahlkocher« an sich, Lebensgefährte oder Zwillingsbruder des örtlichen SPD-Kandidaten, ist ihm so vertraut wie der Kanzlerin der »original Bürgerrechtler«.

Überhaupt: diese Ost-Juristen! Ein paar von ihnen sind noch im Dienst. Früher mussten sie, im Grundsatz jedenfalls und wenn ihnen nichts Durchgreifendes einfiel, ihre Dienstzimmer selbst putzen und hatten Bereitschaftsdienste für den Fall des imperialistischen Überfalls am Wochenende. Wenn sie nicht weiterwussten, riefen sie beim Obergericht an und holten sich Rechtsweisung. Sie verdienten etwas weniger als Straßenbahnfahrer und mühten sich dafür redlich, einen über alle Maßen sozialschädlichen Einbruch in eine Datsche am Kolkwitzer See samt Wegnahme von drei Gläsern Spreewälder Gurken und zwei Flaschen Wilthener Goldbrand mit der angemessenen Strafe von fünf Jahren aufzuarbeiten. Ab 1990 kamen dann 3000 frisch geschiedene Elite-Juristen aus Bochum, Erlangen und Darmstadt mit original Mobiltelefonen zu Hilfe und erklärten den Brüdern und Schwestern, wie Rechtsstaat geht. Sie waren begeistert von der Gefügigkeit der sogenannten Verteidiger und den Pfennigabsätzen der jungen Muttis. So wuchs zusammen, was nicht zusammenpasste.

Der Jurist hat eine Vorstellung von der Welt, die auf einzigartige Weise gebaut ist, nämlich von oben nach unten aus lauter pyramidenförmigen Leitern, die aus zweierlei Sprossen bestehen: aus Begriffen und aus Wörtern. Das klingt jetzt zugegebenermaßen etwas rätselhaft und ist es auch. Der Unterschied zwischen Begriffen und Wörtern ist nämlich das größte Geheimnis des Juristenwesens. Wollte man sagen, er entspreche dem zwischen Neurologie und Schmerz oder dem zwischen Dr. Müller-Wohlfahrts sehenden Fingern und einem anständigen Kreuzbandriss, so läge man noch immer knapp daneben. Die Doppelstruktur der Welt aus Begriffen und Wörtern so zu erlernen, dass vernünftige Gespräche zwischen Juristen und Orthopädinnen, Richtern und Zeugen, Rechtsanwältinnen und Ingenieuren nur noch sehr ausnahmsweise möglich sind, ist die Aufgabe und der eigentliche Inhalt des Jurastudiums.

Falls Sie den letzten Satz bedenklich finden: Fragen Sie Jurastudenten, wann sie aufgehört haben, sich mit ihren Medizin oder Elektrotechnik studierenden Mit-Abiturienten zu unterhalten. Der Zeitpunkt liegt zwischen dem dritten und dem fünften Semester. Warum sollte sich jemand, der eine Hausarbeit geschrieben hat über die Rechtfertigung des Abschusses von Passagierflugzeugen, jemals wieder jemandem verständlich machen müssen, der nichts weiß außer den lateinischen Namen aller Körperarterien?

Kleine Übung und Große Übung, Seminar und Oberseminar, Besonderer Teil eins, zwei und drei. Zwischenprüfung und Klausurenkurs und noch ein Kurs und ein Crashkurs und was kann G von S verlangen? Und wie zum Teufel ist T zu bestrafen? So geht das Leben dahin. Man lernt, dass »befriedigend« schon eine ziemlich gute Note ist und dass der Durchschnitt aller Juristen über ein selbst zugemessenes »ausreichend« nie hinauskommt.

Klaus Eschen, ein Rechtsanwalt und Notar in Berlin, hat die Juristenausbildung einmal mit der Abrichtung eines Flohzirkus verglichen: Die Flöhe in einer Schachtel springen gegen den Glasdeckel und stoßen sich so lange die Köpfchen, bis sie gelernt haben, weniger hoch zu hüpfen. Dann legt man die Glasplatte etwas niedriger. So geht es immer weiter, bis die Flöhe gelernt haben, gar nicht mehr hoch hinauszuwollen, sondern nur noch zu kriechen, um kleine goldene Kutschen zu ziehen. Dann ist die Ausbildung beendet und man kann den Deckel endgültig entfernen. Dies, so schrieb Eschen, sei in der Juristenausbildung der Moment des Zweiten Staatsexamens.

Ein so böser Blick ist natürlich übertrieben. Er stammt aus den wilden westdeutschen siebziger Jahren, und ihm liegt vermutlich eine viel zu idealistische Vorstellung vom ungebundenen Leben des umherschweifenden wilden Flohs zugrunde: Nieder mit den Zirkusdirektoren! – Freiheit für Flöhe!

Aber, liebe Jurastudenten aus Bad Homburg und Charlottenburg, einige Körnchen Wahrheit enthält er doch, wenngleich auch andere Professionen ihre Deformationsrituale haben: Wer jemals die angelegten Arme von Assistenzärzten betrachtete, während ihr Chefarzt sie vor dem Privatpatienten herunterputzte, der ahnt, wie und warum deutsche Ärztekammern wurden, was sie sind.

Wer Jurist werden will, muss lesen und sprechen lernen, falls er es nicht schon kann. Das einzige Hilfsmittel der Jurisprudenz ist die Sprache. Wer sie nicht mag, kann unmöglich ein guter Jurist werden. Wem es gleichgültig ist, wie Vorzeitigkeit ausgedrückt wird oder welche Bedeutungsfeinheiten der Konjunktiv in der Zeitenfolge, kombiniert mit Hilfsverben, bereithält, der mag Currywürste verkaufen, mir aber nicht weismachen wollen, er habe verstanden, um was es geht. Wer nicht klar schreiben kann, der kann auch nicht klar denken. Das ist eine bittere, aber unabweisbare Erkenntnis.

Deshalb sollten Jurastudenten ab und zu ein Gedicht schreiben, wie früher. Oder ein bisschen Gitarre spielen.

Außerdem scheint es mir erforderlich, darauf hinzuweisen, dass auch Juristen am Bildungskanon mitzuarbeiten haben. Unerträglich die verstaubte, unintelligente Attitüde eines längst versunkenen Bildungsbürgertums, die noch immer die Dinners, Fakultäten und Vortragsabende der Juristischen Studiengesellschaften dominiert. Gibt es irgendeinen vernünftigen Grund, über die Skalen-Theorie von John Coltrane absolut nichts, über irgendeinen albernen Toskanini-Interpreten aber jedes Detail zu wissen? Wo bleiben die Habilitanden, die ihren umherkriechenden Herren »Lehrern« Grundkenntnisse des Sex-Pistol-Geheimnisses abverlangen oder zumindest ein minimales Verständnis von Minimal Art? Muss es wirklich sein, dass die sogenannten »Gattinnen« (wahlweise: »Begleitungen«; jedenfalls »Damen«) von Ordentlichen Professoren, Landgerichtspräsidenten oder Verbandslobbyisten einen ganzen Abend lang über ihre Vorgärten daherfaseln und über die Lieblingsspeisen ihres heimischen Geistesgiganten, als wüssten sie es mit ein bisschen gutem Willen nicht besser? Gibt es, ihr furchterstarrten Kinder und Enkel von Gitarrengöttern und Welterrettern, nicht in irgendeiner Ecke eures Selbst doch noch ein bisschen Rock 'n' Roll, das mehr ist als eine von mehreren möglichen Attitüden für den nächsten Samstag?

Aber zurück zum Studium: Wer im dritten Semester zur Vorlesung Sachenrecht I die *Financial Times* mitbringt und in der Pause demonstrativ liest, ist ein bisschen früh dran. Das Maß der Verkennung spricht gegen den Erfolg der Strategie. Viel wichtiger wäre es, einmal pro Monat ans örtliche Amtsgericht zu gehen und sich ein paar Verhandlungen anzuschauen. Und abends *High Noon* zu gucken. Und sich zu überlegen, was man eigentlich mit seinem Leben anfangen will: jenseits von Klischees. Gerade das Fach Rechtswissenschaft bietet dafür unendlich viele Möglichkeiten, Notwendigkeiten, Anreize.

90 Prozent der Jurastudenten gehen (noch immer) in sogenannte Repetitorien. Das sind gewerbliche Lehrinstitute (früher nur private), die tatsächliches oder behauptetes Examenswissen vermitteln, in mündlichen Kursen, Klausuren-Kursen und Skripten. Man zahlt zwischen 100 und 500 Euro pro Monat dafür, dass man Musterklausuren bearbeiten darf, Zugriff auf Definitionen, Fragestellungen und examensträchtige Probleme erhält sowie den Gesamtstoff in formalen und inhaltlichen Fresshappen aufbereitet erhält, die es gestatten, das Examen erfolgreich zu schreiben.

Es gibt berühmte Repetitoren: charismatische Figuren, denen es gelungen sein soll, die Gelehrsamkeit der Ordinarien mittels genialer Didaktik in das zu verwandeln, was sie sein sollte. Und die ihre Studenten, sofern sie ihnen nur treu folgten, tatsächlich auf die Insel der Seligen führten: zum bestandenen Examen.

Kürzlich sagte mir ein deutscher Strafrechtsprofessor: Es läuft doch ganz gut mit unserer universitären Ausbildung. Es gelingt uns zuverlässig, die Studenten bis zu einem Standard auszubilden, der es ihnen erlaubt, erfolgreich Repetitorien zu besuchen! Er meinte das natürlich ein bisschen ironisch. Aber es ist viel Wahres daran. Heutzutage überholen die Universitäten die Repetitorien auf der rechten Spur: Sie versuchen, bessere Repetitorien anzubieten, teilweise mit großem Erfolg (was wiederum die privaten Repetitorien-Unternehmer betrübt).

Im Schlachtgetümmel um Marktanteile geht allerdings die Frage ein bisschen unter, was das überhaupt sein soll, »Repetitorium«, und was daran »besser« oder »schlechter« sein mag. Die Rückkehr der Fakultäten auf den Markt des Repetierens könnte ein Zeichen sein für Fortschritt, didaktische Modernität, praktische Orientierung. Sie könnte aber auch ein Menetekel sein: ein Vorzeichen des Todes von Rechtswissenschaft als Verstehenswissenschaft und ihres Fortbestehens als Technik. Die Meinungen darüber gehen weit auseinander: Da gibt es die Ordinarien, die meinen, allein ihre letzte Begegnung mit Heidegger oder Kant sei der goldene Schlüssel zum Verständnis eines Vertrags. Sie jammern ohne Unterlass über den Verfall von irgendwas. Und es gibt die Sieger der Evaluation, die Quotenjunkies der Rechtswissenschaft, die Escortgirls einer verschlankten Wissenschaft der herrschenden Meinung. Sie sind mal hier, mal da. Sie haben Veröffentlichungslisten, die sich jenseits des Menschenmöglichen bewegen. Was ist besser?

Um keinen akademischen Abschluss wird ein solches Brimborium gemacht wie um den zweigeteilten Ausklang des Jurastudiums: das Erste und das Zweite Staatsexamen (seit 2002: »Erste Prüfung« und »Zweite Staatsprüfung«). Es gilt als schwierig, geheimnisvoll, unkalkulierbar. Das ist richtig und falsch zugleich. Ich bin mir sicher, dass die Mehrzahl der Bürger überhaupt nicht weiß, was mit den Worten gemeint ist. Sie reden trotzdem tapfer drauflos über die Justiz und die Juristen und wissen alles über die Gerechtigkeit und täuschen sich dauernd und werden daher wieder verachtet von den Kundigen und so weiter. Obwohl es doch eigentlich alle angeht, wie man ein

Richter wird, und das gar nicht so schwierig zu verstehen ist.

Der extreme Druck, der dem Examen innewohnt, kommt nicht aus der Sache, sondern aus den Umständen. Damit ist gemeint: aus dem Flohzirkus und seiner Präsentation. Stellen Sie sich Folgendes vor: Sie studieren Elektrotechnik. Während des Studiums und im Examen wird mit allen Mitteln verhindert, dass Sie so arbeiten, wie es den praktischen Bedingungen des Ingenieursberufs entspricht: Sie müssen alle mathematischen Formeln von Hand ausrechnen. Sie dürfen keine Verzeichnisse von DIN-Normen oder technischen Standards benutzen, sondern müssen alle möglicherweise examensrelevanten Vorschriften auswendig lernen und kritiklos anwenden. Wenn Sie besonders gute Noten haben wollen, müssen Sie auch noch zwei oder drei längst verworfene Methoden lernen und in der Examensklausur vortäuschen, dass Sie diese Methoden noch einmal ernsthaft prüfen, um dann wie von ungefähr auf die herrschende zu kommen. Jeder Prüfer weiß, dass das alles nur auswendig gelerntes Zeug ist und keinesfalls auf ernsthaften Abwägungen beruht (zu denen Sie gar keine Zeit haben). Das Examen müssen Sie nach zehn Semestern ablegen. Auf der Angebotsliste für Lehrveranstaltungen ab dem 7. Semester stehen alternativ: a) Seminare über »Die Verantwortlichkeit von Ingenieuren in der globalisierten Ökonomie« und b) »Repetitorien: Crashkurs aktuelle Normen«. Wohin würden Sie da gehen? Und wohin sollte nach Ihrer Ansicht Ihr studierender Sohn gehen? Eben.

In der »Ersten Prüfung« sitzen die Kandidaten vor leeren Blättern und einem »Sachverhalt«. Ihr einziges Hilfsmittel ist eine Sammlung von Gesetzestexten. Sie haben

»Fälle« zu lösen, überwiegend in der Form eines »Gutachtens«. Das heißt: Der Sachverhalt steht – in eklatantem Gegensatz zum praktischen Leben – fest; das Recht ist – im Gegensatz zum praktischen Leben – ohne jegliche Hilfe allein aus einem willkürlichen Kanon von auswendig gelernten Regeln und Definitionen zu entwickeln. Kein einziger (!) Jurist arbeitet in der Wirklichkeit so: Dort gibt es vielmehr eine Vielzahl von Hilfsmitteln – online, auf Speichern, in zahllosen Büchern und Zeitschriften. Man arbeitet in Gruppen und entscheidet in Kollegien. Niemand muss heute mehr Leitsätze auswendig lernen oder Definitionen oder Gesetzestexte ohne Hilfsmittel auslegen. Die Anforderung, welche die »Erste Prüfung« simuliert, ist daher vom wahren Leben weitestmöglich entfernt. Es handelt sich bei dieser Prüfung, genau gesagt, um eine ergebnisfeindliche, unrealistische und demütigende Situation.

Wenige (!) der Prüfer in der Ersten Prüfung hätten unter solch absurden Bedingungen eine plausible Chance, das Examen mit einer besonders guten Note zu bestehen. Jeder Prüfer tut mit wichtiger Miene so, als sei die Kenntnis gerade des von ihm gestellten Spezial-Problems eine Art Grundvoraussetzung der juristischen Weltdurchdringung. Unsinn! Ich war viele Jahre lang Prüfer im Ersten und im Zweiten Juristischen Staatsexamen und kann bezeugen: Die auf wundersame Weise präsent gehaltenen Rechtskenntnisse der Prüflinge übertrafen in der Breite diejenigen der Prüfer mitunter um Längen.

Ergebnis und Ziel derartiger Prüfungen sind klar und eindeutig: Es geht um das Auswendiglernen flexibler, jederzeit änderbarer, beliebiger Inhalte. Sie heißen »Definitionen«: »Drohung ist, wenn …«, »korruptive Unrechtsvereinbarung ist, wenn …« und so fort. Sie müssen sich an der höchstrichterlichen Rechtsprechung orientieren: Alles andere wäre »kontraproduktiv«. Von ferne kräht der Herr Strafrechtsprofessor: »Andere Ansicht!« Der arme Student muss also auch noch eine in 95 Prozent der Fälle unverstandene Anzahl von sogenannten »abweichenden Meinungen« auswendig lernen: nicht etwa, damit er davon träumt und sie beim WG-Frühstück am Sonntagmorgen ventiliert. Sondern damit er einen zusätzlichen Punkt damit verdient, dass er hinkritzelt, »a.A.« (anderer Ansicht) seien »Teile der Literatur« (jeder, der nicht wahnsinnig ist, weiß, dass der Student weder »die Literatur« noch auch nur »Teile« davon gelesen hat, sondern nur blindlings die Fußnote eines Skriptums zitiert!).

Die Professoren, die solches Tun veranstalten und leiten, leben in einer eigenen Welt. Das ist das Schöne. Sie jammern, dass niemand sich mehr interessiere für die Elaborate der Gelehrsamkeit, und tun sehr viel dafür, damit es so bleibt.

Es ist nicht alles Schnee, was glitzert, und nicht alles falsch, was wehtut. Das Staatsexamen (wie immer es heißen mag) ist ein echtes Wunderwerk der Evolution und der Sublimierung. Es verlangt vom Kandidaten, größtmögliche Intelligenz und Kreativität in acht mal fünf lebensentscheidenden Stunden herunterzufahren auf die größtmögliche Anpassung und Variabilität. Das sollten Sie, liebe Eltern, fortan immer bedenken: Hier, in diesem Moment, in diesem Triumph, verwirklicht sich alles, was Sie Ihrem Kind je angetan haben. Von jetzt an ist es, für alle Zeit, wie Sie. Und schert sich einen Teufel um Ihre Lebensweisheiten. Da darf man schon einmal eine gemeinsame Träne der Freude vergießen!

Das Wichtigste an der Ersten Prüfung war früher das halbe Wörtlein »Staats…«. Es garantierte, dass all das, was Sie jemals über Wissenschaft dachten, vor der herrschenden Meinung nicht mehr wert ist als der Furz einer Ratte. Seien Sie beruhigt: Die Änderung der Terminologie hat das nicht verändert. Was des Staates ist, bestimmt der Staat. Er fährt hinaus auf die wilde See der Erkenntnis und möchte darin Staatsanwälte und Richter fangen, und wenn dabei als Beifang noch ein paar Regierungsräte und Rechtsanwälte anfallen, kann das nicht schaden. Mit anderen Worten: Was das alles soll, bestimmt der Staat! Er weiß, in der Gestalt der beamteten Professoren und »Praktiker«, was wichtig, richtig, vertretbar und unvernünftig ist im Strafrecht. Die Erste Prüfung könnte allen schnuppe sein, wäre es nicht die Vorstufe zur Zweiten Staatsprüfung. Und die ist eine Einstellungsprüfung: Sie bestimmt, wer eine Stelle ergattert. Und wer am langen, langen Ende all der Auswendiglernerei und der sieben Jahre währenden Orientierung an der herrschenden Meinung die unvorstellbare Chance erhält, ein unabhängiger Richter (respektive eine unabhängige Richterin) zu werden. Dann blickt man zurück vom Gipfel dieses Triumphs auf die Ebenen der Jugend und der Ambitionen und denkt: Das habe ich aus mir gemacht.

Haben Sie keine Sorge, Studentinnen und Studenten, Eltern und Freunde! Ihr Sohn/Ihre Tochter wird es mit einer etwa 60-prozentigen Wahrscheinlichkeit schaffen! Er/sie jammert viel, kostet viel, redet viel. Das ist nur jetzt so. Am Ende ist es nicht so schwer.

Jura ist nicht ein Fach der Welt-Erkenntnis, sondern eines der Lebenswelt-Beherrschung. Wer das verstanden hat, dem erscheint das Recht nicht mehr, wie im ersten Semester, als ein unvorstellbar komplexes Korallenriff, sondern als ein in klaren Linien organisierter Gärtnereibetrieb mit sich selbst als *Master of the Universe* in der grünen Schürze. HNO-Ärzte, die sich bis ans Ende ihrer Tage durch den Schleim fremder Nasennebenhöhlen tasten müssen, können sich so etwas Schönes gar nicht vorstellen. Und auch nichts vergleichbar Bedrückendes. Deshalb reden mein HNO-Arzt und ich dauernd aneinander vorbei.

Ist Jura schwierig oder leicht?

Im Juni 2015 habe ich an einer Podiumsdiskussion an der Universität Bielefeld teilgenommen. Das Thema: Reform der Juristenausbildung – Überflüssig? Überfällig? Podium: ein Journalist (kritisch), eine Bundestagsabgeordnete mit Hauptberuf Rechtsanwältin (Familienrecht), ein Rechtsanwaltskammerpräsident (ernst), der Präsident eines Landesjustizprüfungsamts (noch ernster), eine Studentin vom Bundesverband Jura-Fachschaften (jung), ein Bundesrichter (ich). Moderator: ein Professor für Anwaltsrecht. Auditorium: 70 interessierte Profis. Im Geiste nahmen teil: 15 000 Richter, 5000 Staatsanwälte, 165 000 Rechtsanwälte, 110 000 Jurastudenten, 1000 Jura-Professoren. Wie immer waren alle schwarzen Schafe aus den genannten Professionen (um die es auch diesmal ging) wieder zu Hause geblieben; im Saal fanden sich daher ausschließlich Vertreter(innen) der weißen. Alle Anwesenden hatten das Zweite Staatsexamen abgelegt oder waren guten Mutes, dies demnächst tun zu wollen. Dementsprechend waren die Stimmung: entspannt (»Ein guter Jurist hat noch immer seinen Platz gefunden«), das Niveau: angemessen (»Wir haben keine Anwaltsschwemme, sondern einen Anwaltsmangel«) und die Rettung nahe (»Das Buffet ist eröffnet!«).

Ergebnis: Man weiß es nicht genau. Die Erforderlichkeit einer (weiteren) »großen Reform« der Juristenausbildung sollte diskutiert werden – nach den »großen« Reformen von 1994 und 2002 und einer irgendwann kurz nach dem amerikanischen Bürgerkrieg anzusiedelnden »Reformphase der 70er-Jahre« (gern auch genannt: »Phase überzogener Reformeuphorie«).

Das Aller-, Aller-, Allergrößte, was sich die Ausbildungsprofis im schönen Plenarsaal des Bielefelder Zentrums für interdisziplinäre (!) Forschung (!) – ZIF – an diesem lauen Sommerabend vorzustellen vermochten, sind Vorschläge von der intellektuellen Wucht einer »Reduzierung der bestehenden 351 Schwerpunktbereiche« und einer »Intensivierung der praktischen Orientierung«. Gern genannt wurde auch eine »Intensivierung der Methoden- und Grundlagenausbildung«. Das fand auch die bezaubernde Vertreterin des Bundesverbands der Jura-Fachschaften: Sie wünschte sich mehr Grundlagenausbildung, insbesondere aber auch mehr Praxisbezug. Man muss ihr danken, dass sie sich traute, dies zu sagen.

Der Präsident eines Landesjustizprüfungsamts teilte mit, er halte die derzeitige Form der Ausbildung und Prüfung für ausgezeichnet, vor allem in dem Bundesland, in welchem er die Verantwortung dafür trage. Der Präsident einer Rechtsanwaltskammer teilte mit, er halte die Qualifikation der übergroßen Mehrzahl seiner Anwaltskollegen für beeindruckend gut. Die weniger guten fänden problemlos Unterschlupf als Schadenssachbearbeiter bei Versicherungsgesellschaften.

Die Politikerin der Grünen teilte mit, sie sei Rechtsanwältin und verwehre sich – »Das muss jetzt aber mal gesagt werden!« – gegen die Behauptung, alle Rechtsanwälte seien dumm. Da klatschten die Anwaltsvertreter in die

Hände und nickten mit den Köpfen! War eine solche Behauptung von irgendjemandem im Raum auch nur angedeutet worden? Arm in Arm in Arm mit den ungenannten Nachtmahren ihrer Partei kämpfte die Abgeordnete den großen Kampf der FDP um das Wohl der Wirtschaftskanzleien und der Einzelkämpferinnen aus Marklohe.

Der kritische Journalist – der pensionierte ARD-Moderator Joachim Wagner –, der ein interessantes Buch über Mangelhaftigkeit und systematische Fehlsteuerung der Anwaltsausbildung geschrieben hat, durfte zweimal sagen, dass er das Bild des Einheitsjuristen (also die gemeinsame Ausbildung aller juristischen Berufe nach den Anforderungen des Richterberufs, den dann doch nur eine kleine Minderheit ergreift) für zweifelhaft halte. Ihm wurde erwidert, die Justizministerkonferenz habe vor 13 Jahren das Gegenteil beschlossen.

Im Bielefelder Auditorium saßen, verstreut, ein paar Professoren. Die Mehrzahl brach früh auf. Manche blieben zum Abendessen.

Die Klage ist seit hundert Jahren dieselbe: Die Juristen-Ausbildung sei schlecht. Sie vermittle nicht ausreichend zwischen Wissenschaft und Praxis. Sie bilde die falschen Menschen in die falsche Richtung aus. Wohl kein anderer Berufsstand – wenn »Jurist« denn als solcher gelten soll – hadert in dieser Weise mit sich selbst. Kein wissenschaftliches Fach sonst, dessen Prüfungsreife seit jeher allein durch gewerbliche Repetitoren hergestellt wird: selbst ernannte Lehrer also, die mit hoher Plausibilität und grandiosem wirtschaftlichem Erfolg behaupten, sie (allein) wüssten, wie das Examen zu bestehen sei und eine erfolgreiche Juristenlaufbahn begonnen werden könne. Dafür zahlen 90 Prozent der Studenten einen Haufen Geld. Die Professoren sind seit hundert Jahren empört. Deshalb organisieren sie jetzt Uni-Reps: Repetitorien ohne Entgelt. Und die Studenten? Sie gehen ins Uni-Rep und obendrein ins private. Denn: Sicher ist sicher.

Gibt es dergleichen irgendwo sonst? Müssten eine Wissenschaft von der Medizin oder von der Geologie oder der Psychologie oder der Soziologie nicht längst Konkurs anmelden, wenn 90 Prozent ihrer Absolventen ihre examensrelevanten Kenntnisse aus privaten Crashkursen bezögen, ohne substanzielles Interesse an den Inhalten?

Dabei ist ja – es soll zumindest erwähnt sein – durchaus streitig, ob der Begriff »Wissenschaft« für dieses Fach (oder einige seiner Disziplinen) überhaupt angemessen ist oder ob nicht Wortverbindungen auf »-kunde« treffender wären: Strafkunde, Verwaltungskunde, Staatskunde …

An dieser Stelle schreit – plangemäß – der Ordinarius auf, aus dienstrechtlicher Obliegenheit und persönlicher Seelenpein. Er verweist auf die Verwandtschaft seines Fachs mit allem je Gedachten und *by the way* auf das Inhaltsverzeichnis seines den Göttern dargebrachten »Allgemeinen Teils«. Waren es nicht Thomas Hobbes, René Descartes und Immanuel Kant, also praktisch die Erfinder des Formats »G 7«, die diejenigen Fragen stellten, welche erst durch mich und meinen Lehrer … (äh, hust, keuch) …

Wir kennen sie ja, unsere leitenden Institutsdirektoren, unsere doctores honoris causa mundi multiplex, unsere Ehrensenatoren in Schanghai, Sewastopol und Lagos! Mit eigenen Händen haben sie den Volksstämmen am Rande der Dunkelheit nahegebracht, was eine ordentliche deutsche »Schuldverschreibung« und eine »objektive Zurechnung« vermögen. Loriot würde formulieren: Ein Leben ohne Abstraktionsprinzip ist möglich, aber sinnlos.

Gib mir, sagen der Chinese in Peking und der Student in Passau, deinen Allgemeinen Teil! Dies ist, liebe Leserinnen und Leser aus dem nichtjuristischen Lager, ein opus maximum, eine »lehr«-artige Darstellung der »Allgemeinen Lehren« eines bestimmten juristischen Fachs. Mal ist es an einem Gesetz orientiert (»Strafrecht Allgemeiner Teil«), mal in freier eigener Systematik erdacht.

Im Strafrecht gilt der Allgemeine Teil (sprich: AT; die Nähe zum Alten Testament ist zufällig, aber schicksalhaft) als die Krönung der Gelehrsamkeit. Honorarprofessoren – wie beispielsweise der Autor – dürfen an den allermeisten Universitäten niemals eine Lehrveranstaltung zum AT abhalten. Weil: Sie können es nicht. Es ist einfach zu schwierig und zu verantwortungsvoll. Man lernt da, was ein »Rechtsgut« ist und was der Begriff eigentlich bedeuten soll; wie der »Versuch« eines Verbrechens aussieht und wie eine »Mittäterschaft« und warum und wann Unterlassen genauso strafbar sein kann wie aktives Handeln. All dies sind Geheimnisse ganz nah an den heiligen Sakramenten. Wer nicht sieben Jahre und sieben Tage lang einem Lehrer schweigend gedient und sieben Drachen besiegt und siebenmal seine Meinung geändert hat, bevor der Hahn krähte, kann den Grad der Reife nicht erreichen, welcher es erlaubt, die Kunde weiterzugeben an die Fackelträger, die Geist vom eigenen Geiste und daher auserwählt sind.

»Habilitation« heißt die Prüfung, durch welche die »Lehrbefähigung« in einem wissenschaftlichen Fach festgestellt wird. Sie führt zur Verleihung der Lehrbefugnis an einer wissenschaftlichen Hochschule. Wer habilitiert ist, darf, Humboldt hin oder her, lehren, was er will, und sei es auch noch so verwegen. Im Einzelnen ist es, Sie ahnen es, natürlich komplizierter. Denn Wissenschaftsfreiheit, Selbstverwaltung der Universitäten, Länder- und Bundesrecht garantieren, dass systemsprengende Ideen und auch krasser Unfug selten vorkommen. Ein halbwegs vermögender Privatier, habilitiert, wäre der Freieste von allen: Er tut und lässt und lehrt, was er mag. Der Rest bewirbt sich und strampelt und redet in den Pausen der Gelehrsamkeit und auf den Gängen der Institute über die ewig junge Frage: Wer wird wann wo was?

Bei den großen Fachtagungen scharwenzeln hoffnungsvoll aufgebrezelte Habilitanden umeinander und halten sich bereit für das Äußerste: Ein Lehrstuhlinhaber könnte einen ansprechen, zu erkennen geben, er habe eine der letzten Veröffentlichungen des Nachwuchses zur Kenntnis genommen. Für diese Chance fahren sie bis ans Ende der Welt. Das ist aber nur die eine Seite.

Ergänzung: Kein einziger Ordentlicher Professor des Rechts hat jemals eine Ausbildung in Didaktik, Pädagogik, Menschenführung absolviert. Noch nicht einmal einen Wochenendkurs! Sie haben eine 15-Jahres-Erfahrung in Fakultäts-Intrigen, einen IQ von über 120 und eine Veröffentlichungsliste von 225 plus X. Sie bilden ständig 100 000 Menschen aus für Berufe, von deren praktischen Anforderungen sie selbst nicht das Geringste verstehen (müssen). Das ist ein wahrhaft wundersames System.

Wissenschaftler werden nach der Besoldungsordnung W entlohnt. Ein Universitätsprofessor erhält die Gehaltsstufe

W 3; das ist etwa so viel wie ein Vorsitzender Richter am Landgericht – R 2 –. Wichtig für Image und Nebenverdienst sind aber vor allem die Budgets für Hilfskräfte. Kaum haben Rechtswissenschaftler durch extremste Nischenspezialisierung vollbracht, was sie zur Führung des gehobenen W-Titels berechtigt, vollzieht sich ein weiteres Wunder: Ab sofort können die Auserwählten lehren, was immer der Haushalt der Universitäten und die Besetzungsverhandlungen hergeben. Sie erlangen Lehrstühle für Weltraumstraftrecht, südbrasilianische Korruption und frühmittelalterliche Vergewaltigungslehre. Sie befehligen 20-köpfige Teams von Nachwuchswissenschaftlern, die dem Meister kostenfrei zuarbeiten. Gerade eben noch Lieblingsfußabtreter eines Habilitationsvaters, verhandeln sie vom nächsten Monat an mit den wichtigsten 250 Theoretikern der Geistesgeschichte auf Augenhöhe. Internationales Sanktionenrecht? Kein Problem! Auch die Rechtssoziologie, die nordwesteuropäische Rechtsgeschichte und das Kartellstrafrecht sind Fächer, die sich einem habilitierten Menschen praktisch von selbst erschließen. Hier hat das Schild an der Tür noch wahrhaft faktenschaffende Kraft.

Zu diesem Wunder gesellen sich noch zwei weitere, freilich eng verwandte: Zum einen gelingt dies alles bis zum 40. Geburtstag. Man hat bis dahin zwei Staatsexamen mit sehr gehobener Note (»gut«) bestanden. Man war zuerst studentische, dann wissenschaftliche Hilfskraft. Man hat zwei Jahre lang eine Dissertation mit sehr guter Note geschrieben. Man hat zehn Jahre lang Tutorien geleitet, Klausuren korrigiert, Fußnoten geschrieben oder überprüft. Man war in einem Maße, das einem aufgeklärten Menschen kaum vorstellbar und erträglich erscheint, persönlich abhängig von Launen, Wohlwollen und Beschränktheiten eines einzigen Menschen – des sogenannten »Lehrers«. Gemeint ist der Lehrstuhlinhaber, der die Habilitation betreut (wenn er Lust hat) und sie auf dem höchstmöglichen Niveau von Servilität, Beflissenheit und unkritischer Nachplapperei halten kann (wenn er will). Er darf alles, denn eine Habilitandin Ende dreißig mit zwei Kindern kann nichts anderes mehr werden: Sie steht die Arbeitsabendessen durch oder ist gescheitert.

Deshalb finden an unseren Rechtsfakultäten noch immer schaurige Rituale der sadistischen Unterwerfung und der rückgratlosen Submission statt. Das ist aber nur die zweite Seite.

Es drängt mich, an dieser Stelle Folgendes zu sagen: Es gibt unglaublich gute, intelligente, gebildete, engagierte Hochschullehrer des Rechts. Es gab und gibt unter ihnen beeindruckende Biografien und singuläre Begabungen. Es gibt Lehrveranstaltungen, die junge Menschen ein ganzes Leben lang prägen und begleiten können, Diskussionen, die inspirieren und motivieren. Rechtswissenschaft ist ein wunderbares Fach mit unendlichen Bezügen, interessanten Menschen und einem Kosmos von Möglichkeiten. Ich freue mich für und über jeden Einzelnen, der dies entdeckt.

Rufen Sie, Leserinnen und Leser, die Strafrechtslehrstühle unserer Republik im Internet auf! Klicken Sie dort auf »Lehrstuhl-Team«! Und ein weiteres Wunder offenbart sich Ihnen. Denn was sehen Sie?

Haben Sie je unter dem Personal juristischer Berufe – ausgenommen vielleicht die Nachwuchstruppen ausgewählter Großkanzleien – eine derartige Dominanz sexuell attraktiver junger Damen erlebt? Können äußere Schönheit und innere Berufung zum Höheren 2500 Jahre nach Sokrates noch so unmittelbar zusammenhängen? Nichts gegen Staatsanwältinnen oder Richterinnen am Landgericht! Aber sah man dort jemals eine solche Zusammenballung von Pfirsichhaut? Die Praxis lehrt: Juristerei ist per se *kein* Sammelbecken der Schönen und Wilden. Die Explosion der femininen Sachkunde in den Teams der Rechtslehrer hat mich daher schon bei der eigenen Berufswahl und auch später nachdenklich gemacht: Denn zweifelsohne ist der Beruf des Rechtslehrers erstrebenswert allein schon wegen jener unkontrollierbaren Herrschaft über eine beliebige Zahl handverlesener junger Menschen, die selbst dann nicht quietschen, wenn man sie mit massiver Herablassung peinigt. Ich kenne Rechtsprofessoren, die Assistentinnen das Tragen von Faltenröcken empfahlen. Oder ihnen bei der Habilitationsbesprechung offenbarten, das Problem liege nicht so sehr bei der Zurechnungslehre als vielmehr bei der bedauerlichen persönlichen Distanz.

Ich weiß nicht, wie es bei Physikern zugeht oder bei Geologen oder in der Neuesten südamerikanischen Geschichte. Ich warte seit zwanzig Jahren darauf, dass die beeindruckende Truppe schöner weiblicher Hilfskräfte aus den Maschinenräumen der Lehrstühle endlich an deren Spitze drängt. Dann wird eine Zeit kommen, in der wunderschöne junge Männer mit feurigen Augen und makellosen muskulösen Körpern die Kopierer bedienen und ihrer hochverehrten Lehrerin die Vuitton-Tasche in die Vorlesung tragen. Ich werde mich dann als wissenschaftliche Spät-Hilfskraft bewerben. Aber es wird zu spät sein.

Welche Juristen wollen wir? Dies ist die entscheidende Frage, und sie muss radikal und rücksichtslos und bis auf den Grund gestellt werden.

Das, oh je, ist freilich eine Anforderung, die Juristen meist nicht erfüllen mögen und auch nicht können. Sie *sind* nämlich genau jener Gegenstand, den sie kritisch zu hinterfragen sich anschicken. Der Autor ist selbst ein Teil und daher vermutlich auch nicht weiser. Und so besteht, aller Erfahrung nach, ein gewisses Risiko, dass nicht viel dabei herauskommt: Was werden hundert Oberärzte für Chirurgie sagen, wenn Sie sie fragen, ob die Chirurgenausbildung die Falschen fördert? Oder hundert Feinmechaniker, ob die Feinmechaniker-Ausbildung tatsächlich ausreichende Fachkenntnisse vermittelt?

Und wie, Leserinnen und Leser, steht es mit Ihnen selbst? Würden Sie freiwillig der These zustimmen, dass Ihre eigene Ausbildung unzureichend war und überwiegend Ungeeignete nach oben gespült hat? Eventuell Sie selbst? Wohl nicht. Es reicht auch nicht, aus der Halbdistanz herumzumotzen. Frauenärzte halten Lehrer für blöd, Banker halten Ingenieure für beschränkt, Physiker nehmen Germanisten nicht ernst und so weiter. Das ist keine Kunst. Und über Juristen empören sich alle, selbst die, bei denen es sonst nur zu Scherzen über »faule Beamte« reicht. Jeder Dummkopf, der einmal einen Prozess verloren hat, fühlt sich berufen, die »Weltfremdheit« und »Gerechtigkeitsfeindlichkeit« unserer Richter zu beklagen.

Es ist aber viel komplizierter. Das Recht steht seiner bloßen Natur nach mit einem Bein in der Wissenschaft und mit einem andern in der praktischen Herrschaft. Die »einfachen« Regeln, die angeblich alle ersehnen, sind ohne eine »Wissenschaft von den Regeln« nicht denkbar.

Die »Pragmatiker« und, noch schlimmer, die ewig selbstzufriedenen »Praktiker«, die sich nach nichts so sehnen wie nach überschaubaren Verwaltungsvorschriften unter Ausschluss eigener Verantwortung, haben vom Recht nicht mehr begriffen als die Oberfläche. Es gibt sie überall, vom ersten Semester bis zum Bundesgerichtshof.

Fakt ist: Von allen Anfängern des Jurastudiums schaffen 50 bis 60 Prozent das Zweite Examen. Der Rest bricht ab oder fällt durch. Von den Erfolgreichen, die es bis zum Zweiten Examen schaffen, wird im Durchschnitt (!) die Note »ausreichend« erreicht. Merke: Die Benotung im Fach Jura ist gnadenlos, demoralisierend, erniedrigend. In den »Staatsprüfungen« sitzen überwiegend Prüfer herum, die weder didaktische Erfahrung noch moralische Verantwortung, sondern allein ein Übermaß an Selbstgewissheit mitbringen.

Teilt man Jurastudenten im zweiten Semester mit, dass statistisch gesehen 50 Prozent von ihnen scheitern werden, bricht im Audimax ein Sturm der Entrüstung los, als habe der Überbringer der schlechten Nachricht diese persönlich erfunden. Gibt man zu bedenken, dass sich seit fünfzig Jahren am (angeblich unvermeidlichen) Elend des Jurastudiums nichts geändert habe, obgleich doch alle immerzu darüber klagen, und das Befolgen des »herrschenden« Wegs offenkundig keine Vorteile bringt: sitzen sie da und schweigen. Und fragen nach einem Skriptum, in dem das steht. Oder: Ob das in der Klausur drankommt. Dies ist der Moment, in dem man das deutsche Abitur zu hassen beginnt.

»Die Lehre« fühlt sich nicht verantwortlich. Der Begriff der Lehre ist, wie alles in diesem Biotop, fein differenziert: Man kann »Lehre« verstehen als die Tätigkeit des Lehrens. Das wäre: Didaktik, Selbstkritik, Anleitung, Engagement. Man kann den Begriff auch verstehen als »Entwickeln systematischer/theoretischer Grundlagen«. Die letztgenannte Art von Lehre kommt ohne Lernende aus. Sie kann zwanzig Jahre lang funktionieren, ohne eine einzige akzeptable Lehrveranstaltung hinzukriegen.

Es gibt auch keine gültige alternative Liste von Kriterien des Erfolgs: Ob jemand nach dreißig Jahren auf seiner Veröffentlichungsliste 350 Titel nennt oder 35, ist vollkommen gleichgültig. Es ändert nur den Text der Laudatio bei der Festschriftenübergabe: »Unermesslich«, heißt es im ersten Fall, sei die kreative Schaffenskraft des Jubilars gewesen. Im zweiten Fall war sie »nicht auf oberflächlichen Glanz orientiert, sondern auf von modischen Einflüssen freie, wahrhaftig wissenschaftliche Durchdringung«. Ja: So wird es gewesen sein.

Mit »Lehre« im Sinn von »Ausbilden« hat das fast nichts zu tun. Denn Studenten lesen ja, in striktem Gegensatz zu den hanebüchenen Vorstellung ihrer Professoren, deren Veröffentlichungen nicht oder allenfalls in winzigen Häppchen. Wie und warum auch? In zehn Semestern schwatzen zwanzig Fachvertreter auf sie ein und behaupten, die Lektüre der jeweils in den eigenen Fußnoten angegebenen (Urteile und) Bücher und Aufsätze sei »unerlässlich«. Zählt man all diese Unabdingbarkeiten einmal zusammen, müsste einer fünfzig Jahre am Stück lesen.

Niemals ist es genug! Nie ist der Jurastudent »examensreif«! Bis zum letzten Tag vor der letzten Klausur wird und soll er Angst haben, es komme etwas dran, was er nicht kennt. Meint: ein »neues Problem«.

Versteht ihr, Studentinnen und Studenten, was das bedeutet? Kann es Sinn eurer vieljährigen Ausbildung zum Spezialisten für die Klärung täglich neuer Probleme sein, in euch die größte Angst vor dem Unbekannten und Neuen so tief zu verankern, dass ihr sie für alle Zeit weitergeben werdet an die, die euch nachfolgen oder von euch abhängig sind? Warum lasst ihr euch so ängstigen?

Der deutsche Jurastudent ist seit vielen Jahrzehnten im Durchschnitt immer nur »ausreichend«. Die Notenskala reicht von »sehr gut« bis »ungenügend«, von 18 bis 0 Punkte. Der Durchschnitt (!) all der jungen Leute, die wir durch die Ausbildung zum Juristen schicken, erreicht eine Punktzahl von 5,5 (ausreichend). Ein sogenanntes »Prädikatsexamen« fängt bei »befriedigend« an und zieht sich über vier »Prädikate« und über 12 von 18 möglichen Punkten. »Sehr gut« in der höchsten Stufe sind pro Jahr in ganz Deutschland 0,1 Personen. Richter darf man (vielleicht) werden, wenn man 8 Punkte hat. 8 von 18! Wer zweistellig abschneidet, stolziert den Rest seines Lebens umher, als habe ihn der Papst geküsst.

Was bedeutet das?

Es bedeutet das: Überforderung, Demoralisierung, Demütigung sind Teil der Ausbildung. Sie sind nicht die Ausrutscher, sondern die Eckpfeiler des Systems. Alle Klausuren, die der Jurastudent jemals schreiben wird, sind so konzipiert, dass er in Zeitdruck gerät, nicht wirklich neu nachdenken kann, nichts empfinden kann. Sie sollen »das Handwerkszeug beherrschen«. Sie sollen beweisen, dass sie gelernt haben, auf Befehl aus nichts etwas »Vertretbares« zu machen und morgen das vertretbare Gegenteil. Der Vertreter des Landesjustizprüfungsamts eines großen deutschen Bundeslandes fasste dies bei der eingangs erwähnten Tagung zusammen: »Der deutsche Einheitsjurist ist in der Lage, jedes beliebige Gesetz auszulegen und anzuwenden.« Er meinte das ganz ernst und positiv und ist gewiss kein Zyniker.

Selbstverständlich ist es schön, dies zu können. Noch schöner wäre es, dies zu verstehen, anstatt brav auswendig zu lernen. Besonders schön aber, es zu beherrschen, ohne davon abhängig zu sein. Wer bei uns Jura studiert, muss sehr schmerzhaft lernen, dass er auf diesem letzteren Weg meist sehr alleine ist.

»Jura ist leicht.« Das war die Überschrift, die vor einiger Zeit das Studentenmagazin der ZEIT für ein Interview mit mir gewählt hat. Es wurde später berichtet, Jurastudenten in großer Zahl seien empört gewesen über die Missachtung ihrer Bemühungen und Leiden. Das ist Unsinn. Diese Empörung ist Ausdruck von kindlichem Unverständnis und Wichtigtuerei.

Warum sollte es – wenn es denn zuträfe – beleidigend sein, dass Jura leicht ist? Das wäre doch, im Gegenteil, supergut! Lasst uns alle Jura studieren, würden die Sozialpädagogen und Erdkunde-Lehramt-Studenten rufen und allesamt Fachanwältinnen für Familienrecht werden. Was wäre schlimm daran, außer dass auf irgendwelchen Studentenfeten der Moment der Ehrfurcht etwas kürzer ausfiele, wenn einer sagt, er studiere Jura im Endsemester? (»Endsemester« hat, Leserinnen und Leser, nichts mit Karzinomen zu tun. Es ist eine juraspezifische Bezeichnung für Studenten, die ihre Bildungsbemühungen an der Universität fast gänzlich eingestellt haben und sich vollständig auf den Besuch eines privaten Repetitoriums konzentrieren.)

Im Übrigen: Jura an sich ist selbstverständlich leicht. Was soll daran schwierig sein, dass Schuldner S dem Gläubiger G zu geben hat, was G verlangen kann? Und wenn Täter T dem Opfer O aufs Maul haut und ihm die Geldbörse entreißt, wird das vermutlich Raub sein. Auch nicht so schwierig. Jetzt kann der Gläubiger eine Hypothek haben, die ein Drittschuldner gutgläubig erworben hat, oder der Räuber T hat den Schlag nur angetäuscht, worauf O aber schon vor Schreck umgefallen ist ... Das wird man auch noch hinkriegen, oder? Da sagt der eine dies und der andere das, und der Bundesgerichtshof hat wie immer die herrschende Meinung.

Unter »schwierig« stelle ich mir etwas anderes vor. Zum Beispiel, innerhalb von einer halben Stunde mittels eines Zollstocks auf den Meter genau die erforderliche Größe eines Baugerüsts zu schätzen. Oder bei annähernd laufendem Betrieb das Pleuellager eines Schiffsmotors zu reparieren. Oder einen *Nervus ulnaris* in einem offenen Bruch zu nähen. Oder Luhmanns Vertragstheorie zu verstehen.

Trotzdem ist irgendetwas an Jura saumäßig schwierig.

Es ist das Eintauchen in diese fremde, seltsame Welt: eine Welt der Unterwerfung und der Gewalt, der Ansprüche und Normen, der Herrschaft und der Abstraktion. Wer Jura studiert hat, wird nie mehr auf die Idee kommen, man dürfe in der Fußgängerzone vor allem deshalb nicht Rad fahren, weil das gefährlich für Fußgänger ist. Der Grund ist vielmehr: Es wurde dort gemäß Paragraf X der Straßenverkehrsordnung in Verbindung mit Paragraf Y einer Kommunalen Satzung das Verkehrsschild Z aufgestellt.

Sie denken, Leserinnen und Leser, das seien nur zwei Seiten derselben Medaille? Das stimmt nicht. Es sind zwei kosmische Räume. Wenn Sie die zuständige Regierungsrätin provozieren, leitet sie Ihnen das binnen zwanzig Minuten unter sämtlichen Bezügen auf das Grundgesetz und den EU-Vertrag ab.

Schwierig also ist das Denken. Schwierig ist es zu lernen, die ganze Welt durch den Filter des normativ (!) Machbaren zu sehen. Warum nehmen Jurastudenten das auf sich? Was haben sie davon? Sie sind ja nicht einmal sonderlich beliebt. Auf studentischen Partys mag einem noch der Gag im Halse stocken, wenn das Gegenüber mitteilt, er sei »Jura, 8. Semester«. Aber in der Bevölkerung sind Juristen überwiegend schlecht angesehen: opportunistisch, machtbesessen, hierarchieorientiert, wichtigtuerisch. Kann das Zufall sein?

Was also reißt es heraus? Wo ist der Mehrwert gegenüber unsicherer Karriere und bedenklicher sozialer Reputation?

Die Antwort lautet: Macht. Es gibt keine zweite Ausbildung – mit Ausnahme der von gewaltorientierten Sondereinsatzkräften –, die in einem solchen Maße das Bewusstsein vermittelt, Teil einer mächtigen Gemeinschaft zu sein, die diese Macht auch wirklich innehat. Und Juristen müssen dafür noch nicht einmal durch realen Dreck rutschen, und sie haben den zusätzlichen Kick, dass sie es sind, die die SEKs dieser Welt befehligen.

Wem machte das nicht Spaß? Jura ist ein vertracktes Angebot, den Gang und die Struktur und die Herrschaft der Welt zu begreifen und zu steuern. Vom ersten Semester an lernt der 19-Jährige, dass der insolvente Schuldner am Ende ist und dass der Täter fünfzehn Jahre eingesperrt wird aus unserem Willen und unserer Gerechtigkeit und unserer herrschenden Meinung. Amen. Und wenn er es lang genug gelernt hat, weiß er, wird er Teil dieser Kraft sein. Denn eine Ordnung muss sein. Und wer hätte gedacht, dass gerade wir es sind, denen ihr Vollzug vom Schicksal anvertraut ist?

Zwischen dem ersten und dem fünften Semester Jura verändert sich alles, nichts ist mehr wie vorher. Wenn der Freund abspringt oder die Eltern sich trennen oder die Fußballmannschaft verliert oder die Bank mit der Pfändung droht: Alles fühlt sich anders an, wenn man weiß, man ist Teil der herrschenden Meinung. Wenn man das glaubt, kann einem nichts mehr passieren. Das, liebe Jurastudenten, ist das Leichte. Rain Man! Und das Schwere zugleich ist es, das zu entdecken.

Das Gejammer über die Lücke zwischen Theorie und Praxis ist unerträglich und langweilig. Die Professoren fordern mehr Theorie von den Studenten, diese fordern mehr Praxis von den Professoren. Sobald sie die heiligen Exerzitien bestanden haben, ändern sie alsbald ihre Meinung und beklagen die Ferne des großen Ganzen. Den Professoren kann das egal sein, sie sind zu nichts verpflichtet außer zur Mitwirkung an den merkwürdigen Staatsprüfungen, in denen als Gipfel der wissenschaftlichen und praktischen Ausbildung eine Arbeitssituation simuliert wird, die im ganzen Leben niemals wiederkehrt.

Eigentlich müsste es anders sein: Das Rechtsstudium müsste nicht Rechtstechnik bevorzugen, sondern Rechtsverständnis. Nicht Beliebigkeit, sondern Verantwortung. Nicht Rechtsbelanglosigkeit, sondern Rechtsfolgen. Es müsste die Entstehung und Bedeutung von Normativität zum Inhalt haben, die beschränkte Steuerbarkeit der Wirklichkeit durch das Recht und die überwältigende Steuerung des Rechts durch eine von wirtschaftlichen Interessen dominierte Wirklichkeit. Es müsste Gemeinsamkeit, Austausch, Diskurs, Gleichberechtigung herstellen statt herrschender Meinungen. Es müsste den Juristen nicht als Beherrscher der Gesellschaft ansehen, sondern als deren Dienstleister.

Arbeitsgruppen ohne Chef! Meinungsaustausch ohne herrschende Meinung! Klausuren, die Verständnis prüfen statt Bedingungslosigkeit! Rechtslehre als Wissenschaft vom Menschen statt als Technik seiner Entmündigung!

Das wäre ein Anfang. Er wäre, zugegeben, ein bisschen schwierig.

Der Richter und sein Selbstbild

Der lebensältere Teil der Gesellschaft kennt die Figur des Richters, wie so vieles, aus den Wildwestfilmen unserer Jugend. Der Name des Richters war dort meist »Richter« (seltener »Richter Sowieso«). Der Richter war grauhaarig, also undefinierbar alt, trug einen Anzug mit Uhrkette und verstand aus vielerlei Gründen fast alles vom Leben, den Weibern und dem Whiskey. Er hatte – wenn auch korrumpiert vom örtlichen Viehbaron, dem frühen Tod der Gattin oder Johnnie Walker, dem Wolfsbruder in den Nächten der Wüste – einen untrüglichen Sinn für das Richtige und Gerechte: Am Ende tat er es oder zerbrach an seiner Unfähigkeit, es zu tun. Akten lesend sah man ihn eigentlich nie. Er spazierte über die Holzgehwege seines »Stadt« geheißenen Kaffs oder saß im Gerichtssaal. An beiden Orten gleichermaßen führte er Reden über Recht, Ordnung und Gerechtigkeit. Nicht selten hatte er mindestens eine schöne Tochter.

Inzwischen ist die allgemeine Kenntnis der Ikonografie des amerikanischen Wildwestfilms so löcherig wie in der Generation zuvor diejenige der *Ilias* und der *Odyssee*. Ich aber will dennoch vom Richter des Wilden Westens sprechen. Die meisten Zuschauer dürften diesem Charakter nämlich nicht genügend Aufmerksamkeit und Liebe geschenkt haben. Immerzu waren ihnen, aus durchsichtigen

Gründen, einsame Rächer wichtiger oder siegreiche Apachen, die sehnsüchtig-weiße Tochter des Viehbarons oder die haltlos-glutäugige mexikanische Haushälterin.

Bedauerlich für den Richter. Durchschritt er doch die Stätten der Willkür und Verdammnis mit stets geputzten Stiefeln und saß in den Versammlungen der Bürger immer in der ersten Reihe. Mal als Schurke in korrupter Verbundenheit mit der Gewalt, mal als Anker der Braven im Sturm.

Die Richterfigur im Western ist im Laufe der Zeit von so vielen miserablen Drehbuchschreibern zugrunde gerichtet worden, dass sie sich nicht mehr zur Wehr setzen konnte gegen die Zombies des Unterhaltungsfernsehens, die Untoten des nachmittäglichen Grauens, genannt Richter Hold und Richterin Salesch. Für alle, die auf einsamen Inseln leben und es daher nicht wissen können: So hießen zwei Gespenster, die hinter den Bücherregalen von Spencer Tracy und Charles Laughton ihr Dasein fristeten. Sie veranstalten bis vor einigen Jahren Gerichtsshows für Fünfjährige, in denen das Recht zur Farce gemacht wurde und die Gerechtigkeit zur Diarrhö.

Unsere Gesellschaft produziert Richter wie Kronenkorken: durch Stanzen. Die Welt ist voll von Menschen, die gerne richten. Sie spüren ein Bedürfnis, etwas zu entscheiden, das ihnen »richterlich« erscheint. Die Gelegenheiten, bei denen sich dieses Bedürfnis Bahn bricht, sind nur selten im Bereich des Verwaltungs- oder Zivilrechts. Da muss schon der Schwager einen Schadensersatz nicht gekriegt oder die beste Freundin der Frau mithilfe der Rechtsschutzversicherung einen Vergleich errungen haben, der jeder Beschreibung spottet. Die Einzelheiten des

Zivil-, Handels-, Sozial-, Verwaltungsrechts erspart sich der Laie gern.

Der Richter im Jedermann hat seine Bühne im Strafrecht. Hier weiß er, wie's geht; hier ist er zu Hause – immerhin sehen wir jeden Sonntag den *Tatort*. Der Richter in seiner professionell-fiktiven Gestalt tritt dort meist dadurch in Erscheinung, dass er irgendetwas »nicht mitmacht«, was für den Sieg der Gerechtigkeit von großer Dringlichkeit wäre. »Ich will sehen, was ich beim Richter machen kann«, sagt schulterzuckend der ermittelnde Staatsanwalt. Dann sieht man ihn mit dem Richter eine Treppe hinuntergehen. Am Fuß der Stiege kriegt er die Genehmigung zur Telefonüberwachung auch ohne Tatverdacht.

In älteren Filmen wohnt der Richter in einer Villa an der Elbe, der Seine oder dem Tiber. Seine Frau ist ein bisschen überspannt, sieht aber für ihr Alter super aus. Die Traumbesetzung: Stéphane Audran, *forever*. Der Richter ist dann unbedingt, je nach Sujet, Michel Piccoli, Michel Bouquet oder, bei vollem Risiko, Lino Ventura. Auf keinen Fall Michele Placido *(Allein gegen die Mafia)* oder Bruno Ganz. Unter der Oberfläche des Richters und seiner Familie erahnt der Cineast die Widersprüche und dramatischen Brüche des Bürgertums. Im *Tatort* ist das natürlich anders, denn so viel Lust auf Zwischentöne kann kein Mensch haben, der das Currywurstessen und das Kotzen danach für Kult hält.

Sie sehen, meine Leser: Wir haben keinen Mangel an gefühlten Richtern, an Figuren also, denen es ein Bedürfnis ist, eine oft sehr eigenwillige, selbst definierte Straf-Ordnung zu simulieren und sich selbst als deren Vollstrecker. Der Laienrichter Gerhard Schröder, Rechtsanwalt aus Hannover, schlug einst im Interview mit der *Bild am Sonntag* vor: »Wegschließen – und zwar für immer«. Damit meinte er Männer, die wegen des sexuellen Missbrauchs von Kindern verurteilt waren – wie genau und wann genau und warum genau, darauf kam es nicht an. Das war für seine Zwecke auch nicht erforderlich. *Bild* verstand ihn, *Bild* liebte ihn und er liebte *Bild*. So wird der kleine Rechtsanwalt ein großer Richter.

Und dann gibt es ja auch, ob man es wahrhaben will oder nicht, das große Wort unserer Frau Angela Merkel aus Anlass der live übertragenen Liquidierung von Osama Bin Laden: »Ich freue mich darüber, dass es gelungen ist, Bin Laden zu töten.« Die deutsche Bundeskanzlerin als beste Freundin des Henkers. Mehr Fremdschämen geht nicht.

Der ausländische Beschuldigte, um den es damals ging, war dringend verdächtig, an der Ermordung von mehr als 3000 Amerikanern beteiligt gewesen zu sein. Seine direkte Involvierung war allerdings unaufgeklärt. Professionelle Richter waren an seiner Verurteilung und Hinrichtung meines Wissens nicht beteiligt.

Ich versuche mir gerade vorzustellen, wie sich die Freude der Bundeskanzlerin wohl ausdrückte, wenn es gelänge, einen jener noch lebenden Verdächtigen zu töten, die an der Ermordung von sechs Millionen Juden beteiligt gewesen sein sollen. Gewiss könnte Sigmund Gottlieb, der Gott des Heißluftföhns, eine vibrierende Dokumentation über die entscheidenden Minuten im Kanzlerbunker anfertigen: Bundeskanzlerin und Verteidigungsministerin atemlos umschlungen vor dem Live-Stream, während ein KSK-Trupp die letzten authentischen deutschen Völkermörder liquidiert.

Doch kommen wir zur Sache! Wenn hier von »Richtern« die Rede ist, dann natürlich von solchen im Sinne des »juristischen Personals«, also von Berufsrichtern. Wie wurden diese Figuren, was sie sind? Im Wilden Westen wurden sie gewählt, wie der »Sheriff« (Polizeipräsident), bloß waren sie etwas viel Besseres als er oder gar als die »Marshalls« (Bundesbedienstete einer schwachen Zentralbehörde). Was geht uns das an? Wieso fällt uns, wenn wir das Wort »Richter« denken, ein grau melierter Onkel ein, der mit einem Holzhammer auf einen Tresen schlägt? Warum denken wir nicht an Richter am Sondergericht oder an alleinerziehende Halbtagsrichterinnen mit wenig Zeit und viel Ambition?

Am Ende des Studiums der Rechtswissenschaft steht, durch die Weisheit der deutschen Landesjustizprüfungsämter und aller Heiligen und weil »et noch immer jut jejangen is«: die »Erste Juristische Prüfung«. Diese bestehen, nachdem etwa 20 Prozent der Studienanfänger auf dem Weg dorthin schlappgemacht haben, 75 Prozent der Prüflinge (also 60 von 100 Anfängern). Es folgt sodann die Phase, in welcher der oder die nunmehr geprüfte Rechtskundige erstmals eintaucht in die sogenannte »Praxis«: sprich die Referendarzeit.

Praxis: Man kann sich den Schauer unmöglich vorstellen, den dieses Wort bei Juristen auslöst. Es vermag alles. Es rechtfertigt alles. Es besiegt alles. Zur Praxis drängt am Ende alles. Und noch der großmächtigste Jongleur aller Theorien aller Jahrhunderte vergisst niemals – niemals! – zu erwähnen, dass er Mitglied irgendeiner Kommission zur Reform von irgendwas gewesen sei, in der es vor allem auch um »die Belange der Praxis« ging, oder dass er mit einem Zehntel seiner Arbeitskraft an einem wirklichen

Oberlandesgericht echte Akten über lebende Menschen liest.

Das ist verständlich, aber seltsam. Selbst Medizinstudenten erleben nach Bestehen des Physikums während ihres Hauptstudiums den einen oder anderen leibhaftigen Menschen, genannt »Patient«. Sie müssen sich also, nachdem sie die Namen aller Nerven im Unterarm auswendig gelernt haben, ein zerstörtes Ellenbogengelenk gelegentlich anschauen, selbst auf die Gefahr hin, dass noch ein Mensch dranhängt, der irgendwelche störenden Probleme macht, die neurologisch nicht wirklich spannend und für die Prüfung ohne Belang sind (Schmerzen, Sorgen, dumme Fragen).

Anders die Juristen: Ein Fall ist ein Fall ist ein Fall. Ein Fall ist »ein Sachverhalt«, dieser ist lang oder kurz, so wie später die Akten dick oder dünn sind. Ob darin Menschen wohnen, weiß man nicht genau. Zwölf Semester lang und noch einmal 18 Monate heißen alle Menschen A., B., G., S. oder T. Wie lange kann man das einüben, bis sich für alle Zeit die Überzeugung eingebrannt hat, das eigentlich Störende an den Fällen seien die Menschen?

Bis zum Ende des Studiums tritt kein Student jemals in Kontakt mit jener Wirklichkeit, die er aufgrund der durch das Studium erlangten Qualifikation steuern soll. Wer meint, das werde in der Referendarzeit besser, irrt gewaltig. Natürlich gibt es Ausnahmen: Extrem engagierte Referendare, die neben allen Pflicht-Veranstaltungen und Stationen versuchen, durch Nebentätigkeiten erste Berufserfahrungen zu sammeln. Das ist gut, und gut gemeint sind gewiss auch die Pflicht-Angebote der Justizverwaltungen, die ja sämtliche Referendare besolden und betreuen müssen, als seien sie allesamt Richter im Vorbereitungsdienst. Das bei Weitem Wichtigste in der Referendarzeit sind aber die Arbeitsgemeinschaften: hochgradig verschulte Kurse, ähnlich den Repetitorien, in denen der zusätzliche Stoff für das Zweite Staatsexamen eingebläut wird. Es geht also im Prinzip alles gerade so weiter wie vor der ersten Prüfung: Arbeitsgemeinschaft, Klausurenkurs, Repetitorium, Klausurenkurs … Wer nebenbei beim Anwalt tätig ist, hat meist auch kein rechtes Vergnügen. Da darf er dann Akten kopieren oder Rechtsprechungen heraussuchen oder Kaffee kochen.

Zweites Staatsexamen: Einstellungsprüfung für den öffentlichen Dienst (als Staatsanwalt oder Richter oder Verwaltungsbeamter). Voraussetzung für die »Befähigung zum Richteramt«, die wiederum die Voraussetzung dafür ist, Rechtsanwalt (oder Notar) zu werden. Wer die Prüfung besteht, ist »Volljurist« (ein schöner Titel, erinnert an »Vollprofi«). »Halbjuristen« gibt es nicht. Die Prüfung ist etwas weniger selektiv als die erste Prüfung: 85 Prozent bestehen. Die jetzt noch ausgeschiedenen 15 Prozent sind besonders übel dran: Sie sind regelmäßig Ende 20, oft schon Anfang/Mitte 30, und jetzt geht nur noch wenig, wenn man nicht ganz erhebliche Abstriche am Selbstbild macht: Schadenssachbearbeiter bei Versicherungen. Hinterzimmer-Gutachtensschreiber in großen Kanzleien. Ansonsten kreative Ideen, für die man freilich die letzten zehn Jahre über gerade nicht ausgebildet und belohnt wurde. Eine sehr unangenehme Lebenslage! Mitleid darf man nicht erwarten: Wer es auch nur irgendwie, mit Ach und Krach und der geringstmöglichen Punktzahl, geschafft hat, durchschreitet die Welt fortan als Mitglied der volljuristischen Elite. Volljuristen können eigentlich alles.

Der Staat hat eine Staatsnote. Der Staat ist der Wunscharbeitgeber von gewiss 80 Prozent aller erfolgreichen Absolventen der Zweiten Juristischen Staatsprüfung. Die allerbesten oder allerselbstbewusstesten Absolventen möchten allerdings nicht »zum Staat«, weil der keine Startrampe anbietet für schillernde Senkrechtkarrieren und Sternenflüge. Sie werden daher Rechtsanwälte oder Notare. Sogenannte »Großkanzleien« zahlen Anfängern mit Spitzen-Examen pro Jahr 120 000 Euro brutto, bieten (und fordern) ein intensives Fortbildungs- und Förderungsprogramm und eröffnen die Chance, innerhalb überschaubarer Zeiträume in definierten Schritten »nach oben« zu gelangen – gemeint ist: an ein wirklich gehobenes Einkommen. Die Gegenleistung ist nicht ohne: 102 Prozent Identifikation mit dem Job, sechseinhalb Arbeitstage mit je 14 Stunden, Flexibilität in allem und jedem, Privatleben: erbärmlich. Der Porsche im dritten Berufsjahr ist teuer erkauft. Ohne Kostümchen und Hermès-Tüchlein, wöchentlichen Friseur und Squash-Abo geht nichts. Trotzdem fliegen 30 Prozent nach einem Jahr wieder raus. Dann beginnt nicht selten ein erstaunlicher Weg, der eine ganze Coaching-Industrie ernährt.

Staatsnote ist der Punktedurchschnitt (Skala: 0 bis 18 Punkte), mit dem der Staat – Justiz/Verwaltung – zum jeweils letzten Einstellungstermin (zweimal pro Jahr) einen erfolgreichen Absolventen eingestellt hat. Sie kann also immer erst im Nachhinein ermittelt werden. Für die Justiz kann, über die Jahre, als grober Richtwert angesehen werden: 8,5 sollten es schon sein. Manchmal, in einzelnen Bundesländern und je nach Haushaltslage, steht auch eine Neun vor dem Komma.

Nehmen wir an, der Examenskandidat hat die Staatsnote erreicht, entscheidet sich für den Berufsweg bei der Justiz, bewirbt sich und wird genommen: Dann wird er Richter auf Probe, für drei Jahre, in der Funktion eines Richters oder Staatsanwalts, aber nicht mit deren Privilegien. Denn er wird erst »erprobt«. Er kann nach einem Jahr fast ohne Gründe, nach zwei oder drei Jahren nur mit zunehmend gewichtigen Gründen entlassen – das heißt: nicht in ein Richter- oder Staatsanwaltsverhältnis auf Lebenszeit übernommen – werden.

In der Probezeit hat ein Richter nach außen alle Funktionen und Kompetenzen und nach innen alle Pflichten eines Lebenszeitrichters. Vom ersten Tag seines Dienstes an ist er der gesetzliche Richter (oder: Staatsanwalt). Er wird weitgehend unvorbereitet in ein zunächst kaum zu bewältigendes Chaos geworfen. 80 Neueingänge im Monat als Strafrichter beim Amtsgericht, ein abgesoffenes Dezernat im Zivilrecht mit 400 Akten Rückstand; 200 Eingänge im Staatsanwaltsdezernat – ganz normal. Man beißt die Zähne zusammen und arbeitet sieben Tage die Woche. Die Freitreppe im Justizpalast kennt man nur bei Dunkelheit.

Der Proberichter ist, als Richter, keiner Weisung unterworfen und allein Gesetz und Recht verpflichtet. Wenn er nur immer wüsste, was das ist! Wenn er bei Sinnen ist, wird er das Maß seiner Abweichungen von der herrschenden Meinung, und sei es auch nur die seines Gerichts oder seiner Behörde, gering halten. Der Proberichter befindet sich in einer beamtenartigen Stellung der Abhängigkeit von den (informellen und formellen) Beurteilungen durch Vorgesetzte: Das sind die Präsidenten des Amts- oder Landgerichts oder der Leitende Oberstaatsanwalt, seine

Dienstvorgesetzten also. Auch der Direktor des Amtsgerichts, der Kammervorsitzende, der Abteilungsleiter können ihm das Leben sehr schwer oder recht leicht machen.

Ein Richter auf Probe ist in Wahrheit kein »unabhängiger« Richter. Er tut so, ist allerdings gerade für diese Rolle in keiner Weise ausgebildet oder reif. Er ist, nach allen rationalen Kriterien und Erfahrungen, extrem abhängig und daher beschränkt.

Die Praxis geht mit ihm, das muss man bei aller Kritik zugeben, sehr vorsichtig um: Entlassungen wegen Ungeeignetheit sind selten und treffen meist Personen, die sich nicht etwa durch mutige Entscheidungen, sondern eher durch komplette Überforderung und eklatante Ungeeignetheit hervorgetan haben: Scheinriesinnen, die dauernd nach mehr Arbeit rufen, in Wahrheit aber hundert unbearbeitete Akten daheim stapeln, oder verkappte Suizid-Kandidaten. Viele Ungeeignete werden einfach übersehen, weil sie sich irgendwie durchmogeln und nichts anmerken lassen. So ist das in großen Verwaltungen.

Nehmen wir weiter an: Die Probezeit ist bewältigt. Ernennung zum Richter auf Lebenszeit. Jetzt geht es los. Jetzt wird es hart für den Richter und dröge für den Leser: Der Marsch durch die Institution beginnt, wo auch immer sein Anfang lag. Zuerst scheint er, im Champagnerkelch der Lebenszeitanstellung, leicht; später kann er zu brennendem Schmerz führen. Das muss man ein bisschen erklären:

Der deutsche Richter ist kein König wie der englische oder der italienische. Das weiß er auch. Er tendiert seinem Wesen nach zum Beamtentum, also zu einer Laufbahn. Er möchte Deutschland dienen. Was dies ist, weiß er nicht immer genau. Im Zweifel meint er daher, dass er Deutschland umso näher sei, je mehr sich die Ziffer seiner Besoldungsgruppe der Unendlichkeit annähert. Und auf diesem Weg zur Erfüllung, wenn man sich darauf einmal eingelassen hat, ist R 2 auf jeden Fall um 100 Prozent näher an Deutschland als R 1. Von da an ist alles eigentlich ganz einfach, wenn man einmal von den unvorstellbaren Schwierigkeiten absieht, auf einer elfstufigen Himmelsleiter ans Licht zu krabbeln. Man benötigt dazu allerdings, entgegen verbreiteter Ansicht, keine ausdifferenzierte Intellektualität. Eine gewöhnliche kleine Meeresschildkröte bewältigt die Aufgabe mit annähernd derselben Perfektion: Schlüpfe aus dem Ei, wenn der Mond dunkel ist und die Möwe schläft, und renne hurtig zum Meer! Ganz ähnlich die Kaulquappe oder das Spermium. Es gibt, so heißt die Botschaft, einen Sinn am Ende des Weges. Tu, was immer du vermagst, so wird er dir offenbar werden, wenn du angekommen bist.

Bis 1972 spiegelten die Dienstbezeichnungen die beamtenrechtliche Hierarchie wider: »Landgerichtsdirektor« hieß damals nicht etwa, wer heute Präsident des Landgerichts heißt, sondern jeder Vorsitzende einer Kammer (»Direktor« ist die Bezeichnung für eine Beamtenstelle der Besoldungsstufe A 15, also beispielsweise »Regierungsdirektor«, »Studiendirektor«). Andererseits gab es auch sehr missverständliche Bezeichnungen wie »Rat«: »Amtsgerichtsrat« und »Oberlandesgerichtsrat« klingen gleich, waren aber gerade eben nicht dasselbe, sondern durch eine (!) Gehaltsstufe so weit voneinander getrennt wie die Venus vom Pluto.

Heute ist das alles etwas republikanischer und in gewissem Sinne einfacher: Fast alle Richter heißen »Richter am …« oder »Vorsitzender Richter am …«, es folgt jeweils die Gerichts-Stufe. Damit hätte man es bewenden und auch den »Vorsitzenden Richter« weglassen können, der eine Vorgesetzten-Kompetenz simuliert, die es gar nicht gibt. Aber ach und weh: Es wird sich doch wohl noch ein kleines Prädikat finden lassen für die Allerwichtigsten! Sie heißen daher weiterhin »Präsident« oder »Vizepräsident« oder »Direktor des …« oder »weiterer aufsichtsführender Richter«. Damit ist keine richterliche Funktion beschrieben, auch keine richterliche Kompetenz. All die Direktoren und Präsidenten sind dies nur als Teil der Verwaltung. Für den Bürger ist das kaum interessant, für Richter – wie für Beamte – aber bis heute ein äußerst wichtiger Teil des Lebensgefühls; das muss begreifen, wer Richterversteher sein will.

Denn auch die Besoldung der Richter ist am Modell des Beamtentums orientiert. Dort gibt es bekanntlich die Besoldungsordnung A mit den Stufen A 1 bis A 16 (Beispiele: »Kommissar« ist A 11; »Regierungsrat« ist A 13, »Oberstudiendirektor« ist A 16) und die Besoldungsordnung B mit den Stufen B 1 bis 11 (Beispiele: »Ministerialrat« ist B 2 oder B 3; »Ministerialdirigent« ist B 6; »Staatssekretär im Bund« ist B 11). Der Hochschulbereich hat eine eigene Besoldungsordnung: Sie heißt »W«.

Die Besoldungsordnung der Richter heißt »R« und reicht von R 1 (Richter am Amtsgericht, Staatsanwalt) über R 2 (Vorsitzender Richter am Landgericht, Richter am Oberlandesgericht; Oberstaatsanwalt), R 6 (Richter am Bundesgerichtshof; Bundesanwalt), R 8 (Vorsitzender Richter am Bundesgerichtshof; Präsident des Oberlandesgerichts) bis R 11 (Präsidenten der Obersten Gerichtshöfe des Bundes). Wer es genau wissen will, schaue sich im Internet die Anlagen zur (Bundes-)Besoldungsordnung an. Grafisch darf man sich das Ganze als sehr stumpfe Pyramide vorstellen: unten ganz viele, oben ganz wenige. Die weitaus meisten Richter verbringen ihr Berufsleben im Bereich R 1/R 2.

Was heißt das? Sehr vereinfacht: Der Einstieg ist karg. Anfänger verdienen in Deutschland knapp 40 000 Euro brutto im Jahr. Da lachen der luxemburgische (80 000), der schwedische (96 000) und erst recht der schottische Richter (170 000) und denken: Eine schöne Unabhängigkeit habt ihr da in Deutschland! Von wegen Villa an der Elbe! Nach 15 Dienstjahren verdient ihr so viel, dass ihr euer Reihenhaus notfalls (meint: nach der ersten Scheidung) auch allein abzahlen könnt.

Aus dem Blickwinkel des R 1-Richters beginnt ab R 3 der relative Reichtum. Tatsächlich ist das Unsinn: Ein Richter am Bundesgerichtshof (R 6) verdient brutto etwa 100 000 Euro im Jahr. Abzüglich Steuern und Beitrag für die private Krankenversicherung bleiben somit knapp 6000 Euro im Monat. Das ist ein auskömmliches Einkommen für beamtete Reihenhausfinanzierer, aber meilenweit entfernt von Sterne-Restaurants und Villenvierteln. Partner einer erfolgreichen großstädtischen Rechtsanwaltskanzlei geben so viel monatlich für Reise- und Bewirtungskosten aus.

Die Beförderung von Richtern (Staatsanwälten) muss daher eine andere, geheimere Kraft symbolisieren als die Brosamen von den Tischen der Reichen in unserer Gesellschaft. Wenn die Richterin am Amtsgericht Frankfurt durchs dortige Westend fährt, wo die 100-Quadratmeter-Altbauwohnung 800 000 Euro kostet, muss sie die innere Kraft eben aus etwas anderem beziehen als aus der Teilhabe am Reichtum. Und wenn es nicht der Reichtum des Ehegatten ist (bei weiblichen Richtern immerhin möglich – Stichwort: den Range Rover und die Kinderfrau zahle ich ganz allein –, bei männlichen extrem selten), muss man fragen, was dies ist: Die Währung, in der sich dieser Extraprofit bemisst, ist nicht Geld. Die Währung ist Macht oder deren Imagination.

Es gibt im Leben eines jeden Medizinstudenten einen magischen Moment, in dem er die Gewissheit gewinnt, Teil eines geheimnisvollen Ganzen zu sein, welches das Wesen des Menschen wirklich und wahrhaftig versteht. Das gelingt sogar Fachärzten für die Endokrinologie der Schilddrüse von 50-jährigen Tiefbaufacharbeitern. Man muss nicht versuchen, mir weiszumachen, dass dies an der Liebe des Einser-Abiturienten zum Menschen und seiner Schilddrüse liege. Es ist etwas anderes, Strahlendes, was von der Zugehörigkeit zur Kollegenschaft ausgeht. Wie kann sich ein vernünftiger junger Mensch acht Kugelschreiber plus ein Fieberthermometer gleichzeitig in die Brusttasche eines Kittels stopfen? Man weiß es nicht. Möglicherweise gibt es geheime Rituale, in welchen der Blick eingeübt wird, den der Assistenzarzt über das Patientengut schweifen lässt wie der Hochseefischer den seinen über den Heringsschwarm.

Genauso, aber noch viel schöner, ist der Erweckungsmoment von Justiz-Juristen. Gerade eben noch zog man dahin, desorientiert, pubertierend, redete viel und lernte umso weniger, unschlüssig zwischen Amnesty International und dem Wunsch nach Geschlechtsverkehr mit einem Fernsehstar. Die eine weiß nicht wirklich, ob man Louboutins brauchen wird und ob man das wollen soll, hält es aber für möglich. Der andere übt Sportarten aus, die dank intensivem Einsatz von Markenprodukten eine Verheißung von muskulöser Unerschöpflichkeit signalisieren. Über allem schwebt, sofern der Intelligenzquotient über 100 liegt, eine dunkle Ahnung, dass die entscheidenden Fragen damit noch nicht gestellt sind.

Drittes Semester Jura, Strafrecht Besonderer Teil: »Wie hat sich T strafbar gemacht?« heißt die Fallfrage. (T heißt in den Klausuraufgaben immer der Täter.) Es erhebt sich der Jurastudent J und spricht: »T ist wegen Mordes zu bestrafen.« 15 Punkte! Wochenende gerettet. Aber was entspinnt sich dahinter, im unerforschten Synapsenwald? Welche Monster kommen empor an die nächtliche Oberfläche jenes finsteren Sees unserer Träume, dunkel und blitzend, eklig und triumphal, furchtsam und verschlingend? Wie stellt sich wohl der Jurastudent den Täter T vor? Und wie das Opfer O? Und wie verknüpft er diese Bilder mit den tausend Filmen, die er gesehen, und den tausend Fantasien der Überwältigung, die er geträumt, und den tausend Wörtern der Lebenswelt, die er dazu gehört hat?

Er lernt, dazu »mittelbare Täterschaft« zu sagen oder »untauglicher Versuch«, »Bande« oder »Bereicherungsabsicht«. Kein Laie kann ihm von nun an mehr folgen in das Felsengebirge. Er oxidiert das Leben in Figuren, die Emotionen in Theorien, die Grausamkeiten in Symbole. Er lernt, normativ zu denken: Vor dem Sein kommt das Sollen. Und mit der Kraft seiner Worte wird er Teil des Geheimnisses: »Mutabor!« Die ganze Gewalt dieser Welt wird herunterfallen auf T, den Täter. Wir werden ihn vernichten, verzehren, verbrennen. Denn wir sind die Richter.

Richter sein bedeutet: Macht haben. Teilhabe an einer Macht, die der Einzelne im Zweifel gar nicht kennt: Anders als viele Laien glauben, existiert kein monolithischer Block der Herrschaft des Staats. Richter haben durchweg überhaupt keine Ahnung von den Strukturen, Einrichtungen, Denkweisen der Polizei, der Nachrichtendienste, der Bundeswehr. Sie haben auch keinen Zugang dazu – nicht so ohne Weiteres jedenfalls, wie viele Bürger glauben. Richter können nicht einfach mal in einen Computer schauen und sich das Leben der Bürger ausdrucken lassen. Wenn sie düster drohen, den Saal räumen zu lassen, wissen sie, dass sie im Zweifel erst mal bei der örtlichen Polizeidienststelle anrufen müssten, ob da vielleicht grad mal jemand vorbeikommen könnte.

Trotzdem sind sie ein Teil der Macht des Staats, die sie sogar auf besondere Weise verkörpern. Sie üben dies, wie alle Juristen, von Anfang an ein. Schon der 20-jährige Student übt am »Fall«, wie Verbrecher bestraft und Millionensummen beschlagnahmt oder Freiheitsrechte eingeschränkt werden.

Jede Falllösung verlangt die Identifikation mit der Staatsgewalt. Gesetze sind geronnene Macht und Politik, keine natürlichen Erscheinungsformen von Gerechtigkeit. Wer die Gesetze macht, kennt, auslegt und anwendet, also durchsetzt, muss von Gerechtigkeit nicht unbedingt viel Ahnung haben. Sie wird aus anderen Quellen gespeist, auch wenn sie, etwa über das Verfassungsrecht, in die Gesetzeshierarchie hineinragen.

Viele Bürger wissen das nicht oder vergessen es. Denn jede praktische Rechtsordnung – die immer auch eine Machtordnung ist – produziert selbstverständlich auch ein Bild ihrer selbst als Gerechtigkeitsordnung. Sogar die brutalsten Polizeistaaten tun das. Sogar die außer Rand und Band geratene Mörderjustiz der Nazis hat sich als Verkörperung einer völkischen Gerechtigkeit inszeniert.

Aber auch vielen Richtern sind die Verbindungen ihres Berufs mit der Symbolik von Macht und Gewalt im Alltag nicht bewusst. Viele würden es wohl gar als Vorwurf verstehen, wenn man den Kern ihrer Tätigkeit als Ausüben von Macht bezeichnete. Das ist aber ein Missverständnis. Macht und Gewalt werden im Recht nachgespielt, simuliert, symbolisiert. Daran ist nichts Verwerfliches; es ist der Sinn der Sache.

Diese Nähe ist in den unterschiedlichen juristischen Berufen unterschiedlich ausgeprägt; bei Staatsanwälten und Strafrichtern vermutlich am höchsten. Sie produzieren daher auch am ehesten einen Korpsgeist, der aus der bloßen Teilhabe an der Herrschaftstechnik ein hohes Maß an innerer Legitimation, aber auch Starrheit und einen Hang zur Gleichförmigkeit ableitet.

Warum werden Richter befördert? Das ist eine banal erscheinende, aber spannende Frage. Die Ämter der Beförderungsleiter entsprechen den Stufen der Besoldung: R 1 bis R 11. Direktoren kleiner Amtsgerichte werden besoldet nach R 2: wie Vorsitzende Richter am Landgericht oder Oberstaatsanwälte oder beisitzende Richter am Oberlandesgericht. Konkret sind diese Positionen aber in ihrer Ausgestaltung extrem unterschiedlich: Der Direktor eines Amtsgerichts mit sechs Richterstellen kann der kleine König seiner Heimatstadt sein, eine Beisitzerin am Oberlandesgericht womöglich eine verschüchterte Musterschülerin, die dem Vorsitzenden des Senats kaum zu widersprechen wagt.

Spricht man mit jungen Kolleginnen und Kollegen, herrscht bei ihnen oft eine Stimmung der Unbekümmertheit oder wird vorgetäuscht. Beförderung – was soll's? Diese Haltung mag für den Anfang stimmen, wird aber fast nie durchgehalten: Wer immer auf R 1 bleibt, gilt nicht viel. Spätestens mit 45 ziehen die Kollegen an ihm vorbei und hinterlassen Seelenschmerz, der sich mit 400 Euro mehr im Nettoverdienst nicht begründen lässt. Das ist die Lebensphase, in der Richter Bekenntnisse abzugeben pflegen: Warum ihnen das ganz egal ist. Warum sie sich jetzt doch mal vorsorglich ans Landgericht XY beworben haben. Warum sie das alles mindestens genauso gut könnten und so weiter.

Eine Beförderung in der Justiz ist eine komplizierte Sache. Ich werde den Teufel tun und sie als eine Veranstaltung der Intrige und Korruption darstellen, wie es manche Ignoranten erhoffen mögen. So einfach ist es nicht. Es ist keineswegs so, dass stets die Schlechtesten und Ungeeignetsten befördert werden, wie es aus den Kantinen raunt. Die Justiz hat, in allen Bundesländern, ein hochdifferenziertes System informeller und formeller Kontrolle, Bewertung und Beurteilung entwickelt, bei welchem die formellen Ausschreibungen und die Anforderungen des sogenannten »Beurteilungswesens« eine sehr wichtige Rolle spielen. Dies als bewusste Camouflage zu verstehen, wäre ganz falsch.

Trotzdem gibt es natürlich jenen unglaublich starken Sog der herrschenden Meinung und der rechtspolitischen Gleichförmigkeit, der wiederum von den subkutanen, wenn auch oberflächlichen Zugriffen der politischen Parteien auf den Staat gesteuert und bestimmt wird. Ich habe keine Belege und keine Statistik, bin aber trotzdem sicher, dass jenseits der Besoldungsgruppe R 2 fast nichts mehr geht ohne parteipolitische Hintergrundmusik. Die Anzahl der Strippenzieher und solcher, die es gerne wären, ist unermesslich; man kann nur darauf vertrauen, dass sich die Dummköpfe gegenseitig neutralisieren.

In fast allen Bundesländern gibt es »Erprobungen nach der Erprobung«, das heißt Abordnungen an Obergerichte zur Erprobung der Beförderungstauglichkeit von R 1 nach R 2. Man nennt das auch »Drittes Staatsexamen«; es ist nicht selten ein demütigender Härtetest auf Angepasstheit. Andere Länder machen das, indem sie nur im Zickzack befördern: im Wechsel zwischen (weisungsabhängiger) Staatsanwaltschaft und (weisungsunabhängigem) Richteramt. Beide Methoden sorgen effizient für die Gewähr hoher Gleichmäßigkeit.

Wie so vieles erreicht auch das Beförderungswesen der Justiz seinen Höhepunkt bei den Obersten Bundesgerichten. Hier sind die Richter aber nicht mehr (nur) befördert, also innerhalb einer beamtenähnlichen Hierarchie nach deren Kriterien nach oben gelangt. Sie sind gewählt vom Richterwahlausschuss des Bundes, der aus den 16 Justizministern und 16 Abgeordneten des Bundestags besteht. Das klingt irgendwie hochpolitisch und verfassungsnah, ist in der Wirklichkeit aber nur eine Fortsetzung des beamtenmäßigen Hauens und Stechens mit anderen Mitteln und Begriffen. Die Landesjustizminister (als Personen) haben natürlich wenig Ahnung von den Fähigkeiten und Persönlichkeiten der Kandidaten. Dasselbe gilt für die meisten weiteren Mitglieder des Richterwahlausschusses. Gesteuert wird der Vorschlagstopf daher von den Landesjustizverwaltungen und den Parteien. Es gibt Personalakten – nach glaubhaften Berichten werden sie von den Mitgliedern des Ausschusses allerdings nicht gelesen. Das »Wahl«-Ergebnis wird von den Stimmführern der zwei großen Parteien (CDU/CSU und SPD) meist im Vorhinein ausgehandelt und dann als Wahlempfehlung eingespeist. Die Parteien verteilen unter sich den Staat.

Auf die Liste der Kandidaten kommt man durch Benennung eines Bundeslandes oder einer Fraktion des Bundestags. Die Gründe für die Auswahl können ganz unterschiedlich sein. Jeder Bundesrichter, der gewählt wurde, hält natürlich die eigene Wahl aus sachlichen Gesichtspunkten für überzeugend. Es gibt abweichende Meinungen, die auch nicht schlecht klingen. Eine Methode, nur die Besten der Besten – was immer das sein mag – zu den Obersten Bundesgerichten zu befördern, ist die derzeitige Regelung gewiss nicht. Alternativen wären gewiss auch nicht frei von Fehlerquellen.

Jeder vernünftige Mensch sollte annehmen, dass mit der Wahl/Ernennung zum Richter an einem Obersten Bundesgericht die Sache mit der Beförderung dann auch einmal auf sich beruhen könnte: Was soll's dann noch? Hat man nicht alles erreicht?

Das Gegenteil ist der Fall: Das Karussell »Wer wird wann wo was?« dreht sich weiter wie zuvor, bloß ein bisschen gravitätischer vielleicht. Wer ist stark und wer ist schwach? Wer kann in vier Jahren stellvertretender Senatsvorsitzender werden und wer in zehn Jahren Senatsvorsitzende? Die Vorsitzenden der Senate, zwei Besoldungsstufen über den »einfachen« Bundesrichtern, schreiten einher, als seien ihnen die Weisheit und das Amt angeboren. Im dunklen Hintergrund versuchen sogenannte Arbeitsgemeinschaften der politischen Parteien irgendwelche Strippen entweder zu erfinden oder an ihnen zu ziehen – beides ist schwer unterscheidbar, da die Wichtigkeitsattitüde in beiden Fällen dieselbe ist –, natürlich nur, um das Gute zu erreichen und das Schlechte zu verhindern. Bei näherem Hinsehen geht es aber meist doch bloß um Gerede zur Promotion höchstpersönlicher Ambitionen.

So viel zur Karriere und zum Allzu-Menschlichen. Man findet es, in spezifischer Form und beeindruckender Ausprägung, ganz gewiss auch bei der Justiz. Jeder, der irgendeinen Scherz über einen Richter kennt, hat vermutlich irgendwie recht.

Trotzdem will ich an dieser Stelle einem verächtlichen Bild unserer Justiz als überwiegend von persönlichen (Des-)Interessen und Inkompetenz oder gar dem Willen zum Unrecht Getriebener mit aller Kraft entgegentreten. Ich habe auf verschiedenen Ebenen der deutschen Justiz gearbeitet und auf jeder ein paar Dummköpfe, Kleingeister und Menschenverächter kennengelernt. In der großen Mehrzahl aber habe ich Menschen getroffen, die sich nach Kräften redlich und mit hohem Engagement bemühen, das Beste aus unserem Rechtsstaat zu machen. Das Maß an Verantwortung, das einzelne Richter auf sich nehmen, obwohl niemand es ihnen dankt und die Verwaltung gelegentlich in zynischer Weise darüber hinweggeht, ist beeindruckend.

Seit einiger Zeit reist ein ehemaliger Bundesminister durch die Talkshows und Buchhandlungen des Landes und liest aus seinem 30 000-mal verkauften Pamphlet über den angeblich besorgniserregenden Zustand der deutschen Justiz vor. Kritik an der Undifferenziertheit und sachlichen Niveaulosigkeit seiner Beschimpfungen, die er in bester *Bild*-Manier als »Kampf für die kleinen Leute« und gegen den »Saustall Justiz« inszeniert, ermuntert ihn nur dazu, seinen Kritikern Blindheit, bösen Willen oder das Motiv zu unterstellen, den »anderen Krähen« kein »Auge auszuhacken«. Nun ja. Der Bundesminister a. D. irrt.

Es hat bisher keinen einzigen systematischen Korruptionsfall in der deutschen Justiz gegeben. Es gibt ein teilweise verqueres, aber standespolitisch funktionierendes Bewusstsein von Unabhängigkeit und Weisungsfreiheit. Selbst da, wo die Gestaltung des Rechts außer Rand und Band geraten ist – bei den sogenannten Absprachen (Deals) im Strafverfahren –, war dies überwiegend einem durchaus sympathischen Misstrauen gegen staatliche Überregulierung (des Prozessrechts) und dem (etwas kindlichen) Bestreben nach Gerechtigkeit geschuldet. Dass Absprachen gegen Bequemlichkeit getauscht wurden (und noch immer werden), ist schlimm genug. Dass sie gegen Geld getauscht wurden, ist uns erspart geblieben. So soll es bleiben; unter anderem deshalb ist dem Unwesen illegaler Absprachen mit allen rechtlichen Möglichkeiten entgegenzuwirken. Aus dem Blickwinkel des Auslands – auch in Europa! – ist die deutsche Justiz ein Paradies der Unabhängigkeit, Effizienz und Bürgernähe.

Es gibt unzählige Staaten auf der Welt – einige auch in Europa –, in denen die Justiz in den Augen ihrer Bürger nichts anderes ist als ein Haufen korrupter Privilegienjäger. Wenn es so weit ist, ist der Staat am Ende.

Diebstahl ist die Wegnahme einer fremden beweglichen Sache in Zueignungsabsicht. Roland Freisler, auch er ein deutscher Richter und nicht weniger intelligent als tausend Richter nach ihm, sagte vor siebzig Jahren: T ist ein diebischer Charakter, und wenn die fremde Sache, die er sich zugeeignet hat, nicht beweglich war, dann bestrafen wir ihn trotzdem (als Dieb), denn auf die gesetzliche Abgrenzung zwischen beweglich und unbeweglich kann es ja wohl nicht ankommen.

Das – oder Ähnliches – finden, wenn man sie lässt oder entsprechend fragt, auch heute noch 80 Prozent unserer Mitbürger überzeugend. Die mutigen Talkshow-Moderatoren, die allwöchentlich Ungerechtigkeiten »entlarven«, sind nicht das Gegenteil davon, sondern oft genug eine peinliche Persiflage.

So geht Recht aber nicht, und erst recht nicht Justiz. Auch und gerade solchen Erwartungen und Zumutungen, die oft näherliegen, als man denkt, muss die Justiz entgegentreten und widerstehen. Die Sache ist ein Gesamtkunstwerk. Sie benötigt, um zu gelingen, starke, selbstbewusste, unabhängige, anständig bezahlte Personen. Ganz normale Volljuristen also, mit ein wenig Liebe zur Sache und Mitgefühl für die Menschen.

Über die Befangenheit von Richtern

Wäre das Recht eine Naturwissenschaft und die Erkenntnis des Richtigen dasselbe wie die des Realen, wäre die Sache schon schwierig genug. Wir wissen nämlich, dass es eine »reine« Erkenntnis nicht gibt, selbst nicht auf den Höhen der Abstraktion, die uns immerhin sagt, dass die Mathematik auch im System des Sirius gilt, selbst wenn dort keine vernunftbegabten Wesen leben. Die irdische Anschauung bestätigt dies eindrucksvoll. Wie könnte es sonst sein, dass die eine Hälfte der Ingenieure glaubt, heute gebaute Atomkraftwerke seien für die nächsten zehn Millionen Jahre sicher, während die andere Hälfte schon unruhig schläft, weil sie an ihre Urenkel denkt? Seit Jahrtausenden scharen sich die Naturwissenschaftler um die Zentren der Macht, des Reichtums und der Interessen. Statt des Rades, des Starfighters und der Guillotine hätten sie gewiss auch etwas anderes erfinden können, wären die Zeiten danach gewesen. Eine schöne Vorstellung von der Relativität des Geraden und des Gebogenen erlangt man, liest man Stanislaw Lems Geschichten über den Piloten Pirx.

Das Recht funktioniert noch viel primitiver, will sagen: näher am Menschen. Es setzt Macht voraus und Gewalt zu ihrer Durchsetzung. Macht setzt Interesse voraus: am Fortkommen des einen auf Kosten des anderen. An den

Reichtümern der Welt, soweit sie sich für uns erschließen. An Aneignung von Lebenschancen.

Recht liegt, bildlich gesprochen, eine kleine Sekunde oberhalb der Gewalt und kann sie deshalb verhindern, indem es sie symbolisiert. Voraussetzung dafür ist, dass an diese Symbolwirkung geglaubt wird, dass sie also dasselbe oder ein höheres Maß an Legitimität (Begründetheit) von Macht erzeugt als die pure Gewalt. Deshalb gibt es uns Richter.

Über die Ausgliederung einer solchen Gruppe kann man in der vorzüglichen *Geschichte des Rechts* des emeritierten Berliner Rechtswissenschaftlers Uwe Wesel viel Interessantes lesen, es soll hier nicht referiert werden. Wichtig war in jedem Fall, dass die Person des Richters entweder »zwischen« den Parteien oder »über« ihnen stand. Ein Rechtsstab, der offen auf der Seite einer der streitenden Parteien steht, bevor noch die Auswahl der Tatsachen getroffen ist, auf welche es ankommen soll, kann keine Überzeugungskraft gewinnen.

Wenn es um das »Richtige« geht, liegen *Erkenntnis und Interesse* (so der Titel einer berühmten Schrift von Jürgen Habermas aus dem Jahr 1968) sehr nahe beieinander. Diese Feststellung ist kein neuhegelianisch-marxistisches Teufelswerk, sondern der bis in die Tiefen der empirischen Gedächtnisforschung bestätigte Stand der Forschung über den Menschen. Wir können nichts dagegen tun, sondern nur unser Leben damit gestalten. Was den Inhalt des »Interesses« ausmacht und bestimmt, ist vielgestaltig und hundertfach verwurzelt – es reicht von der Biologie über die geschichtlich-soziale Existenz bis in die (angeblichen) Höhen der Ideen. In der Wirklichkeit ist es meist von erstaunlicher – und erstaunlich leicht zu dechiffrierender – Schlichtheit: Der Bauer hält die Rübe für das Sinnbild der Existenz, der Kaufmann den Euro und der Rechtsprofessor die Ausnahme von der Regel.

Die Vorstellung, das Richtersein bestehe in der Erkenntnis einer dem Parteibetrieb, den Tagesinteressen und der individuellen Selbstsucht entrückten Gerechtigkeit, ist seit jeher weit verbreitet. Bilder eines weisen, an Ausgleich und Billigkeit orientierten Richterwesens bestimmen die Vorstellungen aller Zeiten. Freilich bleiben die Kriterien dieser Gerechtigkeit dabei im Dunkeln und werden je nach Lage der Weltgeschichte gedeutet. Anders gesagt: Man muss sich mit dem Gedanken anfreunden, dass »Gerechtigkeit« und »Richtigkeit« zu unterschiedlichen Zeiten jeweils durchaus Unterschiedliches meinen können, denn das Recht steigt nicht aus den Höhen herab zu den Menschen, Zwergen und Ameisen, sondern ist geronnenes Interesse, verdichtete Kommunikation, ein Eintopf aus allem – mal mehr, mal weniger dickflüssig.

Es erschließt sich (uns heute) ohne Weiteres, dass ein Richter nicht buchstäblich »in eigener Sache« entscheiden dürfen soll. Im Einzelnen ist die Abgrenzung viel schwieriger, als man auf Anhieb glauben mag. So kann die »eigene Sache« nicht nur ein persönliches, beispielsweise wirtschaftliches Interesse am Ausgang eines Rechtsstreits sein oder das Interesse einer dem Richter nahestehenden (familiär oder wirtschaftlich verbundenen) Person. In einem weiteren Sinn als »eigene« Sache kann man auch die Beurteilung einer früheren Wertung oder Entscheidung ansehen, die zum selben Rechtsfall getroffen wurde. Daher darf der für ein Rechtsmittel (Berufung, Revision, Beschwerde) zuständige Richter nicht derselbe sein, der die

Entscheidung erlassen hat, die mit dem Rechtsmittel angefochten wird: Er ist von Gesetz wegen ausgeschlossen, ohne dass es auf seine innere Einstellung ankommt (Paragraf 23 Abs. 1 Strafprozessordnung).

Von diesem Grundsatz gibt es Ausnahmen, die irritieren können: Wenn von der Staatsanwaltschaft eine Anklage erhoben wird, muss das zuständige Gericht in einem sogenannten »Zwischenverfahren« zunächst darüber entscheiden, ob die Anklage zugelassen und das Hauptverfahren eröffnet wird. Voraussetzung dafür ist das Bejahen eines »hinreichenden Tatverdachts«.

Das bedeutet: Nach der Aktenlage muss damit zu rechnen sein, dass das Hauptverfahren zu einer Verurteilung führen wird. Wer seine Entscheidung tatsächlich auf intensive Aktenlektüre stützt, stellt somit eine dezidierte Prognose über den Ausgang des Verfahrens. Man sollte daher annehmen, dass im Hauptverfahren andere Richter zuständig sind, die sich nicht bereits eine klare Meinung gebildet haben. Die deutsche Strafprozessordnung sieht das – im Unterschied zu vielen anderen Rechtsordnungen und zum Unverständnis vieler ausländischer Richter – aber anders. Wer eben noch, nach intensiver Lektüre der von der Staatsanwaltschaft geführten Akte, einen »hinreichenden Tatverdacht bejaht« und alle Zeugen und Sachverständigen geladen hat, die diesen bestätigen können, wendet sich nun, in vermeintlich vollkommener Offenheit, einer Hauptverhandlung zu, in welcher die Unschuld des Angeklagten als (angeblich) gleichberechtigte Möglichkeit gelten soll. Manche Rechtsordnungen zivilisierter Staaten halten solche Anforderungen an die innere Disziplin von Richtern für abwegig.

Ebenso verwirrend ist eine andere Ausnahme: In Fällen, in denen ein angefochtenes Urteil vom Rechtsmittelgericht aufgehoben und an eine andere Kammer oder an eine andere Abteilung des ersten Gerichts zur neuen Verhandlung zurückverwiesen wird, kommt es recht häufig vor, dass in der Zwischenzeit durch Änderung des Geschäftsverteilungsplans in dem nun zuständigen Spruchkörper eine oder mehrere Personen sitzen, die zuvor schon Mitglied des ersten Spruchkörpers waren, also die angegriffene Entscheidung mitverantworten. Man sollte denken: Wenn Richter von der Entscheidung über Rechtsmittel gegen ihre eigenen Urteile ausgeschlossen sind, dann bestimmt doch auch von der nun neu anstehenden Entscheidung. Mitnichten! Nach geltendem Recht sind Richter in diesem Fall *nicht* ausgeschlossen, obwohl sie auch hier über eine Sache entscheiden, in der sie sich früher schon ein abschließendes Urteil gebildet hatten. (Eine Ausnahme soll nur dann gelten, wenn ein Richter zuvor ganz besonderes, persönlich gefärbtes Engagement gezeigt hatte, indem er etwa moralisierende Vorwürfe gegen den Angeklagten formulierte.)

Aus Sicht eines Betroffenen muss das befremdlich erscheinen: Nach einem erfolgreichen Rechtsmittelverfahren sitzt er demselben Richter, der das frühere, rechtsfehlerhafte Urteil gesprochen hat, wieder gegenüber. Rechtsprechung und herrschende Meinung sehen das anders. Die Rechtsprechung hat – bei aller Bereitschaft zur kritischen Selbstprüfung – größtes Vertrauen in sich selbst. Ein Berufsrichter, so lautet die These, ist durch Ausbildung und Erfahrung dazu in der Lage, auch zu eigenen früheren Entscheidungen in eine sachliche Distanz zu treten, die ihm eine uneingeschränkt neutrale neue Entscheidung ermöglicht. Diese an ein Wunder der Psychologie grenzende Befähigung erwirbt ein Richter freilich weder in der Ausbildung noch durch Fortbildung, Supervision oder kritische Diskussion mit den Kollegen. Er benötigt dazu auch im konkreten Fall keinerlei Erfahrung. Die allumfassende Neutralität – selbst gegenüber eigenen alten (Fehl-)Entscheidungen – kommt vielmehr kraft seines Amtes durch den Akt der Ernennung über ihn.

Formal wird dies mit dem Argument unterfüttert, mit »Richter« meine das Gesetz eben nur den jeweils zuständigen »Spruchkörper«, unabhängig von dessen Materialisierung in realen Personen. Dieses Argument darf man allerdings getrost in der Rubrik »Juristenlatein« beerdigen: Die Befangenheitsregeln meinen nicht Geschäftsverteilungspläne, sondern Personen.

Über Befangenheit von Richtern gibt es unendlich viele Witze, Karikaturen, Bonmots. Ungezählt sind die Drucke der berühmten Justiz-Karikaturen von Honoré Daumier, die gern auch in deutschen Justizbehörden, Kanzleien und Büros von Justizangehörigen aufgehängt werden. Sie verströmen bitteren Zynismus in angenehm historischer Distanz. Ähnlichkeiten mit dem eigenen Leben und Wirken bestehen daher allenfalls mit Blick auf »gewisse Kollegen«.

Im Übrigen gibt es auf jeder Ebene der Justiz, vom Amtsgericht bis zum Bundesgerichtshof, lustige Kollegen, die gern kleine Scherze machen über die gesetzliche, die vermutete, die gerügte – und die wirkliche Befangenheit von Richtern. Darin zeigt sich nicht nur ein dickes Fell, sondern auch so manches Korn der Wahrheit.

Zum einen: Dem Menschen als solchem ist es nicht gegeben, neutral zu sein. Wer so etwas will, kann ja versuchen, eine Richter-Maschine zu bauen. Er wird, wenn er intelligent ist, feststellen, dass sie nicht Neutralität enthält, sondern Programm. Richter-Roboter sind keine Alternative, solange ihr Handeln eines Algorithmus bedarf, der sich nicht selbst erzeugt – was für die nächsten 200 Jahre ziemlich unwahrscheinlich erscheint.

Zum anderen: Weil Menschen nicht neutral denken können und weil Richter Menschen sind, können auch Richter nicht neutral denken. Bevor der Deutsche Richterbund jetzt in Fassungslosigkeit verfällt und es ihm den Atem verschlägt, muss dazu gesagt werden: Was aufgrund biologischer Gegebenheiten nicht sein kann, muss weder erwünscht sein, noch kann es durch bloßes Wollen erzwungen werden.

Mit anderen Worten: Richterliche Neutralität ist kein indifferentes *Nullum* des Gedankeninhalts – wie eine Digitalwaage, die in Erwartung eines kommenden Klumpens Gold oder eines Haufens Hundescheiße auf »null« steht –, sondern ein von zahllosen Voraussetzungen getragenes normatives Konstrukt, dem der einzelne Richter sich mehr oder weniger annähern kann, muss, sollte oder will. Mehr kann von analog gesteuerten Lebewesen nicht verlangt werden.

Was also ist, unter solchen Voraussetzungen, »Befangenheit«? Gewiss nicht schon eine allgemeine Vorstellung davon, was, bezogen auf eine Rechtsfrage, »richtig« ist. Sondern die Vorstellung davon, wie sich ein ganz konkreter, spezieller Konflikt in das nach allgemeinen Regeln anzuwendende Muster von Richtig und Falsch, Gerecht und Ungerecht, Schuld und Zufall einordnen lässt, unter Verstoß gegen ein Gebot der »Offenheit« für die Besonderheiten dieses Falls.

Die deutsche (Straf-)Justiz ist durch übertriebene Voreingenommenheit zugunsten von Bankfenster-Beschädigern, Atomkraft-Blockierern, Kreuzkröten-Lobbyisten oder Weltrevolutionären der sogenannten linken Art in den letzten hundert Jahren nicht aufgefallen. War das Befangenheit? Waren die westdeutschen KPD-Prozesse der 1950er-Jahre befangen wie die ostdeutschen Waldheim-Prozesse? Waren jene Bundesverfassungsrichter befangen, die im März 1994 über ein Cannabis-Verbot zu entscheiden hatten und den Vorschlag, die Gefahren von Haschisch, Alkohol und Nikotin empirisch miteinander zu vergleichen, als fernliegende Spinnerei verworfen haben?

Die Liste solcher Fragen ließe sich beliebig fortschreiben. Sie zeigt, dass man nichts Genaues weiß, sobald es rechtspolitisch wird: Im Großen schweigt die Stimme der Gerechtigkeit nicht selten, oder sie verweist, listig und weise, auf Prozedurales: Fairness, Rechtliches Gehör, Demokratie. Deshalb ist es ja so wichtig, dass die prozessualen Regeln eingehalten und nicht durch im Einzelfall je nach Machtlage ausgehandelte Gerechtigkeit ersetzt werden.

Banal: Niemand möchte einen Strafprozess wegen Raubs oder Vergewaltigung einem Richter anvertrauen, der der Bruder des Beschuldigten oder des Tatopfers ist. Ein Richter, der den Beschuldigten mit den Worten begrüßt: »Ihnen wird das Lachen schon noch vergehen!«, äußert Befangenheit. Einer, der beim Anblick des Angeklagten denkt: »typischer Gewalttäter«, ist befangen, verbirgt es aber. Wer meint, das Beschmieren einer Unterführung mit Nazi-Parolen sei eine Sachbeschädigung, die in jedem Fall viel schwerer wiege als das Steinewerfen auf die Fensterscheibe einer Bank, ist ebenfalls befangen.

Aber das bloße Haben einer rechtspolitischen Meinung ist auch für Richter weder vermeidbar noch verboten.

Dem Gesetz kommt es darauf an, ob aus Vorurteilen, Voreinstellungen, Interessenverflechtungen die Gefahr einer ungerechten Behandlung im Einzelfall entsteht. In manchen Fällen kann man sie schon aufgrund formaler, äußerer Gegebenheiten vermuten (Verwandtschaft, Selbstbetroffenheit), dann ist der Richter von Gesetz wegen ausgeschlossen. In den meisten Fällen reichen aber rein formale Gesichtspunkte nicht. Dann kommt es auf »den Eindruck« der Befangenheit an. Wer soll entscheiden, ob der gegeben ist? Fragt man den Richter selbst, erklärt so gut wie jeder standardgemäß (und in Verkennung des Gesetzes): »Ich fühle mich nicht befangen.« Käme es hierauf an, könnte man die »Ablehnung wegen Besorgnis der Befangenheit« aus der Strafprozessordnung streichen.

Es kommt aber nicht auf den Eindruck an, den ein Richter von sich selbst hat, sondern auf den Eindruck, den er bei einem halbwegs informierten, halbwegs objektiven Verfahrensbeteiligten (Angeklagter, Nebenkläger, Staatsanwalt) hinterlässt, und es geht, wie der Gesetzgeber weise vorhergesehen hat, nicht um wirkliche Befangenheit, sondern um die vernünftige Besorgnis, sie könnte vorliegen: Die wirkliche kann man sowieso fast nie beweisen.

Fragt man nach dem Ende eines beliebigen Prozesses die Beteiligten, ob der Richter wohl befangen gewesen sei, wird man unter den Prozessgewinnern vermutlich wenige, unter den Verlierern wohl viele finden, die diese Frage bejahen. So sind die Menschen: siehe oben. Das Internet ist überfüllt von den Schilderungen angeblicher Skandalurteile. Leibhaftige Bundesminister a.D. schreiben Empörungsbücher über Justizskandale, welche angebliche Abgründe von Befangenheit und deren Derivaten zu enthüllen versprechen.

An so etwas kann sich keiner halten. Die Befragung von Strafrichtern, wie viele Fehlurteile es wohl geben mag, ist wissenschaftlich ungefähr so wertvoll wie eine Umfrage in Justizvollzugsanstalten: Die einen sagen so, die anderen so.

Das Gesetz muss daher eine möglichst formale Regelung wählen. Über die Ablehnung eines Richters als befangen entscheidet weder der abgelehnte Richter selbst noch die Person, die ihn abgelehnt hat, sondern bis auf seltene Ausnahmen ein anderer Spruchkörper, *ohne* den abgelehnten Richter. An der kritischen Distanz solcher Beschlüsse ließe sich, im Durchschnitt, zweifellos noch arbeiten. Manche sind vom Bemühen getragen, dem abgelehnten Kollegen nicht wehzutun. Bevor Sie das nun aber für ganz und gar verwerflich halten und die gute alte Krähen-Theorie auspacken, stellen Sie sich, liebe Leser, Banker, Manager, Lehrer und Mechaniker, einfach vor, Sie seien aufgefordert, ein Gutachten über Fehler von Kollegen zu schreiben, mit denen Sie seit zehn Jahren zusammenarbeiten und weitere zehn Jahre zusammenarbeiten möchten. Gar nicht so einfach!

Überdies muss man berücksichtigen, dass viele Ablehnungsanträge, insbesondere in Strafsachen, nicht ernsthaft, sondern aus rein prozesstaktischen Gründen gestellt werden: um das Verfahren zu verzögern, um die Machtverhältnisse zu erproben, um Gespräche über eine Verständigung zu erzwingen. Das ist nicht verboten, aber auch nicht per se lobenswert – als ob jede Erschwerung der Rechtsfindung schon ein halber Sieg der Gerechtigkeit sei. Es gibt Strafverteidiger, denen jede Verhinderung von Strafe nicht bloß als erfreuliches Ergebnis für ihren Mandanten erscheint, sondern als Verwirklichung einer Art höherer Gerechtigkeit. Das geht natürlich nur, wenn man sowieso schon weiß, was richtig ist und was falsch.

Paragraf 30 der Strafprozessordnung (»Selbstanzeige«) enthält eine interessante Sonderregelung: Jeder Richter kann »von einem Verhältnis Anzeige machen, das seine Ablehnung rechtfertigen könnte«. Das heißt: Wenn ein Richter meint, bei objektiver Betrachtung könne ein Verfahrensbeteiligter mit einigermaßen guten Gründen auf die Idee kommen, er – der Richter – könne befangen sein, dann hat er eine Selbstanzeige zu machen. Das gilt nicht nur, wenn dem Richter plötzlich auffällt, dass der Beschuldigte ein Neffe seiner Ehefrau oder der Nebenkläger sein wöchentlicher Golfpartner ist, sondern auch dann, wenn eigenes früheres Verhalten, innere Einstellungen und dergleichen – würden sie bekannt – den Eindruck einer eingeschränkten Neutralität erzeugen könnten. Was die letztgenannte Fallgruppe angeht, obliegt eine objektive Betrachtung der gewissenhaften Selbsteinschätzung des Richters.

Ein schönes Beispiel für die Auslegungsfähigkeit dieser Regelung ist die Quote der Selbstanzeigen wegen illegaler Deal-Absprachen, die das Bundesverfassungsgericht in seiner bekannten Entscheidung vom 19. Mai 2013 förmlich in den Rang eines absoluten Revisionsgrunds erhoben hat. Die Anzahl beträgt, soweit ersichtlich: null. Dasselbe gilt für die Anzahl von Selbstanzeigen wegen Vorbesprechungen eines Falles bei Kaffeerunden, Telefonaten mit

Verfahrensbeteiligten und anderen, überaus menschlichen und daher weit verbreiteten Verhaltensweisen.

Was lernen wir aus alledem? Gewiss nicht, dass »das Rechtswesen desavouiert« und die »einfachen« Richter beleidigt seien, wie der Kollege Urban Sandherr in einem *FAZ*-Beitrag vom April 2015 meinte. Gewiss nicht, dass die Justiz eine Veranstaltung von Willkür und böswilliger Voreingenommenheit sei. Und ganz bestimmt nicht, dass jeder, der einen Prozess verloren hat oder verurteilt wurde, ein Opfer undurchsichtiger Machenschaften sei.

Sondern dass es sich bei Richtern um ganz normale Menschen handelt, die allen anderen ähnlich sind. Sie sind nicht weiser, nicht neutraler – nicht gerechter. Hieraus sollte man aber nicht folgern, dass ihre Urteile nichts wert sind. Vielmehr muss man verstehen, dass deren Wert unter den Bedingungen des demokratischen Rechtsstaats nicht auf Charisma oder Gewalt beruht, sondern auf der Einhaltung von Verfahrensformen, die als allgemein verbindlich angesehen werden. Auf einer Macht also, die aus demokratischen Legitimationen abgeleitet ist und substanziell ruht auf der Offenheit von Begründung, Kritik und Kommunikation.

Über die Wahrheit

Wahrheit« ist, in der Sprache des Alltags, ein schmutziges Ding, freilich nur, weil und soweit sie mit anderen Wahrheiten in Berührung kommt: denen anderer Menschen.

Für uns selbst haben wir, jeder für sich, eine überaus liebevolle und enge Beziehung zur Wahrheit. Kaum einer, der sie nicht will, kaum einer, der nicht meint, sie sei auf seiner Seite. Damit meint der Alltag: Wahrheit über das Leben, über unseren Charakter, über das Fußballspiel von letzter Woche, über den Hergang einer Diskussion – also über alles und alle, bunt durcheinander, Wahrheit der Wertung und Wahrheit der Tatsachen und Wahrheit der Tatsachen über Wertungen.

Im Strafprozess verdichtet sich all dies zu einem rätselhaften Moment der Erkenntnis. Wir messen ihm ungeheuerliche Bedeutung bei: Er entscheidet über Schuld und Unschuld, Leid und Freude, Gefangenschaft und Freiheit, ja sogar über Tod oder Leben. Hier, in dieser Zuschreibung, erlangt die Wahrheit, die wir doch sonst wie Dreck behandeln – als Behauptung, Werbegag, Selbstvermarktung – jenen seltsam vibrierenden, aufwühlenden Unterton, den wir aus amerikanischen Gerichtsfilmen kennen, wenn unten um die wirkliche Wahrheit gerungen wird und oben auf dem Balkon die stummen Zeugen stehen und beten, dass die Macht und die Wahrheit sich verbinden mögen gegen die Macht der Unwahrheit (*Wer die Nachtigall stört*, Robert Mulligan).

So viele Holzhämmer fallen herab in so vielen Tausend Filmen und in noch viel mehr Wirklichkeiten! Und jedes Mal durchfährt das Publikum ein Schauder. Dessen Ausdrucksformen sind unendlich: Sie reichen von der brutalsten Albernheit bis zur sentimentalsten Machtanbetung. Im Mittelpunkt solcher Imaginationen steht – der Richter. Als Wahrheitserkenner und -definierer.

Über die Tat als solche habe ich im Kapitel *Woher das Recht kommt* schon gesprochen: also über den »Tatbestand«, dessen »Erfüllung« sich aus der »Verwirklichung« von »Merkmalen« ergibt. Auf die Erfindung des Begriffs »Tatbestand« hält sich die Strafrechtswissenschaft viel zugute. Ja, noch mehr: Seit 200 Jahren definiert sie sich als Gipfel der sanktionierenden Intellektualität, weil und soweit sie den Tatbestand hervorgebracht hat. A schlägt B auf die Nase, die anschließend schmerzt: der Tatbestand der Körperverletzung. Ein Tatbestand der allereinfachsten Sorte. Eine Entscheidungsaufgabe minderer Qualität, sollte man meinen. Tatsächlich ist es ein bisschen komplizierter.

Es kommt wieder einmal darauf an: »Tat«, in einem abstrakteren Sinn, ist nur der Name einer Abweichung. In der Geschichte der Menschheit konnte »Tat« alles sein: das falsche Tier zu essen oder am falschen Ort; einen Gott anzubeten oder eben nicht; jemanden zu töten oder jemanden leben zu lassen; eine Grenze zu überschreiten; seinem Herrn Widerworte zu geben oder dem falschen Herrn zu dienen; anders zu sein als die anderen oder genauso zu sein. Tat kann sein, das Privateigentum zu schützen, aber auch, es zu zerstören. Kurz: Was ein Verbrechen ist, bestimmt nicht die ewige Weltordnung, sondern der kleine Mensch.

Also müssen wir uns überlegen, wie wir die »Täter« – die Bösewichte – von den Nichttätern unterscheiden: nicht in der Theorie, sondern praktisch.

Das ist im Grundsatz deutlich schwieriger, als man annehmen sollte und als es die sogenannte Lebenswirklichkeit suggeriert. Denn wenn wir auch »Taten« definieren mögen, von denen wir annehmen, sie hätten eine Strafe verdient, so will doch jeder von uns immer der Strafende sein, nie der Bestrafte: Ausgegrenzt werden sollen bitte die anderen. Da diese aber – wenig überraschend – auf dieselbe Idee gekommen sind, stellt sich die alles entscheidende Frage, wie, wer, mit welcher Autorität, aufgrund welcher Rationalität darüber entscheidet, was richtig ist an den unendlichen Behauptungen von Taten und Unrecht und was falsch.

Wir müssen uns zum einen überlegen, was »Wahrheit« bedeuten soll. Das ist sozusagen der übergeordnete Ordner (auf dieser ziemlich untergeordneten Ebene). In diesem Ordner finden wir als Unterordner Begriffe wie »Eingebung«, »Erleuchtung«, »Wissenschaft« und andere. Seit etwa 500 Jahren meinen die Menschen in Europa, dass die Eingebung wenig, die Wissenschaft aber alles bedeute: Erfahrung, Rationalität, Logik in einem Sinn, der zwischen Individuen mit gleicher Rationalitätsdefinition vermittelbar ist. Das ist ein psychologisches, soziales, politisches Schachbrett unendlicher Möglichkeiten.

Am Ende bleibt uns, wie so vielen Generationen vor uns, die Frage nach den Anforderungen an eine gemeinsame – das heißt gemeinsam verbindliche, also von Macht getragene – Feststellung der Wahrheit über eine Wirklichkeit, die ja stets nicht eine aktuelle ist, sondern (teilweise) weit zurück in der Vergangenheit liegt: Wie war es, als der Täter T das Opfer O traf, in jener finsteren Nacht, ganz allein am Ufer der Elbe?

Ein Strafprozess ist also Rekonstruktion einer Wirklichkeit, die notwendig und zwingend nicht aktuell, sondern Teil der Vergangenheit ist. Sagen Sie mir, liebe Leserinnen und Leser: Wer hat was getan, gesagt, unterlassen beim letzten Treffen zwischen Ihnen und Ihrer Großmutter? Wie war es, als Sie beim vorletzten Mal Ihre angeborene Contenance verloren und ihren Lebensgefährten anschrien, Ihr Kind schlugen, Ihr Finanzamt betrogen, Ihren Chef belogen? Was ist die Wahrheit? Und wie würde wohl die Wahrheit der jeweils von Ihren Handlungen betroffenen Person aussehen?

Wir müssen Regeln vereinbaren, wie all dies festzustellen ist, sonst gibt es gar keine Wahrheit. Wenn es aber keine Wahrheit gibt, gibt es auch keine Gerechtigkeit. Zwischen gleichen Rechten, sagte Karl Marx, entscheidet die Gewalt. Das ist evident richtig. Daher gibt es den Staat, der nicht eine zufällige Zusammenklumpung von Verträgen zwischen frei lebenden Tieren ist, sondern eine Verfassung von Gewalt-Legitimation über Menschen. Marx-Widerleger aller Länder – sofern ihr eine intelligentere Vorstellung erfunden haben solltet, bitte meldet euch!

Zwischen der Wahrheit und dem Beweis besteht eine rätselhafte, unsichere, schillernde Beziehung: Die Wahrheit ist ein Begriff, der im Nichts ruht. Er bezieht sich auf sein Gegenteil, ohne es benennen zu können. Was ist schon

»Unwahrheit«, »Lüge«, »Fälschung« ohne einen Begriff von Wahrheit? Und der Beweis ist nichts als ein dreibeiniger Hund in einer Bar am Mittelmeer: ein bisschen guter Wille, zu viel Pastis.

Es gab und gibt viele Kulturen, welche alle Wahrheit über die Welt, also auch über das Verbrechen, aus Zeichen generiert haben, die ihrerseits nicht von dieser Welt waren: Zaubern, Eingebungen, Manifestationen des Übersinnlichen in der sinnlichen Welt. Uns erscheint das heute albern: Ins Wasser mit der Hexe! Wenn die Verdächtige wirklich eine Hexe ist, schwimmt sie – dann wird sie verbrannt. Wenn sie keine Hexe ist, ersäuft sie unschuldig und kommt ohne Umwege ins Paradies. So kann man es machen; allerdings braucht man zur Durchsetzung solcher Regeln eine wirklich mächtige, knochenbrechende Gewalt: den Teufel und die heilige katholische Kirche und Aguirre, den Zorn Gottes.

Wahrheit und Beweis sind, so sagen es uns die Weisen dieser Welt, unendlich entfernte Gestalten desselben Gedankens: keine Wahrheit ohne Beweis; kein Beweis ohne Wahrheit. Und dennoch Lichtjahre voneinander entfernt.

Wenn wir annehmen wollten, dass der Mensch nicht ein Tier ist, nicht Schaf unter Schafen oder Löwe unter Löwen, sondern ein Individuum, ein Selbst, dann wäre auch seine Wahrheit eine eigene. Dann gäbe es Schuld und Unschuld, Lüge und Wahrheit.

Aber wie soll man das herauskriegen? Wie soll man die Offenbarung einer Wirklichkeit erzwingen, die – schrecklich zu sagen – »persönlich« ist? Der Gedanke daran allein setzt voraus, dass die eine Gewalt – also Gott – aus der Welt heraustritt und Platz macht für die Gewalt einer

Wahrheit, die aus dem Menschen selbst kommt: seiner Wirklichkeit, seiner Beschränktheit, seinen Interessen, seiner furchtbaren Fehlerhaftigkeit.

Das Bedürfnis nach einem Beweis der Wirklichkeit also ist der Beginn des Sterbens der Götter.

Der Beweis und die Überzeugung

Am 13. September 2015 hat die *Frankfurter Allgemeine Sonntagszeitung* über ein Strafverfahren vor dem Amtsgericht Wiesbaden berichtet, in dem es um fahrlässige Tötung und unerlaubtes Entfernen vom Unfallort geht. Ausführlich schildert die Verfasserin, was welche Zeugen und Sachverständigen ausgesagt haben. Der Angeklagte G., so schreibt sie, »streitet alles ab«. Sodann folgt der Satz: »Reine Indizienprozesse wie dieser sind mühsam, solange der Angeklagte schweigt.«

Zu dieser Schilderung kann man nur sagen: ziemlich daneben. Die Zeiten, in denen Gerichtsreportagen zumindest rudimentäre juristische (und prozessuale) Fachkenntnisse voraussetzten, sind vorbei. Heute erledigt das die Volontärin mit Germanistikstudium nebenbei. Dann kann es vorkommen, dass der Angeklagte, der »alles bestreitet«, zugleich »schweigt«, dass ein Verfahren mit vielen Zeugen und Sachverständigen als »Indizienprozess« bezeichnet wird (sogar, als Steigerung, als »reiner«) und dass die »Mühsamkeit« von Verfahren auf diese »Reinheit« zurückgeführt wird. Nichts daran ist richtig.

Die Behauptung, die eine oder andere strafgerichtliche Entscheidung beruhe auf einem »reinen Indizienprozess«, hört und liest man häufig. »Unreine« Indizienprozesse kennt die Presse nicht; es handelt sich mithin um eine der zwanghaften Wortkombinationen (»brutale Vergewaltigung«, »unabhängiges Gericht«, »sinnlose Gewalt«), auf deren Gegenbegriffe der Leser mit und ohne Germanistikstudium jahrzehntelang vergeblich wartet.

Die Aussage, ein Strafverfahren sei ein »Indizienprozess«, ist regelmäßig als unterschwellige Kritik am Verfahren und als Infragestellung seines Ergebnisses intoniert. »Reine Indizienprozesse«, so die dahinterstehende Annahme, seien etwas irgendwie Zweifelhaftes, Minderwertiges. Da stellt sich die Frage, was wohl das Gegenteil des so beschriebenen Prozesses sein sollte. Dieses wiederum kann nur wissen, wer geklärt hat, was ein »Indiz« ist.

Wenn Sie nach den Begriffen »Indiz« und »Indizienprozess« bei Wikipedia suchen, gelangen Sie zu äußerst dürftigen, beim besten Willen nicht als richtig zu bezeichnenden Definitionen. Da steht etwa: »Ein Indiz für sich alleine genommen reicht nicht zur Verurteilung aus. Es gibt Fälle, in denen die Summe der Indizien (Indizienkette und Indizienreihe) ein derartiges Gesamtbild ergibt, dass ein Gericht die Täterschaft eines Beklagten mit voller Überzeugung feststellt.«

An den zitierten Sätzen ist zwar nicht alles falsch, aber auch kaum etwas wirklich zutreffend. Das fängt beim »Beklagten« an, der im Strafprozess je nach Verfahrensstadium »Beschuldigter« oder »Angeschuldigter« oder »Angeklagter« heißt. »Beklagter« ist dagegen jemand, von dem ein anderer auf justiziellem Wege etwas verlangt (Geld, Herausgabe, eine Erklärung oder dergleichen) – eine typisch zivilrechtliche Konstellation also. Im Strafprozess unseres Rechts werden keine »Ansprüche« geltend gemacht (wenn man von Anhängseln des Verfahrens absieht, in denen es um zivilrechtlichen Schadensersatz geht; dort heißt es dann tatsächlich »Adhäsionskläger« und »Adhäsionsbeklagter«). Die Rede vom »Strafanspruch des Staates« ist eine lyrische Annäherung an den Zivilprozess, die in die Irre führt. Gäbe es nämlich einen solchen »Strafanspruch«, so müsste es auch eine »Strafschuld« des Schuldigen geben, also eine Art Pflicht, sich bestrafen zu lassen. Eine solche Pflicht existiert hingegen nicht. Daher ist das Entfliehen aus der Strafhaft auch nicht strafbar, sofern dabei nicht andere Taten (wie Sachbeschädigungen, Bestechung, Körperverletzung) begangen werden.

»Indiz«, so hören wir, sei zwar nicht das Gegenteil von »Beweis«, aber doch etwas ganz anderes. Was also ist ein »Beweis«? Sagen wir: eine Bestätigung. Oder: eine Verifikation. Oder: eine Tatsache, welche die Wahrheit einer anderen Tatsache und die Gültigkeit einer darauf bezogenen Wahrheitsbehauptung bestätigt. In die Höhen der (mathematischen) Logik will ich nicht aufsteigen (ob ich's könnte, wenn ich wollte, mag dahinstehen). Aber der Beweis und sein Objekt müssen auf eine spezifische Weise zusammenhängen, die den Beweis erst als solchen konstituiert: Wenn der Rabe in dem Moment dreimal krächzt, da ein schwarzhaariger Junge mit einem Muttermal geboren wird, halten die Europäer des 21. Jahrhunderts dies nicht zwingend für einen Beweis dafür, dass übersinnliche Kräfte oder böse Geister ihre Finger im Spiel haben. Und dass gefesselte Frauen schwimmen, wenn man sie in den Neckar wirft, mag viele Gründe haben, es ist aber gewiss nicht der Beweis dafür, dass der Teufel selbst ihnen geheimen Auftrieb gewährt.

Alles also fließt und ist wechselseitig aufeinander bezogen: »Beweis« ist das, was unsere Rationalitätsvorstellung als solchen akzeptiert. Daran kann die Erkenntnis, dass die Mathematik auch in einer Million Lichtjahre Entfernung von der Erde gültig ist, nichts ändern. Denn wir können mit der Mathematik alles errechnen – außer uns selbst. Das mag für die einen eine wahrhaft bittere Erkenntnis sein, für die anderen Grund zur Freude. Dem Strafprozess ist es seit Jahrhunderten gleichgültig. Er sucht sich seinen Weg in den Tunneln des CERN wie in den Sümpfen des Aberglaubens.

Also hängt alles davon ab, wie wir die Tatsachen bewerten, genauer gesagt: welchen Sinn wir ihnen verleihen. Denn Tatsachen sind Tatsachen, Worte sind Worte, Handlungen sind Handlungen. Dass das Wort A mit der Tatsache B und diese mit dem Ziel C zusammenhängt, ergibt sich nicht aus diesen Gegebenheiten selbst, sondern aus dem Sinn, den wir in ihnen erkennen. Sinn aber ist Kommunikation: Verständigung über Bedeutungen. Die Denker des Dschungels, die wir ergriffen auf Fotos betrachten, die scheinbar vor sich hin grübelnden großen Menschenaffen: Sie denken nichts. Sie suchen allenfalls, mühsam und tastend, einen ersten Sinn, eine Intention, einen fremden Plan. Erst wenn sie das Fremde erkennen, nehmen sie sich als Selbst wahr.

Betrachten wir das Ganze noch einmal aus einer anderen Perspektive: vom Ende her. Paragraf 261 unserer Strafprozessordnung lautet, seit 1877 unverändert: »Über das Ergebnis der Beweisaufnahme entscheidet das Gericht nach seiner freien, aus dem Inbegriff der Hauptverhandlung geschöpften Überzeugung.« Das ist, wie es damals die Art des Gesetzgebers war, ein kurzer Text mit hoher Inhaltsdichte.

»Das Ergebnis der Beweisaufnahme« ist deshalb wichtig, weil allein »das Ergebnis der Verhandlung« (was fast dasselbe ist) nach Paragraf 264 Absatz 1 Strafprozessordnung »Gegenstand der Urteilsfindung« sein darf. Mit anderen Worten: Ein Strafurteil verarbeitet und bewertet (nur) diejenigen Tatsachen, die sich als »Ergebnis der Verhandlung« herausgestellt haben«. Welche das sind, entscheidet das Gericht »aus dem Inbegriff der Hauptverhandlung« – eine schöne, aber komplizierte Formulierung des Gesetzes, auf die wir zurückkommen werden.

An dieser Stelle müssen wir zunächst den Begriff der »Tatsache« näher betrachten. »Tatsache« ist nach allgemeiner Auffassung, im Gegensatz zur »Wertung«, ein Umstand, der »dem Beweis zugänglich« ist. Beweis wiederum ist seinerseits eine weitere Tatsache, die mittels Schlussfolgerung die erste Tatsache stützt, belegt, bestätigt; der Begriff umfasst aber im Grunde nicht allein diese zweite Tatsache selbst, sondern bezieht ihre kommunikative und ursächliche Verbindung mit der zu beweisenden ersten Tatsache mit ein.

»Zu beweisen« sind im Strafrecht stets: die objektiven (äußeren) und subjektiven (inneren) Merkmale einer »Tat«, also eines Tatbestands: A schlägt B ins Gesicht; B blutet und hat Schmerzen. Das könnte eine »vorsätzliche Körperverletzung« sein: »Wer eine andere Person körperlich misshandelt oder an der Gesundheit schädigt, wird … bestraft« (Paragraf 223 Abs. 1 StGB). A ist A und B ist B; mit der Feststellung »andere Person« dürfte man also wenig Schwierigkeiten haben. Bleiben noch drei Merkmale: Handlung des A (Schlagen), Erfolg bei B (Bluten, Schmerzen), Vorsatz (Wollen des Erfolgs durch A). Nehmen wir an, niemand war dabei; das ganze Verfahren beruht auf einer Strafanzeige des B, die dieser einen Tag nach der angeblichen Tat bei der Polizei erstattet hat. Was tun?

Die tatsächlichen Umstände, die die Voraussetzungen eines Straf-Tatbestands erfüllen, nennt man »Haupttatsachen«. Wird eine von ihnen nicht »zur Überzeugung des Gerichts« festgestellt, darf die Verurteilung nicht erfolgen. Da mag B bluten, so viel er will, oder zehn Zeugen mögen beschwören, dass er sich vor Schmerzen wand: Wenn nicht feststeht, dass es der A war, der den B geschlagen hat, endet das Verfahren zwingend mit einem glatten Freispruch.

Haupttatsachen sind häufig solche, die sich einer unmittelbaren Kenntnisnahme durch das Gericht entziehen: Die Richter waren (zum Glück) in der Regel nicht dabei, als vor sieben Monaten nachts um halb eins der A dem B auf die Nase schlug – oder vielleicht eben auch nicht. Um einen »Beweis« zu führen, der eine »Feststellung« nach der »Überzeugung« des Gerichts zur Folge hat, muss dieses also einen gewissen Umweg gehen: Es muss Tatsachen feststellen, die Schlussfolgerungen erlauben, die ihrerseits die Haupttatsachen bestätigen oder nicht.

Zu diesem Zweck muss das Gericht »Beweis erheben«. Diese Formulierung lässt die schillernde Bedeutung des Begriffs erahnen: Als »Beweis« wird einerseits das Ergebnis einer Beweis-»Erhebung« bezeichnet, andererseits der Gegenstand dieser Bemühung: Ist es ein »Beweis«, dass A am Tatort seine Visitenkarte hinterlassen hat? Und dass diese Blutanhaftungen von B trägt? Wir wissen es nicht. Der Beweis ist also ein Ding, das eher »Konstruktion« ist als Tatsache, ganz anders als in der Naturwissenschaft. Im Ergebnis ist er nicht mehr als die Behauptung eines plausiblen kausalen Zusammenhangs zwischen verschiedenen Tatsachen. Wenn dies so ist, müssen wir den »Beweis« jedenfalls vorerst wieder aus der Abteilung der Tatsachen herausnehmen und ihn der Abteilung der Bewertungen zuordnen.

Was ist »Beweis«? Wie soll man entscheiden, was die Wahrheit ist im Streit zwischen A und B über den Hergang der Dinge in jener Nacht? Nehmen wir an, A sagt: Ich weiß überhaupt nicht, was der Vorwurf soll, ich war nicht einmal am Tatort und habe nichts getan. Da würde dem Kriminalisten einfallen: Gibt es Spuren? Gibt es Anhaltspunkte? Hat A ein Alibi? Nehmen wir also weiter an: Es findet sich jene Visitenkarte des A am Tatort, der doch behauptet hat, woanders gewesen zu sein. Das ist gewiss keine »Haupttatsache«, denn Paragraf 223 StGB setzt Visitenkarten nicht voraus. Aber es ist eine »Hilfstatsache« – ein »Indiz«. Hilfstatsachen sind also solche Umstände, die nach (vorerst unbekannten) Regeln der Plausibilität und der Logik die Schlussfolgerung zulassen (nicht: erzwingen!), eine Haupttatsache sei gegeben.

Ein anderes Beispiel: Die Leiche L liegt still auf dem Pflaster. In ihrer Brust steckt ein Messer, das die Namensgravur »T« aufweist (Indiz 1). Am Griff des Messers finden sich auch noch Fingerabdrücke des T (Indiz 2) sowie Hautabriebe, die mittels DNA-Analyse sicher dem T zuzuordnen sind (Indiz 3). Auf dem Rechner des Opfers L findet sich ein Drohbrief des T (Indiz 4), unter seinen Fingernägeln finden sich Hautpartikel des T (Indiz 5), an der Kleidung des T zahlreiche Fasern der von L zur Tatzeit getragenen Jacke (Indiz 6). Jetzt, sagt Herr Kommissar Oberschlau, reicht's mir: Der war's! Die Chance, dass ein

Schwurgericht das ebenso sieht, ist aus dieser Perspektive ziemlich hoch.

Freilich: Was »Beweis« ist, entscheidet nicht ein Gesetz oder eine feststehende Regel, sondern, wie wir gehört haben, »die freie Überzeugung des Gerichts«, und zwar »aus dem Inbegriff der Hauptverhandlung«. Das ist, liebe Leserinnen und Leser, eine echte Zumutung! Sie stößt vielfach auf Ablehnung, oft auf Unverständnis, manchmal auf Empörung: Ein hergelaufener Jurist, kein bisschen weiser oder wertvoller als alle anderen Menschen, maßt sich an, die »Wahrheit« zu kennen! Obwohl er nichts von A weiß und nichts von B, nichts von der »Szene«, in der sie verkehrten, nichts von der Wirkung von acht halben Litern Bier oder von zwei Gramm Amphetamin (oder beidem zusammen), von der Freundin des A, die früher die des B war, und so weiter: vom ganzen sogenannten Leben halt.

Aber das täuscht. Die meisten Richter wissen genauso viel über das Leben wie die meisten anderen Bürger auch. Es ist jedoch ihr Beruf, den eigenen Vorurteilen nicht zu trauen. Sie sollen nicht bestrafen, wen sie für einen Drecksack halten, und nicht freisprechen, wen sie gut leiden können. Sondern nach der Feststellung von Haupttatsachen suchen und nach der Feststellung von Gegentatsachen, die diesen entgegenstehen (war es Notwehr?).

Alles hängt daran, was ein »Beweis« ist. Ist der Beweis geführt, so sagt es das Gesetz und so meinen wir, ist die Folge zwangsläufig, denn dann kennen wir die Schuld und finden die angemessene Strafe.

Lange her, aber doch noch so nah, dass wir viel darüber wissen, war der Beweis eine unsichere Angelegenheit. Wenn und solange die Welt ein Mysterium voller geheimer Kräfte ist, lässt sich schwerlich ein Regime der Firma Holmes & Watson aufziehen. Dann muss man auf andere Erkenntnisquellen zugreifen. Man kann dazu am Gegebenen ansetzen oder an dem, was man dafür hält. So sind »Beweisregeln« entstanden, die viele Jahrhunderte lang den Prozess bestimmten: Was drei Jungfrauen beschwören, ist die wirkliche Wahrheit oder was sieben freie Männer bezeugen. Das Wort eines Bauern ist so viel wert wie das von zehn Leibeigenen, ein Ritter als Zeuge taugt dem Richter so viel wie zehn Kaufleute. Sie behielten teilweise Bedeutung bis an die Grenze unseres heutigen reformierten Strafprozesses (etwa: »Zweier Zeugen Mund tut die Wahrheit kund«).

So kann man es machen. Aber der Zweifel nagt, wenn jeder weiß, dass der Ritter ein seniler Trunkenbold ist und der Kaufmann ein cleverer Strippenzieher und dass Gott keine Gewalt hat über den Charakter der Menschen und draußen vor der Tür Galilei das Weltall neu konstruiert und Newton berechnet hat, warum der Stein nicht in den Himmel fliegt.

Dann mag man es anders versuchen: Man führt den Beschuldigten an den Leichnam; man legt ihn zu ihm ins Grab und wartet, ob die Leiche zu bluten beginnt; man ruft göttliche Kräfte an, die eine Kausalität belegen sollen, deren Wirkung höher sein soll als jede Vernunft.

Aber wer sich einmal auf diesen Weg begeben hat, bewegt sich auf abschüssiger Bahn: Die Götter sind zum Deal bereit, sagt die Dialektik der Aufklärung (Lesetipp: Adorno/Horkheimer, *Dialektik der Aufklärung*), wenn der Mensch ihnen nur ein bisschen entgegenkommt. Okay, sagt Odysseus: Wie viel Ewigkeit habt ihr anzubieten für wie viel Wahrheit? Das ist das Ende des »Akkusations-

Prozesses« (zwischen »Privaten«), von »Gottesurteilen« und Reinigungseiden. Eine Obrigkeit – der Staat – tritt hervor im sogenannten Inquisitionsprozess; dieser vereinigt die Beweiserhebung und die Entscheidung in der Hand eines obrigkeitlich bestellten Richters. Damit begeben wir uns auf den Weg in die Moderne.

Was Beweise heute wert sind

Auf dem gefährlichen Weg vom Berg der allwissenden Götter und ihrer (meist wenig verlässlichen) Wahrheitsbotschaften herab in die Niederungen des Dschungels fiebrigen Wollens (siehe: Herzog, *Aguirre*; Tarkowski/ Soderbergh, *Solaris*) begegnet der Mensch selbstverständlich nur wieder sich selbst und seiner »Natur«: ein neuer Gott vor den Göttern, ein Widersacher mit unvorstellbaren Kräften, ein Ich! Dieses Monster kann man nicht überwinden, wenn es nicht von selbst in den Staub sinkt oder vor der unermesslichen Gewalt der Ewigkeit. Dies ist die Geburt der Inquisition und damit auch des Geständnisses.

Über die Inquisition, die zunächst eine rein kirchliche Einrichtung zur Verfolgung von Häresie und Magie war, gibt es viele Vorurteile und Fehlannahmen (etwa jene, die Hexenverfolgungen der frühen Neuzeit gingen überwiegend auf ihr Konto), auf die es hier aber nicht ankommt. »Inquisition« bedeutet: »Befragung« und ist auch so gemeint.

An die Stelle von Gerichten, die letztlich nur Zeugen göttlich-ewiger Wahrheitserkennnis waren, treten hier Richter (im kirchlichen Prozess: »Inquisitoren«), die das Verfahren fast vollständig beherrschen: Bei ihnen ist Anklage zu erheben; sie suchen und vernehmen Zeugen und befragen den Beschuldigten. Das gesamte Verfahren ist geheim: Es gibt keine Öffentlichkeit, keine Beteiligung des Beschuldigten, grundsätzlich keine Verteidigung. Diese kurzen Stichworte mögen das Verfahren aus heutiger Sicht barbarisch erscheinen lassen: Tatsächlich verstand es sich als Sieg der Vernunft.

Das Inquisitionsverfahren beherrschte den Strafprozess bis ins 18. Jahrhundert. Sachbeweise waren nicht zugelassen, neben Zeugen (deren Namen geheim blieben) war das Geständnis das zentrale Mittel des Beweises. Heutzutage erscheint uns die Überhöhung des »Gestehens« als Inbegriff der Irrationalität. Denn weder die Freiwilligkeit des Geständnisses noch seine unfreiwillige Präsentation aufgrund von Folter bieten einen sinnvollen Anhaltspunkt für die Wirklichkeit seiner Wahrheit. Das weiß der Folterer bis heute; er wusste es aber auch damals. Daher wurde die Folter zur Erzwingung des entscheidenden Geständnisses nicht als willkürliche Grausamkeit, sondern als Mittel rationaler Prüfung eingesetzt und mit einer Vielzahl von Regeln eingehegt: keine Befragung unter der Folter, keine Folter ohne Androhung, keine ungeprüfte Gültigkeit erfolterter Geständnisse.

Der Indizienbeweis wurde in Preußen erst 1848 als vollwertig anerkannt; linksrheinisch galt schon seit Beginn des Jahrhunderts der Code Pénal mit öffentlichen Verfahren, Mündlichkeit und Schwurgerichten. Trotzdem gilt das Geständnis bis heute als die Königin des Beweises, und die im vorigen Kapitel zitierte Herabsetzung des Indizienprozesses stammt aus dieser Zeit.

In der Sache ist das aus heutiger Sicht in keiner Weise gerechtfertigt: Sachbeweise aufgrund von Indizien sind oft wesentlich gehaltvoller und objektiver als etwa Zeugenaussagen: Fingerspuren, Telefonprotokolle, Fasern, DNA-Analysen und zahllose andere Sachbeweise ergeben hochspezifische Indizien für bestimmte Geschehensabläufe.

Hinter der Überhöhung des Geständnisses verbirgt sich, auch nach dem Ende des Inquisitionsverfahrens, manches Elend des Strafprozesses. Denn erstens gilt: Gesteh, was nicht zu bestreiten ist, dann hast du Ruhe, was den Rest angeht.

Zweitens: Das Geständnis ist eine Währung, auf welche die Strafjustiz sich seit Jahrzehnten auf einer abschüssigen Bahn in bedenklich korruptivem Maße so weit eingelassen hat, dass sie davon abhängig geworden ist wie ein Junkie: Wie im Zivilverfahren die »Pensen« der Richter nur noch zu schaffen sind, wenn bestimmte Vergleichs-Quoten nicht unterschritten werden, so meinen seit langer Zeit die Strafrichter, auf »ausgehandelte« Geständnisse und die dadurch erreichbare Quote schneller Erledigungen angewiesen zu sein – und reagieren, weil ihnen diese Droge vom Bundesverfassungsgericht (Urteil vom 19. März 2013) und vom Bundesgerichtshof (insb. dessen 2. Strafsenat) entzogen oder jedenfalls der Zugang erschwert wird, gerade ebenso wie ein Junkie auf Entzug: mit Schwitzen, Zittern und Aggressivität.

Und drittens: Geständnisse sind so viel wert wie das Verfahren, in dem sie abgegeben werden – nicht umgekehrt. Der »Fall Bauer Rupp«, ein sprachlos machender Fall aus der neuesten Geschichte unseres modernen Strafprozesses, hat uns vor wenigen Jahren einmal mehr einen Hinweis erteilt: Vier (wie Polizei, Staatsanwaltschaft und Gerichte meinten: »absolut glaubhafte«) Geständnisse einer brutalen Tötung und einer spektakulären Beseitigung der Leiche (Familie erschlägt Vater mit Hammer und verfüttert ihn an Hunde) – und alle objektiv sicher falsch (das angebliche Opfer wird Jahre später ertrunken in der Donau gefunden)! Ein maximaler Skandal der Strafjustiz, der bis heute zur skurrilen Fußnote herunterdefiniert wird, ohne das Menetekel zu erkennen, das sich in ihm offenbarte.

Tatsächlich ist das Geständnis heute – zu Recht – theoretisch kaum etwas wert; faktisch gilt es – zu Unrecht! – weiterhin als Königsweg des Beweises. Das liegt nicht etwa an der durchschnittlichen Bedeutsamkeit, sondern an der damit signalisierten Unterwerfung des Beschuldigten, also seiner Bereitschaft, sich mit irgendeiner Verurteilung »auf dieser Basis« (also des Geständnisses) abzufinden. Das bedeutet: kein Rechtsmittel, keine Mühe bei der Urteilsabfassung, kein Risiko der Urteilsaufhebung wegen Rechtsfehlern.

Gestehe, sagt der Richter beim (illegalen) sogenannten »Deal« hinter den Kulissen (oder lautet das »Angebot« des Verteidigers), dass du es warst, der die Tankstelle überfallen hat. Und wenn du »gestehen« solltest, dass deine Schreckschusspistole ungeladen war, verspreche ich dir, dass das Gericht dir diese Lüge »glaubt«. Ergebnis: Du wirst wegen »schwerer«, aber nicht wegen »besonders schwerer« räuberischer Erpressung verurteilt, wie es wahrscheinlich richtig wäre, und kriegst zwei Jahre weniger als verdient. Als Gegenleistung dafür, dass ich dir dein erlogenes Geständnis »glaube«, legst du keine Revision ein.

Auf diese oder ähnliche Weise werden bis heute jährlich viele Tausend Verfahren erledigt und »Wahrheiten«

gefunden. Wie es wirklich war, sagt dem Richter zwar der »gesunde Menschenverstand«, aber den lässt er unter dem Druck der Aktenflut beiseite, wenn das Ergebnis irgendwie »passt«. So läuft der »Deal« im Strafprozess: Geständnis und Rechtsmittelverzicht gegen Glauben und milde Strafe.

Das kann man gut finden, da es doch angeblich »niemandem schadet« oder weil es zum »Rechtsfrieden« führe oder weil man im Leben einen pragmatischen Weg gehen müsse.

Man kann aber auch sagen: Das ist der Anfang vom Ende der Wahrheit und des Rechtsstaats. Es ist das Bekenntnis, dass unwahre Symbolik mehr zählt als wahre Vernunft, wenn nur die Positionen der Macht halbwegs gesichert bleiben und die Aushöhlung der Legitimationsgrundlage (Gleichheit, Rationalität, Öffentlichkeit, Überprüfbarkeit) kollektiv akzeptiert wird. Und für diesen Selbstmord aus Angst vor dem Sterben gibt sich eine Richterpopulation her, die sich in ihrer Selbstwahrnehmung als Bewahrerin der Gerechtigkeit imaginiert. Erstaunlich!, sagt der Völkerkundler.

Die Rechtsdogmatik meint, mit überzeugenden Gründen: Illegale, also nicht den gesetzlichen Vorschriften entsprechende Deals sind ganz hart an der Grenze der »Rechtsbeugung«, also der (bedingt) vorsätzlichen Falschentscheidung, und gelegentlich darüber hinaus. Wer so etwas sagt, raunen die anderen, ist ein Feind in den eigenen Reihen. Das täuscht.

Der Grund ist banal. Er heißt Angst. Nichts gilt unserer Justizverwaltung als schrecklicheres Desaster als eine schlechte Statistik oder gar die Entlassung eines Untersuchungsgefangenen aus der U-Haft, weil deren Dauer nicht mehr verhältnismäßig sei. Wenn das (von einem Oberlandesgericht) festgestellt wird, gelangt ein Verdächtiger (!) auf freien Fuß, der vielleicht (!) der Täter gewesen sein könnte. Dieses Ereignis führt binnen weniger Stunden die Presse zur kritischsten aller kritischen Fragen: Wer muss, soll, wird zurücktreten? Und wen wird er mit sich reißen in den Abgrund des Beförderungsstaus? Diese Frage ist von sprachlos machender Einfalt, gilt unerklärlich vielen aber als Gipfel des kritischen Justiz-Journalismus. Sie ähnelt der Konstellation bei der (überaus selten) gelungenen Flucht eines Strafgefangenen.

Die Frage erfüllt zuverlässig ihre Aufgabe: Sie erzeugt Angst. Angst! Falls Sie, liebe Rechtsunterworfene, denken, das sei ein exklusiv für Sie reserviertes Gefühl beim Vorbeifahren an Radarkontrollen oder bei der Ankündigung Ihres Abteilungsleiters, er werde demnächst einmal nachschauen kommen, was sich bei Ihnen noch optimieren lässt, oder bei der Mitteilung der Anordnung einer Außenprüfung des Finanzamts: So ist es nicht. Auch die mächtige Justiz fürchtet sich oft sehr.

Minister und Ministerinnen fürchten sich schrecklich, wenn gefragt wird (oder berichtet wird, es werde gefragt), ob sie nicht »zurücktreten« sollten oder ob es mit den »Skandalen« nicht langsam reicht. Sie sind dann sehr aufgeregt, und mit ihnen – aus reiner Freundschaft – riesige Behörden, denen es eigentlich ganz egal sein könnte, die sich aber auch fürchten, weil ja die jeweils Oberen eine rätselhafte Macht über die Personalakten haben und bis zum letzten Blutstropfen verteidigen, welche in den Gremien der Parteien beginnt und bei der Ernennung von Justizhauptwachtmeistern endet. Und da die Kaskade der (vermeintlichen) Macht sich den Weg stets von oben nach unten bahnt, fürchten sich zuerst der Minister und der Staatssekretär, und dann bricht ein gar erschröckliches Fürchten über die unabhängige Justiz herein, bis noch der letzte Landrichter begriffen hat, dass nichts auf der Welt so schlimm sein kann für eine Sache (und ganz nebenbei auch für die Personalakte), als dass »das OLG ihn aufgehoben hat« und dass der Vizepräsident bei irgendeiner Besprechung gesagt haben soll, er (der Richter) sei »schwierig« oder man sei »nicht glücklich« mit ihm. Wenn er davon hört (was dank hundert kollegialer Ohren zuverlässig garantiert ist), schläft der Strafkammervorsitzende wochenlang schlecht, neigt zu verstärktem Alkoholkonsum und fürchtet sich schrecklich davor, dass möglicherweise ein anderer Strafkammervorsitzender sagen könnte, es sei »allgemein bekannt«, dass er ein Dummkopf sei. In dieser verzweifelten Lage hilft nur noch *Ist das Leben nicht schön* mit Jimmy Steward (Frank Capra, 1946). Oder ein bisschen von der Coolness, die Sie, liebe Kollegen, sonst immer von Beschuldigten und Zeugen erwarten.

Das größte Hasenherz in dieser Geschichte (und vielen anderen), liebe Leserinnen und Leser, ist, wie Sie hoffentlich bemerkt haben, keineswegs der Richter, obgleich ihm gelegentlich ein bisschen weniger Gefügigkeit gut stände. Die Oberhasenherzen sitzen vielmehr da, wo man vor Kraft kaum laufen kann. Außer wenn die Presse berichten, dass »der Druck zunimmt«.

Da mag man, in naiver Rückwärtsgewandtheit, fragen: Kann »Erledigung« eines Strafverfahrens allen Ernstes ein »ausgedealtes« Ergebnis auf fiktiver Tatsachengrundlage sein? Wäre dies nicht das gerade Gegenteil einer »rechtsstaatlichen Erledigung«? Muss sich nicht die Strafjustiz – und der ihr unterworfene Bürger – weigern, die Kriterien eines »Erfolgs« zu akzeptieren, die den Strafprozess erniedrigen und auf eine Ebene des »Verschwindens von Akten« bringen, auf dass eine »Erledigungsstatistik« glänze, die wenig Inhalt hat?

Unser Strafprozess kennt vier Mittel des Beweises: Zeugen, Sachverständigengutachten, Urkunden, Augenschein. Das sind die Mittel des sogenannten »Strengbeweises«, im Gegensatz zum »Freibeweis«, auf den eine strafrechtliche Verurteilung nicht gestützt werden darf. Der »Strengbeweis« heißt so, weil er nach bestimmten, gesetzlich vorgeschriebenen Regeln in die Hauptverhandlung eingeführt werden muss, deren »Inbegriff« die (alleinige!) Grundlage des Urteils sein darf (siehe oben, die Paragrafen 261, 264 StPO). Mit anderen Worten: Ein Richter, der sich keine rechte Vorstellung vom Tatort machen kann, darf diese nicht dadurch gewinnen, dass er nach Feierabend einmal dort vorbeifährt oder seine Schwiegermutter befragt, die um die Ecke wohnt. Die Aussage des Beschuldigten (gleich, ob Geständnis oder Bestreiten) gilt nicht als Beweismittel, wird aber ähnlich behandelt und ist Teil des »Inbegriffs der Hauptverhandlung«.

»Aus dem Inbegriff der Hauptverhandlung« und »nach seiner freien Überzeugung« stellt der Richter das Ergebnis der Hauptverhandlung und also die Grundlage des Urteils fest. Das heißt vor allem: Es gibt keine Beweisregeln. Zehn Zeugen sind nicht mehr wert als einer, drei Professoren nicht mehr als ein Obdachloser, ein Geständnis nicht mehr als eine Spur. Das Gericht ist »frei« in seiner Beurteilung des Beweiswerts.

Darin liegt ein außerordentlich hohes Fehlerpotenzial. Aber auch ein noch höheres Rationalitätspotenzial. Denn »Freiheit« der Beweiswürdigung bedeutet nicht Beliebigkeit. Richter sind gehalten, ihre subjektive »Überzeugung« zu bilden auf der Grundlage möglichst breiten Wissens über die Welt (das man nicht erzwingen kann und das auch nicht Juristen-spezifisch ist) und auf der Basis von Argumenten, die sich kommunikativ vermitteln lassen: »Überzeugung« ist gar nichts, wenn sie nichts vorzuweisen hat als sich selbst.

Es geht, im Grundsatz, nicht um »Meinungen«, sondern um die Abwägung von (Hilfs-)Tatsachen nach Kriterien, die einem öffentlichen Diskurs zugänglich sind und sich vor der Öffentlichkeit (dem Volk) behaupten müssen. Ein Gericht, das sein Urteil auf irrationale Behauptungen oder unbewiesene Vermutungen stützt, macht sich lächerlich und muss sich dies auch sagen lassen. Extrem wichtig und Grundlage für alles: Es gibt keinen festen Kanon von Regeln oder Prioritäten in einem Beweisrecht der »freien Überzeugung«.

Das bedeutet aber nicht, dass es eine Herrschaft von Willkür oder Zufall geben darf. Um die Gefahr von Willkür oder Fehlern bei der Tatsachenfeststellung zu verringern, hat das Gesetz diverse Sicherungen eingebaut. Die wichtigste ist die Subjektstellung aller Verfahrensbeteiligten und das sich hieraus ergebende Recht des Beschuldigten, in jeder Verfahrenslage verteidigt zu sein und an der Tatsachenfeststellung mitzuwirken: zum einen, indem er Behauptungen der Staatsanwaltschaft oder Dritter entgegentritt, zum anderen, indem er eigene Tatsachenbehauptungen einbringt und »unter Beweis stellt«.

Der »Amtsermittlungsgrundsatz« – Errungenschaft

wie Überbleibsel des Inquisitionsprozesses – schreibt vor, dass das Gericht »von Amts wegen die Untersuchung auf alle Tatsachen und Beweismittel zu erstrecken (hat), die für die Entscheidung von Bedeutung sind« (Paragraf 244 Abs. 2 StPO).

Hätte es damit sein Bewenden, so wären viele Prozesse allerdings überraschend schnell zu Ende. Denn was »von Bedeutung« ist, entscheidet das Gericht, und dessen Einschätzung, was die Vollständigkeit der Beweiserhebung angeht, kann sich gravierend von derjenigen der anderen Prozessbeteiligten unterscheiden.

Es ist daher nicht eine Durchlöcherung des Amtsermittlungsgrundsatzes, sondern seine notwendige Ergänzung, dass das Gesetz eine Vielzahl von Regeln über das »Beweisantragsrecht« enthält: Der Angeklagte, aber auch die Staatsanwaltschaft können Anträge stellen, bestimmte Beweismittel zum Nachweis behaupteter Tatsachen herbeizuschaffen.

Solche Anträge kann das Gericht nicht einfach ohne Gründe oder mit der Begründung ablehnen, die Sache sei nicht wichtig oder man ahne schon, dass bei der Beweiserhebung nichts herauskommen werde. Die Ablehnung von Beweisanträgen darf vielmehr nur aufgrund bestimmter gesetzlicher Gründe im Einzelfall erfolgen. Hier beginnt der geheime Garten des Beweisantragrechts, den viele Profis für ziemlich schwierig halten. Er ist es aber, wenn überhaupt, nur deshalb, weil schon so lange so viele intelligente Menschen ihre ganze Kraft darauf verwenden, genau dieses Ergebnis zu erzielen. Das kann man als Verwirrung des unausgelasteten Geistes ansehen. Plausibler erscheint mir, es als Ausdruck von Interessen zu verstehen und als Beweis dafür, dass wir uns hier nicht in den

Sphären der Wissenschaft bewegen, sondern auf den Äckern der Definitionsmacht.

Wenn aber die Beweisaufnahme abgeschlossen ist, steht der »Inbegriff der Hauptverhandlung« (Schlussvorträge und »Letztes Wort« kommen hinzu) im Wesentlichen fest. Er wird – jedenfalls in den großen Verfahren, die beim Landgericht beginnen – weder protokolliert noch sonstwie aufgezeichnet, was ein Quell endlosen Streits und großer Verbitterung ist. Strafverteidiger fordern daher schon lange und zu Recht eine gesetzliche Regelung zur exakten Dokumentation der Beweisaufnahme.

Was das Gericht mit dem Inbegriff der Hauptverhandlung macht, unterliegt seiner »freien Beweiswürdigung«. Das heißt selbstverständlich nicht, dass ein Raten und Vermuten ins Blaue hinein anhebt. Aber es heißt ebenso selbstverständlich nicht, dass ein detailliert prognostizierbarer Prozess der »Würdigung« einsetzt, der bei denselben Beweisergebnissen bei allen Richtern zum selben Ergebnis führen muss oder auch nur könnte. Wahrheits-Erkenntnis ist ein an rationale Anforderungen der Kommunikation gebundener, aber vielfach von subjektiven Wertungen gesteuerter Prozess.

Die Bedeutung von Worten ist ebenso wenig mit naturwissenschaftlicher Präzision zu erfassen wie die Wertigkeit von Eindrücken (was etwa die Qualität eines Zeugen angeht), die Anwendung von Erfahrungssätzen und die assoziativen Anteile der Beurteilung etwa von Glaubwürdigkeit. Mag auch die Aussagepsychologie eine Vielzahl von wissenschaftlichen Annahmen und methodischen Regeln hervorgebracht haben, die eine Rationalisierung der Aussage-Würdigung ermöglichen, bleibt doch stets ein

Rest von subjektivem Spielraum, der mit Willkür nichts zu tun hat.

Eine weitere Sicherung ist die Anforderung an das Gericht, das Ergebnis der Würdigung zu begründen. Paragraf 267 Strafprozessordnung enthält einige Regeln über den notwendigen Inhalt schriftlicher Strafurteile. Die Rechtsprechung der Obergerichte, insbesondere des Bundesgerichtshofs, hat in Jahrzehnten eine Vielzahl weiterer Regeln entwickelt, denen die Urteilsgründe ebenfalls genügen müssen. Das dient der Überprüfung des Urteils durch das Rechtsmittelgericht. Der Bundesgerichtshof prüft dabei nicht die Wahrheit der Aussagen und Einlassungen, sondern die Rationalität und Stimmigkeit der Begründung. Ob ein Zeuge die Wahrheit oder Unwahrheit gesagt hat, kann der BGH gewiss nicht besser beurteilen als die Richter, die den Zeugen persönlich vernommen haben. Er kann nur überprüfen, ob die von diesen Richtern angegebenen Gründe (beispielsweise dem Zeugen zu glauben) den Anforderungen an eine in sich stimmige Würdigung genügen.

Diese formalen Sicherungen einer möglichst neutralen Rekonstruktion der Wirklichkeit des Tatgeschehens enthalten umgekehrt auch viele Fehlerquellen, und eine davon liegt in der Formalisierung selbst: Effekte sich verstärkender Bestätigung durch Voranschreiten formaler Akten-Erzeugnisse. Mit anderen Worten: Je mehr sich die Strafverfolgungsbehörden mit dem Fall bereits Mühe gegeben haben, desto größer wird die Annahme des Gerichts, dies hätten sie doch bestimmt nicht umsonst getan. Und am Schluss schreiben Richter – nicht etwa vor, sondern lange nach der Urteilsverkündung – Zusammenfassungen von Zeugenaussagen in die Urteilsgründe, denen sie geglaubt oder nicht geglaubt haben. Da dürfte die Wahrscheinlichkeit, dass solche Wiedergaben das Ergebnis eher stützen als infrage stellen, nach allen Erkenntnissen der Psychologie recht hoch sein – selbst wenn man noch weit weg ist von Willkür-Vorwürfen.

Selbstverständlich kann ich hier die unendliche Themenvielfalt des Beweisrechts nur andeuten und Anregungen zum Weiterdenken geben. Wichtig ist mir die Vermittlung folgender Botschaft: Es gibt keine endgültige Garantie »richtiger« Wahrheitserkenntnis, und es kann sie nicht geben. Das ist gelegentlich beruhigend, viel öfter aber Anlass zu Sorge und Vorsicht, auch zu Enttäuschung.

Die vielfach berechtigte, manchmal auch nur Unverständnis widerspiegelnde Forderung vieler Bürger – insbesondere wenn sie Betroffene sind – nach der Erkenntnis der »wahren« (also ihrer) Wahrheit ist verständlich, kann aber unmöglich erfüllt werden. Sie knüpft argumentativ an eine Sicherheit an, die wir schon jahrhundertelang nicht mehr haben – nicht bloß, was das Recht betrifft, mag auch die Bedeutung einzelner Hilfs-Tatsachen (Indizien) zugleich außerordentlich gestiegen sein (beispielsweise durch die DNA-Analyse). An die Stelle von Beweisregeln oder starren Einordnungen des »Werts« einzelner Tatsachen ist eine Prozesskultur getreten, welche den kommunikativen, relativen Charakter des Begriffs der »Wahrheit« anerkennt. Die Wahrheits-Garantie hat sich daher dramatisch verlagert: von vorrationalen materiellen Gültigkeits-Elementen, die eine Richtigkeitsgewähr gerade aus der Unkenntnis von Zusammenhängen schufen, hin zu formellen Elementen der Verfahrensgerechtigkeit, die mit der grundsätzlich offenen Welterkenntnis umgehen.

Menschenwürde und Fairness begrenzen den Wahrheitsanspruch des Prozesses: Wir dürfen Wahrheit nicht um jeden Preis erforschen, den Beschuldigten oder Zeugen nicht zum bloßen Objekt machen. Einhaltung und Fortentwicklung der Regeln, die Beteiligung, Ausgleich und Diskurs sichern, sind die Garanten einer (annähernden) Wahrheit, die es uns zuletzt erlaubt, Menschen zu bestrafen.

Veröffentlichungsnachweis

Die in diesem Buch enthaltenen Texte erschienen in anderer Reihenfolge bereits unter den folgenden Titeln *(kursiv)* im Rahmen der Kolumne »Fischer im Recht« auf www.zeit.de.

I. Recht und Politik

Was hat der Kampf gegen den Terror mit Krieg zu tun?: *Sind die Terroristen nun Feinde oder Bürger?* (20.01.2015)

Was wir gegen den Terrorismus tun können oder sollten: *Nein, die Welt ist nicht im Konflikt der Religionen* (27.01.2015)

Ist der NSU-Prozess eine Farce?: *Das Mord-Trio* (14.07.2015)

Warum der Staat seine Bürger nicht töten darf: *Warum der Staat seine Bürger nicht töten darf* (17.02.2015)

Was uns die Rechtsdogmatik über Flüchtlinge lehrt: *Deutschland wird auch im Mittelmeer verteidigt* (19.05.2015)

II. Recht und Freiheit

Der schmale Grat zwischen Zufall und Schuld: *Zufall und Strafe* (16.06.2015)

Blasphemie kann kein Straftatbestand sein: *Ist Gotteslästerung ein notwendiger Straftatbestand?* (03.03.2015)

Habe die Ehre!: *Habe die Ehre!* (14.04.2015)

NS-Verbrecher und die Beihilfe: *Oskar Gröning und die Beihilfe* (21.07.2015)

Im Zweifel gegen die Freiheit?: *Im Zweifel gegen die Freiheit* (28.04.2015)

III. Recht und Gesetz(gebung)

Über die Schwierigkeit, einen Raub zu begehen: *Über die Schwierigkeit, einen Raub zu begehen* (31.03.2015)

Woher das Recht kommt: *Der Reeder und sein Richter* (17.03.2015)

Lasst endlich das Sexualstrafrecht in Ruhe!: *Die Schutzlückenkampagne* (10.02.2015) und *Es gibt keinen Skandal* (10.02.2015)

IV. Recht und Richter

Ein kurzer Lehrgang zur Aufzucht von Strafrichtern: *Strafrechtspersonal: Der Richter* (23.06.2015)

Ist Jura schwierig oder leicht?: *Rechtsprofessoren und Rechtsstudenten* (30.06.2015)

Der Richter und sein Selbstbild: *Der Richter und sein Selbstbild* (07.07.2015)

Über die Befangenheit von Richtern: *Über die Befangenheit von Richtern* (05.05.2015)

Über die Wahrheit: *Über die Wahrheit* (09.09.2015)

Der Beweis und die Überzeugung: *Der Beweis und die Überzeugung* (16.09.2015)

Was Beweise heute wert sind: *Beweis und Überzeugung* (22.09.2015)

Volker Kitz

ICH BIN, WAS ICH DARF

Wie die Gerechtigkeit ins Recht kommt – und was Sie damit zu tun haben

»Das Recht kann keinen Fall offenlassen.«
Volker Kitz

Ist die Gerechtigkeit ein Stern oder ein Blaubeermuffin? Kann der Staat den Verkauf von Zigaretten verbieten? Muss er mich vor Terroristen schützen? Kann er vorschreiben, wen ich heiraten darf und wie ich mit Tieren umgehen soll?

In spannenden wahren Fallgeschichten führt Bestsellerautor Volker Kitz in die großen Fragen von Recht und Gerechtigkeit ein. Er nimmt uns mit auf eine Reise in die Geschichte unseres Landes, zu den Grenzen von Philosophie und Naturwissenschaften und zum menschlichen Schicksal. Sie zeigt, wie wir unsere Freiheit täglich neu verantworten – und welche Macht wir haben, die Regeln zu ändern.

KNAUR

Heribert Prantl

GLANZ UND ELEND DER GRUNDRECHTE

Zwölf Sterne für das Grundgesetz

»Wer den Bürgern nicht traut,
muss sich nicht wundern, wenn ihm
die Bürger nicht trauen.«

Das Grundgesetz war der Motor für die geglückte Modernisierung der deutschen Gesellschaft. Doch von Stolz auf die Bürger- und Freiheitsrechte spürt man im politischen Alltag viel zu wenig, seitdem ein ungeschriebenes »Grundrecht auf Sicherheit« zum Super-Grundrecht aufgestiegen ist. Das Bundesverfassungsgericht kümmert sich um die Grund- und Freiheitsrechte, Regierung und Bundestag kümmern sich um deren Einschränkung. Die weltweite digitale Inquisition durch die US-Geheimdienste verschärft die Situation. Die Geborgenheit der Bürger im Rechtsstaat geht verloren.

Der vielfach preisgekrönte SZ-Journalist und Jurist Heribert Prantl fordert ein neues Grundrechtsbewusstsein, ein europäisches Grundgesetz und mehr direkte Demokratie.

DROEMER